2014年第三季度

Quarter Three, 2014

中国货币政策执行报告

CHINA MONETARY POLICY REPORT

中国人民银行货币政策分析小组

Monetary Policy Analysis Group of the People's Bank of China

中国金融出版社

China Financial Publishing House

责任编辑：吕冠华
责任校对：潘　洁
责任印制：裴　刚

图书在版编目(CIP)数据

2014年第三季度中国货币政策执行报告(2014 nian Disan Jidu Zhongguo Huobi Zhengce Zhixing Baogao)/中国人民银行货币政策分析小组编.—北京：中国金融出版社，2015.1

ISBN 978-7-5049-7782-3

I.①2… II.①中… III.①货币政策—工作报告—中国—2014 IV.①F822.0

中国版本图书馆CIP数据核字(2014)第313512号

出版
发行 中国金融出版社

社址 北京市丰台区益泽路2号
市场开发部 (010)63266347，63805472，63439533 (传真)
网 上 书 店 http://www.chinafph.com
(010)63286832，63365686 (传真)
读者服务部 (010)66070833，62568380
邮编 100071
经销 新华书店
印刷 北京侨友印刷有限公司
装订 平阳装订厂
尺寸 210毫米×285毫米
印张 12.25
字数 254千
版次 2015年1月第1版
印次 2015年1月第1次印刷
定价 98.00元
ISBN 978-7-5049-7782-3/F. 7342

本书执笔人

总　　纂：张晓慧　　张翠微

审　　稿：李　波　　纪志宏　　宣昌能　　盛松成　　朱　隽　　刘向耘
　　　　　王允贵

统　　稿：李　斌　　张　蓓　　管　化

执　　笔：

第一部分：邱潮斌　　曾冬青　　陈文弢

第二部分：赵　婷　　王文静　　穆争社　　张方波

第三部分：朱海燕　　宋玮玮　　李苑连

第四部分：齐　喆　　秦　栋　　马志扬　　邝希聪　　张黎娜

第五部分：李文喆　　刘　琨

附录整理：林振辉　　段　炼等

提供材料的还有：郑志丹　　付竞卉　　胡　婧　　史蓉菊　　罗　瑜
　　　　　　　　程艳芬　　李肖钰　　曹红钢　　窦　佼　　李向瑾
　　　　　　　　王　昊　　刘延明　　陈建新　　陈　勉　　陈　敏
　　　　　　　　梁　斌　　丁　康

英文总纂：张正鑫

英文统稿：曹志鸿

英文翻译：曹志鸿　　刘文中　　马　辉　　齐　喆　　王蓓婕　　丁　康

英文审校：Nancy Hearst（美国哈佛大学费正清东亚研究中心）

Contributors to This Report

CHIEF EDITORS:

ZHANG Xiaohui ZHANG Cuiwei

READERS:

LI Bo JI Zhihong XUAN Changneng SHENG Songcheng ZHU Jun

LIU Xiangyun WANG Yungui

EDITORS:

LI Bin ZHANG Bei GUAN Hua

AUTHORS:

PART ONE: QIU Chaobin ZENG Dongqing CHEN Wentao

PART TWO: ZHAO Ting WANG Wenjing MU Zhengshe ZHANG Fangbo

PART THREE: ZHU Haiyan SONG Weiwei LI Yuanlian

PART FOUR: QI Zhe QIN Dong MA Zhiyang KUANG Xicong ZHANG Lina

PART FIVE: LI Wenzhe LIU Kun

APPENDIX: LIN Zhenhui DUAN Lian et al.

OTHER CONTRIBUTORS: ZHENG Zhidan FU Jinghui HU Jing SHI Rongju

LUO Yu CHENG Yanfen LI Xiaoyu CAO Honggang

DOU Jiao LI Xiangjin WANG Hao LIU Yanming

CHEN Jianxin CHEN Mian CHEN Min LIANG Bin

DING Kang

ENGLISH EDITION

CHIEF EDITOR: ZHANG Zhengxin

EDITOR: CAO Zhihong

TRANSLATORS: CAO Zhihong LIU Wenzhong MA Hui QI Zhe

WANG Beijie DING Kang

PROOFREADER:

Nancy Hearst (Fairbank Center for East Asian Research, Harvard University)

内容摘要

2014年第三季度，中国经济继续运行在合理区间。消费平稳增长，进出口有所改善，就业形势稳定，投资增速和物价涨幅有所放缓，经济结构调整步伐加快。第三季度，国内生产总值（GDP）同比增长7.3%，环比增长1.9%，居民消费价格（CPI）同比上涨2.0%。

中国人民银行按照党中央、国务院统一部署，继续实施稳健的货币政策，针对经济运行面临一定下行压力、物价涨幅有所走低的形势，在保持定力的同时主动作为，不断创新宏观调控思路和方式，丰富政策工具，优化政策组合，瞄准经济运行中的突出问题，用调结构的方式适时适度预调微调。灵活开展公开市场操作，搭配使用短期流动性调节工具（SLO）适时适度进行双向调节，创设和开展中期借贷便利（MLF）操作，在保持流动性总量适度充裕的同时着力引导市场利率，降低社会融资成本。适当调整宏观审慎政策参数，加大信贷政策支持再贷款和再贴现支持力度，发挥信贷政策的结构引导作用，鼓励金融机构更多地将信贷资源配置到“三农”、小微企业等重点领域和薄弱环节。有序推进利率市场化和人民币汇率形成机制改革，深化外汇管理体制改革。

总体看，各项政策效果逐步显现。银行体系流动性充裕，货币信贷和社会融资平稳增长，贷款结构继续改善，市场利率回落，金融机构贷款利率总体有所下行，企业融资成本高问题有一定程度缓解。2014年9月末，广义货币供应量M2余额同比增长12.9%。人民币贷款余额同比增长13.2%，比年初增加7.7万亿元，同比多增4 045亿元。小微企业和涉农贷款增速均高于各项贷款增速。前三个季度社会融资规模为12.84万亿元。9月非金融企业及其他部门贷款加权平均利率为6.97%，比上月下降0.12个百分点，比上年12月下降0.23个百分点。9月末，人民币对美元汇率中间价为6.1525元，比6月末升值3个基点。

国际金融危机后全球经济进入深刻的再平衡调整期，中国经济也正处于增速换挡、结构调整和前期政策消化三期叠加的阶段。需要从经济发展规律及新常态视角观察和分析中国经济运行。房地产市场调整、环境污染治理和制造业增速放缓短期内会对经济增速产生一定影响，但随着新型工业化、信息化、城镇化、农业现代化协同推进，经济增长方式转变，宏观政策调控方式的创新和完善，中国经济中长期将实现更可持续和更高质量的增长。在经济结构调整过程中，一定阶段内经济下行压力和潜在风险暴露可能会有所增大，经济结构调整和转变发展方式的任务更显紧迫。

中国人民银行将按照党中央、国务院的战略部署，贯彻稳中求进、改革创新和宏观政策要稳、微观政策要活的要求，统筹稳增长、促改革、调结构、惠民生和防风险，继续实施稳健的货币政策，保持政策的连续性和稳定性，坚持“总量稳定、结构优化”的取向，既保持定力又主动作为，根据经济基本面变化适时适度预调微调，增强调控的灵活性、针对性和有效性，为经济结构调整与转型升级营造中性适度的货币金融环境，促进经济科学发展、可持续发展。综合运用数量、价格等多种货币政策工具，健全宏观审慎政策框架，丰富和优化政策组合，保持适度流动性，实现货币信贷及社会融资规模合理增长。盘活存量，优化增量，改善融资结构和信贷结构。同时，寓改革于调控之中，把货币政策调控与深化改革紧密结合起来，更充分地发挥市场在资源配置中的决定性作用。针对金融深化和创新发展，进一步完善调控模式，疏通传导机制，通过增加供给和竞争改善金融服务，提高金融运行效率和服务实体经济的能力，多措并举，降低实体经济融资成本。采取综合措施维护金融稳定，守住不发生系统性、区域性金融风险的底线。

Executive Summary

In the third quarter of 2014, the Chinese economy performed within a reasonable range. Consumption increased steadily, exports and imports improved, and the employment situation was stable. Investment growth and price-level hikes moderated. Economic structural adjustments picked up steam. In the third quarter, GDP growth was 7.3 percent year on year and 1.9 percent quarter on quarter, and the consumer price index was up 2.0 percent year on year.

In accordance with the decisions and overall arrangements of the Party Central Committee and the State Council, the PBC has continued its sound monetary policy, taken measures to respond to the downward pressures and the moderation in price inflation while remaining focused on the goal of macro-economic management, making innovations in the approach and methodology of macro-economic management, diversifying policy instruments, optimizing the combination of policy measures, dealing with salient issues in economic performance, and conducting pre-emptive adjustments and fine-tuning in structural adjustment. The PBC carried out flexible open market operations and used short-term liquidity operations (SLO) to make adjustments in both directions. A medium-term lending facility (MLF) was created and MLF operations were carried out to guide market interest rates while keeping aggregate liquidity at an adequate volume in order to reduce the costs of financing for the real economy. The parameters of the macro-prudential policy were adjusted, the credit policy to support central bank lending and discounts was enhanced, and the role of credit policy was tapped to guide structural adjustments in encouraging financial institutions to allocate more credit resources to the agricultural sector, rural areas, and farmers, and small and micro enterprises. The market-based interest-rate reform and the RMB exchange-rate formation regime reform were furthered while the foreign exchange administration reform was deepened.

In general, the various policies have gradually produced effects. Liquidity in the banking system was adequate, and growth of money, credit, and all-system financing aggregates was stable. The structure of lending continued to improve. Market interest rates declined, and loan interest rates offered by financial institutions generally moved downward, reducing financing costs for the corporate sector. At the end of September 2014, broad money supply M2 was up 12.9 percent year on year. Outstanding RMB loans were up 13.2 percent year on year, registering an increase of RMB7.7 trillion yuan from the beginning of 2014, RMB404.5 billion yuan more than the increase in the corresponding period of 2013. The growth of both small and micro enterprise loans and agro-related loans exceeded the growth of total loans. In the first three quarters of 2014, all-system financing aggregates totaled RMB12.84 trillion yuan. In September, the weighted average loan interest rate offered to non-financial enterprises and other sectors was 6.97 percent, a reduction of 0.12 percentage point from August and a reduction of 0.23 percentage point from December 2013. At end-September, the central parity of the RMB against the US dollar was RMB6.1525 yuan per dollar, an appreciation of 3 basis points from end-June.

The global economy has been undergoing a profound rebalancing after the global financial crisis. The Chinese economy is switching gears and undergoing structural adjustments while at the same time absorbing the effects of the stimulus policy adopted during the previous period. Thus it is necessary to observe and analyze the performance of the economy based on the trends in economic development and from the perspective of the new normal. In the short term, adjustments in the real estate market, the treatment of environmental pollution, and the moderating growth in the manufacturing sector will have some impact on the growth of the economy. However, with progress in the new industrialization, the application of information technology, urbanization and the modernization of the agricultural sector, the transformation of the growth pattern, and innovations and improvements in macroeconomic management, the Chinese economy is expected to achieve more sustainable and higher-quality growth in the medium and long run. While structural adjustments are progressing, the economy still might face stronger downward pressures and increased potential risk exposures during certain periods, thus making the adjustment of the economic structure and the transformation of the growth pattern all the more imperative.

The PBC will follow the strategic arrangements of the Party Central Committee and the State Council, follow the requirements of seeking progress while maintaining stability, promoting reform and innovation, and maintaining stable macro-economic policies, while adopting flexible micro policies, striking a balance among preserving growth, promoting reform, adjusting the economic structure, improving the welfare of the people, and preventing risks, continue the sound monetary policy, maintain policy stability and continuity, and continue the stance of keeping aggregates at stable levels and optimizing the structure. We will remain focused on the objectives of macro-economic management, adopt measures based on our own initiative, conduct fine-tuning and preemptive adjustments when necessary in response to developments in the fundamentals, and make adjustment measures more flexible, targeted, and effective, in order to provide a stable monetary and financial environment for structural adjustments, transformation, and an upgrading of the economic structure and to promote sustainable economic development. A combination of both quantitative and price-based monetary policy instruments will be employed, the macro-prudential policy framework will be improved, and the combination of policy measures will be further diversified and optimized to keep liquidity at appropriate volumes and to realize the opportune growth of money, credit, and all-system financing aggregates. There will be continued efforts to mobilize the stock of credit assets, optimize the structure of new loans, and improve the financing and credit structures. Moreover, the reform measures will be integrated with the macroeconomic management policies so that monetary policy will work closely with the reform measures to further tap into the decisive role of the market in terms of resource allocations. In view of the financial deepening and innovations in the financial markets, the conduct of monetary policy, including that of its transmission mechanism, will be further improved. Supplies will be increased and competition will be enhanced to improve the quality of financial services, the efficiency of the financial sector, and the capacity of the financial sector to provide services to the real economy. A number of measures will be taken to reduce financing costs in the real economy. A comprehensive set of measures will be put in place to safeguard the bottom line to prevent the emergence of either systemic financial risks or regional financial risks.

目 录

图

①数据来源：中国人民银行、国家统计局、商务部、海关总署、国家外汇管理局、世界银行、国际货币基金组织、世界贸易组织、联合国贸易和发展会议等。

②数据来源：相关中央银行、国家统计机构、世界银行、国际货币基金组织等。

Contents

Tables

Figures

1. Source: The People's Bank of China, National Bureau of Statistics, Ministry of Commerce, General Administration of Customs, State Administration of Foreign Exchange, World Bank, International Monetary Fund, World Trade Organization, and United Nations Conference on Trade and Development, etc..

1. Source : Central banks, national statistical agencies in relevant countries, The World Bank, IMF, etc..

第一部分　货币信贷概况

2014年第三季度，银行体系流动性充裕，货币信贷和社会融资增长平稳，贷款结构继续改善。

一、货币总量增速趋稳

2014年9月末，广义货币供应量M2余额为120.2万亿元，同比增长12.9%，比上月末高0.1个百分点，比6月末低1.8个百分点。狭义货币供应量M1余额为32.7万亿元，同比增长4.8%，比6月末低4.1个百分点。流通中货币M0余额为5.9万亿元，同比增长4.2%，比6月末低1.1个百分点。前三个季度现金净投放274亿元，同比少投放1 560亿元。近期货币增速有所放缓，总体看是经济结构调整、表外融资收缩、部分财务软约束部门扩张放缓以及对同业业务监管加强等在货币运行上的反映。

9月末，基础货币余额为28.5万亿元，同比增长8.4%，比年初增加1.4万亿元。货币乘数为4.21，比6月末低0.11。金融机构超额准备金率为2.3%。其中，农村信用社为4.9%。

专栏1　如何看待近期货币增速变化

2014年第三季度以来，广义货币M2同比增速出现一定回落。7月、8月分别较上月回落1.2个和0.7个百分点。按可比口径测算，9月末M2增长12.9%，较上月回升0.1个百分点，较6月末回落1.8个百分点，较上年年末回落0.7个百分点。各方面对货币增速的变化关注较多，也有人将此简单视为经济下行的表现。实际上，从结构化的视角有助于对此进行更全面、客观的观察和理解。

M2是一个总量概念，其变化取决于不同货币派生渠道的变化，而这些变化背后往往映射出经济结构的调整和改变。银行发放贷款、进行证券投资、购买外汇以及开展部分同业业务等都会派生存款，从而形成货币供给，相反银行发行债券、股票以增加资本金时，会反向减少全社会存款，从而减少货币供给，因此我们需要观察这些影响货币供给的渠道究竟发生了怎样的变化。从货币派生渠道看，2014年以来信贷投放总体较为平稳，1～9月新增人民币贷款7.68万亿元，同比多增4 045亿元，并不是引起M2增速回落的主要原因。相比较而言，导致近期M2增速回落的主要原因是银行同业业务融资等出现较快收缩，同时银行资本增加、外汇占款相对减少等也产生了一定影响。近两年来，在融资需求旺盛的大背景下，部分商业银行通过不规范的同业业务、证券投资等科目，向房地产、部分软约束及政策限制性领域提供了较多融资。随着经济结构调整步伐加快，这些部门的需求出现一定变化，加之同业业务监管等措施强化，第三季度以来这部分融资出现收缩，从而减少了货币派生。随着近期对存款偏离度的监管加强，商业银行“冲存款”现象也有所减少。此外，《巴塞尔协议Ⅲ》实施后，商业银行加大了资本补充力度，第三季度银行资本增加相对较多也减少了全社会货币供给。随着国际收支变化，外汇占款减少，第三季度外汇占款增加78亿元，同比少增1 214亿元，这也会减少货币供给。货币增速放缓与社会融资总量变化是吻合的。2014年第三季度，表外融资（包括信托贷款、委托贷款、未贴现银行承兑汇票）净减少3 106亿元，同比少增1.5万亿元，占到当季社会融资总量同比少增量的97%。

总体看，近期M2增速变化是经济结构调整、表外融资收缩、部分软约束部门扩张放缓以及监管措施强化在货币运行上的反映。不规范的同业业务收缩、“冲存款”行为减少有其正面意义，不仅有利于堵塞金融体系漏洞、增强金融体系稳定性，也有利于抑制全社会杠杆水平过快上升，一定程度上看是宏观调控希望看到的结果。随着第三产业在经济中的占比上升，由于其融资强度要明显低于第二产业，对资金的需求会有所下降。从商业银行行为看，2014年以来坏账核销和不良贷款暴露都有所加快，同时商业银行的风险偏好趋于下降，向高风险和软约束部门的融资减少，这也有利于推动结构调整、优化金融配置，使资金更有效地流向成长性、前景好的部门，并降低全社会融资成本。当然，若总量收缩过快也可能对整体经济产生不利影响。

值得注意的是，目前M2增速较名义GDP增速高出4个多百分点，明显超出2000～2013年的平均水平（剔除较为特殊的2009年后只有1.5个百分点），M2存量已超过120万亿元，M2/GDP在200%左右，在存量货币池子已经很大的情况下，这样的货币供给并不算慢。与财政支出不同，货币投放后并不会消失，而是会形成存量积累继续在经济运行中发挥作用，关键是要提高货币周转的效率，否则存量货币会越积越多，长期看会对通胀乃至经济产生不利影响。还应看到，随着市场深化和金融创新加快发展，影响货币供给的因素更加复杂，货币波动性增大，准确统计货币的难度也在增加，货币指标的信号指示意义及其与经济增长、通货膨胀之间的稳定关系也在逐步变化，因此不宜对货币增速的短期变化过度解读。

在金融发展和金融创新加快的大背景下，应当更多地从市场利率的角度观察和评估货币金融条件。9月，同业拆借和债券回购加权平均利率分别为2.97%和2.93%，比上月回落0.20个和0.18个百分点，比上年12月低1.19个和1.34个百分点。国债收益率、企业债收益率、贷款利率等也均出现不同程度下行。总体看，货币政策根据经济基本面变化加强预调微调，保持了中性适度的货币条件。

二、金融机构存款增长有所放缓

9月末，全部金融机构（含外资金融机构，下同）本外币各项存款余额为116.4万亿元，同比增长10.0%，增速比6月末低3.1个百分点，比年初增加9.2万亿元，同比少增2.3万亿元。人民币各项存款余额为112.7万亿元，同比增长9.3%，增速比6月末低3.3个百分点，比年初增加8.3万亿元，同比少增3.0万亿元。主要是第三季度存款增长明显放缓，当季减少9 504亿元，同比多减3.1万亿元，其中不规范的同业业务收缩、“冲存款”行为减少导致存款派生相应缩减是主要原因。外币存款余额为6 053亿美元，同比增长34.9%，比年初增加1 402亿美元，同比多增1 017亿美元，与2012年同期增量基本持平。值得注意的是，人民币存款第三季度末波动性明显减小，9月最后一天存款新增6 998亿元，同比少增4 342亿元，存款偏离度监管要求强化的效果有所显现。

从人民币存款部门分布看，各部门存款增速都有所回落。9月末，住户存款余额为49.8万亿元，同比增长9.1%，增速比6月末低2.9个百分点，比年初增加3.7万亿元，同比少增1.3万亿元。非金融企业存款余额为37.0万亿元，同比增长5.5%，增速比6月末低4.2个百分点，比年初增加1.1万亿元，同比少增1.3万亿元。财政存款余额为4.1万亿元，比年初增加1.1万亿元，同比少增3 427亿元。非存款类金融机构存款余额为8.5万亿元，同比增长58.7%，增速比6月末低7.5个百分点，比年初增加2.7万亿元，同比多增2.2万亿元。

三、金融机构贷款增长平稳

9月末，全部金融机构本外币贷款余额为84.7万亿元，同比增长13.0%，比6月末低0.7个百分点，比年初增加8.1万亿元，同比多增4 138亿元。9月末，人民币贷款余额为79.6万亿元，同比增长13.2%，增速与前两个月末基本持平，比6月末低0.8个百分点，比年初增加7.7万亿元，同比多增4 045亿元。

从人民币贷款部门分布来看，住户贷款增速高位有所放缓，非金融企业及其他部门贷款增长相对平稳。9月末，住户贷款余额为22.5万亿元，同比增长17.2%，增速比6月末下降2.1个百分点，仍明显高于全部贷款增速，比年初增加2.7万亿元，同比少增4 155亿元。其中，个人住房贷款比年初增加1.2万亿元，同比基本持平。个人住房贷款增量占比仍处于较高水平，前三个季度增量在全部新增贷款中占比为16.0%，高于2010～2013年平均水平。9月末，非金融企业及其他部门人民币贷款余额为56.9万亿元，同比增长11.8%，比前两个月末均高0.2个百分点，比6月末低0.3个百分点，比年初增加5.0万亿元，同比多增8 183亿元。

从人民币贷款期限分布看，中长期贷款增长较快，短期贷款增长放缓。9月末，中长期贷款余额为44.4万亿元，同比增长13.4%，比年初增加4.5万亿元，同比多增6 632亿元。中长期贷款增量在全部贷款增量中占比为59.2%，比上年同期高5.8个百分点。其中，固定资产贷款投放贡献较多，前三个季度新增2.3万亿元，同比多增5 099亿元，9月末增速为12.3%，较上年同期高1.3个百分点，成为稳定投资的重要助力。9月末，短期贷款余额为31.2万亿元，同比增长11.1%，比6月末低4.3个百分点。票据融资增加较多，前三个季度新增7 383亿元，同比多增7 279亿元，第二季度以来投放明显较快，银行体系资金较为充裕以及票据贴现利率的下行等均是推动因素。分机构看，中资全国性大型银行和中资区域性中小型银行贷款同比多增较多。

外币贷款平稳增长。9月末，金融机构外币贷款余额为8 383亿美元，同比增长9.5%，比年初增加615亿美元，同比少增208亿美元。从投向看，短期单位经营贷款增加324亿美元，同比多增153亿元，境外贷款增加223亿美元，与上年同期基本持平，对进出口及

表1　2014年前三个季度分机构人民币贷款情况

单位：亿元

	2014年前三个季度		2013年前三个季度	
	新增额	同比多增	新增额	同比多增
中资全国性大型银行[①]	36 628	3 410	33 218	2 174
中资全国性中小型银行[②]	20 951	-1 982	22 933	4 426
中资区域性中小型银行[③]	12 987	3 438	9 550	-373
小型农村金融机构[④]	11 864	-203	12 067	1 069
外资金融机构	436	182	253	-306

注：①中资全国性大型银行是指本外币资产总量大于等于2万亿元的银行（以2008年年末各金融机构本外币资产总额为参考标准）。

②中资全国性中小型银行是指本外币资产总量小于2万亿元且跨省经营的银行。

③中资区域性中小型银行是指本外币资产总量小于2万亿元且不跨省经营的银行。

④小型农村金融机构包括农村商业银行、农村合作银行、农村信用社。

数据来源：中国人民银行。

"走出去"的信贷支持力度仍然较大。

四、社会融资规模保持适度，融资结构优化

初步统计，前三个季度社会融资规模12.84万亿元，比上年同期少1.12万亿元，为历史同期次高水平。其中，第三季度社会融资规模2.31万亿元，比上年同期少1.51万亿元。

从结构看，前三个季度社会融资规模主要有以下特点：一是人民币贷款增加较多，占比明显上升。前三个季度人民币贷款占同期社会融资规模的59.8%，比上年同期高7.7个百分点。二是信托贷款和未贴现银行承兑汇票显著缩量，表外融资同比大幅少增。随着经济结构调整步伐加快，监管措施强化，原来通过表外融资的部分软约束及政策限制领域需求出现一定变化，这部分融资出现收缩，部分表外融资转到了表内。前三个季度实体经济以委托贷款、信托贷款和未贴现银行承兑汇票方式合计融资2.27万亿元，比上年同期少1.78万亿元，占同期社会融资规模的17.6%，比上年同期低11.4个百分点。三是债

表2　2014年前三个季度社会融资规模

单位：亿元

时期	社会融资规模[①]	其中：						
		人民币贷款[③]	外币贷款（折合人民币）	委托贷款	信托贷款	未贴现银行承兑汇票	企业债券	非金融企业境内股票融资
2013年前三个季度	139 681	72 787	5 165	18 200	15 856	6 361	15 323	1 625
2014年前三个季度	128 441	76 832	3 756	17 871	3 602	1 188	18 186	3 033

注：①社会融资规模是指一定时期内实体经济从金融体系获得的资金总额，是增量概念。

②当期数据为初步统计数。

③表中的人民币贷款为历史公布数。

数据来源：中国人民银行、国家发展和改革委员会、中国证券监督管理委员会、中国保险监督管理委员会、中央国债登记结算有限责任公司和中国银行间市场交易商协会等。

券和股票融资双双大幅增加，拉动直接融资金额和占比均创历史同期最高水平。前三个季度非金融企业境内债券和股票合计融资2.12万亿元，比上年同期多4 271亿元；占同期社会融资规模的16.6%，比上年同期高4.4个百分点。直接融资的比例提高，表明融资结构有所优化，也有助于企业降低融资成本。此外，外币贷款低于上年同期。

五、金融机构贷款利率回落，企业融资成本高问题有所缓解

8月，《国务院办公厅关于多措并举着力缓解企业融资成本高问题的指导意见》（国办发[2014]39号）发布，人民银行会同相关部门采取多项措施，并督促商业银行落实好有关政策。一方面，运用多种货币政策工具组合保持信贷合理增长、改善信贷结构。灵活双向调节流动性，在保持流动性总体适度的前提下，加大支农再贷款力度，运用中期借贷便利工具（MLF）为符合宏观审慎要求的商业银行提供资金支持，通过抵押补充贷款工具（PSL）为开发性金融支持棚户区改造提供长期稳定、成本适当的资金额度，进一步改进宏观审慎管理指标，逐步扩大地方法人等中小金融机构和对棚改、稳外贸支持力度较大金融机构的信贷投放空间。适时运用价格杠杆引导市场利率适当下行，7月、9月和10月三次下调14天期正回购操作利率共40个基点，自9月起适度下调PSL资金利率。另一方面，督促金融机构完善考核评价指标体系、清理整顿不合理金融服务收费、提高贷款审批和发放效率。此外，大力发展直接融资，规范同业和理财业务。

在相关部门、金融机构的协调配合和共同努力下，企业融资成本高问题得到一定程度缓解。9月末，银行间市场3年期、7年期AA级企业债的到期收益率分别为5.78%和6.62%，较上年年末下降1.57个和0.84个百分点。9月，非金融企业及其他部门贷款加权平均利率为6.97%，比上月下降0.12个百分点，比上年12月下降0.23个百分点。其中，一般贷款加权平均利率为7.33%，比上月下降0.11个百分点；票据融资加权平均利率为5.22%，与上月基本持平。个人住房贷款加权平均利率

表3　2014年1～9月金融机构人民币贷款各利率区间占比

单位：%

月份	下浮	基准	上浮					
			小计	(1.0，1.1]	(1.1，1.3]	(1.3，1.5]	(1.5，2.0]	2.0以上
1月	8.20	22.81	68.99	17.90	27.39	11.00	9.78	2.92
2月	7.56	24.96	67.48	20.61	26.09	10.13	8.05	2.60
3月	8.35	21.40	70.25	18.81	27.69	11.17	9.56	3.02
4月	6.14	20.60	73.26	20.20	28.47	11.93	9.69	2.97
5月	7.35	19.81	72.84	20.45	28.12	11.97	9.52	2.78
6月	9.32	21.57	69.11	20.24	26.71	11.19	8.42	2.55
7月	8.23	19.68	72.09	19.35	27.78	12.46	9.69	2.81
8月	7.50	18.80	73.70	18.28	29.35	13.21	9.81	3.05
9月	8.31	20.43	71.26	19.01	28.18	12.29	9.00	2.78

数据来源：中国人民银行。

表4　2014年1～9月大额美元存款与美元贷款平均利率

单位：%

月份	大额存款						贷款				
	活期	3个月以内	3(含3个月)～6个月	6(含6个月)～12个月	1年	1年以上	3个月以内	3(含3个月)～6个月	6(含6个月)～12个月	1年	1年以上
1月	0.21	2.41	3.43	3.48	3.54	2.68	2.82	2.90	3.14	2.88	3.56
2月	0.20	2.50	3.54	3.68	3.66	3.08	3.08	3.13	3.46	3.10	3.08
3月	0.25	2.60	3.68	3.63	3.85	2.72	3.08	3.20	3.35	3.30	3.16
4月	0.27	2.45	3.56	3.70	3.66	2.81	3.11	3.24	3.59	3.52	3.47
5月	0.26	2.21	3.24	3.43	3.58	2.83	2.97	3.09	3.45	3.52	3.63
6月	0.22	1.99	3.03	3.17	3.69	2.78	2.87	3.03	3.37	3.42	3.45
7月	0.21	1.59	2.72	2.96	3.47	2.48	2.73	2.97	3.32	3.24	3.72
8月	0.19	1.09	2.13	2.77	3.06	2.16	2.61	2.66	3.01	2.89	3.39
9月	0.14	0.83	1.76	2.30	2.40	1.18	2.53	2.51	2.67	2.74	3.55

数据来源：中国人民银行。

为6.96%，比上月下降0.05个百分点。

从利率浮动情况看，2014年以来，执行上浮利率的贷款占比波动中小幅上升，这一方面与金融创新背景下理财等新业务快速发展导致银行筹资成本上升有关，另一方面也与经济结构调整过程中部分地区、行业信贷资产质量有所下降导致风险溢价上升有关。随着降低企业融资成本各项措施逐步落实，9月执行下浮、基准利率的贷款占比出现上升，执行上浮利率的贷款占比下降。一般贷款中执行下浮、基准利率的贷款占比分别为8.31%和20.43%，较上月分别上升0.81个和1.63个百分点；执行上浮利率的贷款占比为71.26%，比上月下降2.44个百分点。当然也要看到，“融资贵”成因复杂，债务率高和风险溢价上升是重要原因，解决这些问题需要标本兼治，加快经济结构调整和改革步伐。

外币存贷款利率在国际金融市场利率波动、境内外币资金供求变化等因素的综合作用下，总体较6月有所下降。9月，活期、3个月以内大额美元存款加权平均利率分别为0.14%和0.83%，比6月分别下降0.08个和1.16个百分点；3个月以内、3（含）～6个月美元贷款加权平均利率分别为2.53%和2.51%，比6月分别下降0.34个和0.52个百分点。

六、人民币汇率弹性增强

第三季度，人民币汇率保持基本稳定，双向浮动特征明显，汇率弹性增强，人民币汇率预期总体平稳。9月末，人民币对美元汇率中间价为6.1525元，比6月末升值3个基点，升值幅度为0.005%。2005年人民币汇率形成机制改革以来至2014年9月末，人民币对美元汇率累计升值34.52%。根据国际清算银行的计算，第三季度，人民币名义有效汇率升值4.50%，实际有效汇率升值4.97%；2005年人民币汇率形成机制改革以来至2014年9月，人民币名义有效汇率升值34.11%，实际有效汇率升值43.36%。

七、跨境人民币业务保持平稳发展

初步统计，第三季度银行累计办理跨境贸易人民币结算业务①1.53万亿元，同比增长36.7%。其中，货物贸易结算金额为1.24万亿元；服务贸易及其他经常项目结算金额为0.29万亿元。跨境贸易人民币结算实收6 511.2亿元，实付8 825.6亿元，收付比为1：1.36。直接投资方面，第三季度银行累计办理人民币跨境直接投资结算金额2 509.6亿元，同比增长68.4%，其中，人民币对外直接投资结算金额为472.1亿元，同比增长56.1%；外商直接投资结算金额为2 037.5亿元，同比增长71.6%。

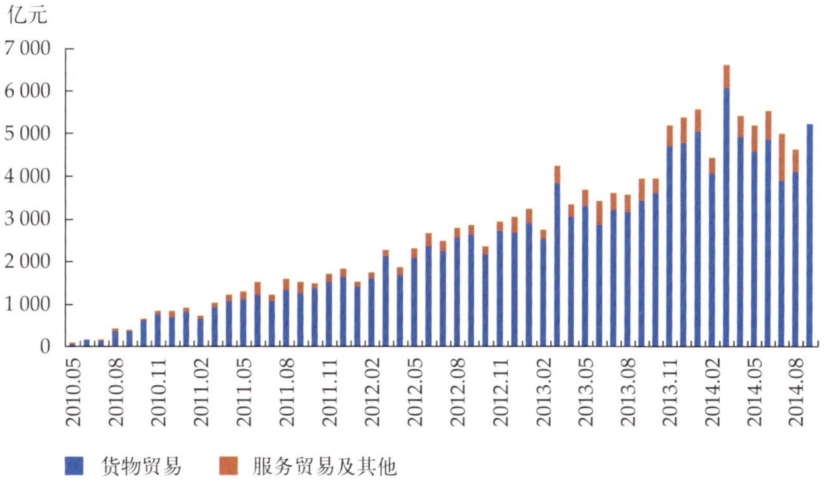

数据来源：中国人民银行。

图1　跨境贸易人民币结算情况

专栏2　开展跨境人民币业务五周年回顾

随着中国经济发展、对外贸易规模扩大和金融开放程度提高，境外逐渐产生对人民币的需求，人民币开始跨境流通，但起初主要分布在边境地区。2004年港澳地区开办了跨境人民币业务，业务量增长迅猛但规模不大。2008年国际金融危机爆发后，美元等主要国际结算货币大幅波动，境内外企业使用人民币进行跨境贸易结算的需求迅速上升，上海、广东等地陆续向国务院申请开展跨境贸易人民币结算试点。在此背景下，经国务院批准，人民银行牵头开展跨境贸易人民币结算试点有关工作，允许境内试点地区企业在对外贸易结算中使用人民币，并将境外人民币使用范围扩展到全球。五年来，人民银行会同有关部门遵循“低调务实有效推动、尊重市场顺应需求、循序渐进风险可控”的原则，逐步建立起人民币跨境使用的政策框

① 自8月开始，无货物报关的转口贸易，由服务贸易调整到货物贸易进行统计，货物贸易金额扩大，服务贸易金额相应减少，历史数据一并调整。

架和管理机制。

一是充分便利人民币跨境贸易结算和使用。经国务院批准，2009年7月，上海市和广东省四城市（广州、深圳、珠海、东莞）开展跨境贸易人民币结算试点，2010年6月和2011年8月两次扩大试点，将跨境贸易人民币结算境内地域范围扩大至全国，凡从事进出口货物和服务贸易及其他经常项目的国内企业均可自主选择以人民币计价、结算和收付，个人从事货物和服务贸易也可用人民币结算。在贸易、投资、国际收支等涉外经济统计、核算、管理中逐步采用人民币为主要计价货币。到2014年前三个季度跨境人民币结算金额已超过4.8万亿元，人民币已成为我国国际收支中第二大跨境支付货币，占全部跨境收支的比重已接近25%，货物贸易进出口的人民币结算比重则超过15%。与我国发生跨境人民币收付的国家达到174个。通过跨境人民币业务，企业可以规避汇率风险、节约财务成本，银行可以为企业跨境贸易投资及金融交易等提供更多、更贴近实际需求的金融产品和服务，企业和银行从跨境人民币业务中得到了实实在在的好处。总的来看，经常项目的人民币跨境使用已实现全覆盖和充分便利化。

二是积极开展人民币跨境直接投资结算和使用。配合跨境贸易人民币结算试点，2011年1月，允许境内机构以人民币进行对外直接投资，2011年10月允许境外投资者以人民币到境内开展直接投资，2013年9月允许境外投资者使用人民币投资境内金融机构。目前人民币境外直接投资、对外直接投资规模已达1.67万亿元。

三是稳妥有序扩大人民币跨境金融投资。2010年8月允许境外机构进入银行间债券市场投资，2011年12月，开展人民币合格境外机构投资者（RQFII）试点，支持境外机构在境内银行间债券市场发行人民币债券，适度拓宽人民币回流渠道，逐步形成人民币“出得去、回得来”的良性循环机制。截至2014年9月，177家境外机构获准进入银行间债券市场；RQFII试点额度达7 400亿元，86家境外机构获得试点资格，累计获批投资额度2 833亿元。

四是进行配套安排，有序促进离岸人民币市场发展。经国务院批准，继港澳台地区之后，先后在新加坡、伦敦、法兰克福、首尔、巴黎和卢森堡等地确定一家中资银行作为当地人民币业务清算行，在当地建立人民币清算安排。拓展人民币境外循环使用的渠道和机制，支持人民币逐步成为区域计价、结算及投融资货币。

五是本币使用的国际合作不断深化。伴随跨境人民币业务的开展，2009年至2014年10月31日，人民银行先后与26个境外央行或货币当局签署双边本币互换协议，总额度将近2.9万亿元。人民币与欧元、日元、英镑、澳大利亚元、新西兰元、新加坡元、马来西亚林吉特、俄罗斯卢布等实现了直接交易。一些央行或货币当局已经或者准备将人民币纳入其外汇储备，人民币已成为全球第七大储备货币。本币合作在深化国际经贸金融交往、维护国际金融体系稳定等方面发挥着越来越积极的作用。

第二部分 货币政策操作

2014年第三季度，中国人民银行按照党中央、国务院统一部署，继续实施稳健的货币政策，针对经济运行面临一定下行压力、物价涨幅有所走低的形势，保持定力、主动作为，不断创新宏观调控思路和方式，丰富政策工具，优化政策组合，瞄准经济运行中的突出问题，用调结构的方式适时适度预调微调，注意保持流动性适度充裕和货币市场利率平稳运行，引导信贷平稳增长和结构优化，特别是加大对小微企业、“三农”和中西部地区的信贷支持，在促进实体经济发展中发挥了重要作用。

一、灵活开展公开市场操作

继续发挥公开市场操作的预调微调功能，结合各阶段流动性供求变化，合理把握公开市场正回购操作的力度和频率，有效应对多种因素引起的短期流动性波动。第三季度，累计开展正回购操作4 380亿元。不断优化操作期限品种。根据短期流动性供求复杂多变的特点，适时将公开市场正回购操作期限由28天期缩短至14天期，进一步提高流动性管理的针对性和有效性。

加强对市场环境和市场利率走势的分析监测，结合市场利率走势变化适时增强公开市场操作利率弹性，第三季度公开市场14天期正回购操作利率先后两次分别下行10个基点和20个基点，既实现了对市场预期的有效引导，也有助于促进货币市场的平稳运行。截至9月末，14天期正回购操作利率为3.5%，较第二季度下降了30个基点。10月14天期正回购操作利率进一步下行10个基点。

适时开展中央国库现金管理操作。第三季度共开展了3期国库现金管理商业银行定期存款业务，操作规模共计1 600亿元，其中3个月期1 100亿元，6个月期500亿元。

二、创设和开展中期借贷便利操作

当前银行体系流动性管理不仅面临来自资本流动变化、财政支出变化及资本市场IPO等多方面的扰动，同时也承担着完善价格型调控框架、引导市场利率水平等多方面的任务。为保持银行体系流动性总体平稳适度，支持货币信贷合理增长，中央银行需要根据流动性需求的期限、主体和用途不断丰富和完善工具组合，以进一步提高调控的灵活性、针对性和有效性。基于上述考虑，2014年9月，中国人民银行创设了中期借贷便利（Medium-term Lending Facility，MLF）。中期借贷便利是中央银行提供中期基础货币的货币政策工具，对象为符合宏观审慎管理要求的商业银行、政策性银行，采取质押方式发放，并需提供国债、央行票据、政策性金融债、高等级信用债等优质债券作为合格质押品。

9月和10月，中国人民银行通过中期借贷便利向国有商业银行、股份制商业银行、较大规模的城市商业银行和农村商业银行等分别投放基础货币5 000亿元和2 695亿元，期限均为3个月，利率为3.5%，在提供流动性的同时发挥中期政策利率的作用，引导商业银行降低贷款利率和社会融资成本，支持实体经济增长。总体看，在外汇占款渠道投放基础货币出现阶段性放缓的情况下，中期借贷便利起到了补充流动性缺口的作用，有利于保持中性适度的流动性水平。

根据货币市场流动性总体情况，第三季度人民银行未开展常备借贷便利操作，常备借贷便利余额保持为0。

三、加强宏观审慎管理，继续发挥差别准备金动态调整机制的逆周期调节和结构引导作用

继续运用差别准备金动态调整机制加强宏观审慎管理。根据国内外经济金融形势变化、金融机构稳健性状况和信贷政策执行情况，对差别准备金动态调整机制的有关参数进行调整。第三季度，人民银行进一步调整了与小微企业、涉农贷款等信贷政策执行情况相关的政策参数，并适当加大了对支小支农贷款较多的中小金融机构的调整力度，继续鼓励和引导金融机构提高对小微企业、“三农”及中西部欠发达地区的贷款比例，引导信贷合理增长。

专栏3 关于合意贷款问题

近期媒体多次提及的所谓“合意贷款”，实际就是指差别准备金动态调整机制，其核心内容是指金融机构适当的信贷投放应与其自身的资本水平以及经济增长的合理需要相匹配。其中，资本约束不仅包含过去8%的最低资本要求，还包含逆周期资本、系统重要性附加资本、储备资本等基于宏观审慎的资本要求；经济增长的合理需要意味着整体信贷增速不应过多偏离经济预期增长目标。信贷扩张越快，偏离合意水平越多，未来积累的风险就可能越大，因此资本要求就会相应提高，以此来抑制金融扩张的顺周期波动，防范系统性风险积累，保障金融支持实体经济的可持续性。合意贷款是建立在资本约束基础上的一种透明、规则化的宏观审慎政策工具，有别于行政性的规模管制。

合意贷款工具在当前宏观调控环境中仍有其合理性，是以新型宏观审慎工具消化前期刺激政策影响的一种选择。应当看到，调控框架的选择要综合考量各方面制约因素，并符合经济发展阶段的要求。在应对国际金融危机一揽子刺激措施显现成效、经济复苏态势逐步巩固后，人民银行按照国务院部署即开始引导货币条件回归常态。但当时各方面意见不统一，来自市场的压力很大，而利率、准备金等工具的信号作用又比较强，需要借助于宏观审慎措施，通过引导商业银行更稳健经营来抑制其过度扩张。人民银行多年来都强调向市场化的间接调控方式转型，包括更多发挥流动性管理和价格型工具的作用。但价格型工具的运用也受到多种因素掣肘，如流动性约束和较大幅度调整利率难以被接受、部分微观主体对利率敏感性不够、汇率市场化进程仍需推进等，因此还必须借助于宏观审慎等政策工具发挥必要作用。未来随着形势变化和改革推进，调控工具自然会有不同选择。

合意贷款具有透明、规则化以及动

态调整的特点。金融机构可根据既定公式和相关参数自行测算合意贷款增速，并了解宏观政策取向和导向。这在最大程度上限制了人为的自由裁量权，也体现出其与传统贷款规模分配的根本区别。当然，执行中也存在一些复杂因素，如部分农村信用社资本充足率长期低于监管要求甚至为负，若严格执行规则标准，本应收缩贷款，这在一些缺乏金融服务的偏远、贫困地区可能对当地经济发展产生较大影响。再如，近年来村镇银行等新设机构较多，缺乏足够历史数据。这些特殊性要求有一定灵活度。合意贷款也是动态调整的，能够适时反映宏观形势以及金融机构自身经营状况的变动情况。一方面，金融机构自身资本充足水平等因素的动态变化，会引起合意贷款变化；另一方面，央行根据宏观形势等变动也会适时调整宏观审慎政策参数。整体看，宏观审慎工具实施以来，信贷投放总体适度，符合经济发展的要求，结构也更趋合理。

合意贷款增速通常是年度贷款增速，年内的贷款进度由金融机构根据实体经济的实际贷款需求以及自身流动性状况和经营战略等自主安排。总体上，合意贷款按照大体均衡、不大起大落的原则把握，但根据实体经济的实际贷款需求情况也有一定弹性和灵活度。尤其是农村金融机构可结合农业季节性规律，灵活安排贷款节奏。一般而言农村金融机构前几个季度贷款比例较高，与季节性规律基本相符。

对合意贷款和定向降准之间的关系也要合理看待。在保持宏观稳定、货币信贷增长不过快的前提下，2014年以来人民银行根据经济形势变化数次调整了宏观审慎管理指标，适度拓宽合意贷款空间，增量大于定向降准释放的资金量。一些金融机构主要由于资本实力不足，信贷扩张受到限制。定向降准主要发挥信号作用，通过建立信贷结构优化的正向激励机制，引导金融机构进一步提高小微企业、涉农信贷投放比例，并不能理解为“放水”扩张总量。不少金融机构的小微企业、涉农贷款比例还有提升空间，潜力在于存量结构的改善，如果能够压缩其他类贷款，将收回再贷以及新增贷款中的更高比例投向小微企业、涉农贷款，就能在总量一定的条件下使这些领域得到更多支持。定向降准可以起到辅助作用，但不能取代市场对资金流向的决定作用。提升金融机构支小支农意愿和能力，还需治本措施切实跟进。如落实小微企业财税支持政策、增强中小金融机构资本实力、加快设立民营中小银行、解决财务软约束主体无效占用过多资源等。

四、加大信贷政策支持再贷款发放力度，支持金融机构扩大“三农”和小微企业信贷投放

为贯彻落实国务院常务会议关于“加大支农、支小再贷款和再贴现力度”的要求，提高金融服务“三农”、小微企业等国民经济薄弱环节的能力，第三季度，人民银行加大支农再贷款和再贴现支持力度，引导金融

机构扩大“三农”、小微企业信贷投放。同时，进一步完善支农再贷款和再贴现管理，要求农村金融机构借用支农再贷款发放的涉农贷款平均利率低于其他同档涉农贷款平均利率；对涉农、小微企业票据优先办理再贴现并要求再贴现票据的贴现利率低于同档平均利率，促进降低社会融资成本。对鲁甸地震灾区金融机构发放的支农、支小再贷款利率分别在正常支农、支小再贷款利率基础上降低1个百分点，支持灾区恢复重建工作。9月末，全国支农再贷款余额2 148亿元，比年初增加464亿元；支小再贷款余额465亿元，比年初增加465亿元；再贴现余额1 257亿元，比年初增加120亿元。

五、加强窗口指导和信贷政策引导

中国人民银行充分发挥货币政策、宏观审慎政策工具以及信贷政策的信号和结构引导作用，加强信贷政策与产业政策的协调配合，继续开展信贷政策导向效果评估，鼓励银行业金融机构探索创新组织、机制、产品和服务模式，优化信贷结构。积极采取多种措施，改进和提升小微企业金融服务水平。不断完善银行间债券市场体制机制，拓宽中小企业直接融资渠道，支持符合条件的商业银行发行专项用于小微企业贷款的金融债券。加大对家庭农场等新型农业经营主体和现代农业发展的金融支持力度。进一步发展消费金融。继续完善就业、助学、少数民族、农民工、大学生村官等民生金融和区域经济协调发展的金融服务工作。加大对有市场发展前景的先进制造业、战略性新兴产业、现代信息技术产业和信息消费、文化产业、服务业、传统产业改造升级以及绿色环保等领域的资金支持力度。保证符合条件的在建续建工程和项目的合理资金需求，积极支持棚户区改造、铁路、地下管网等既惠民生也能提升增长质量和效益的重大基础设施和民生工程建设。进一步健全14个连片特困地区金融服务联动协调机制，切实提高贫困地区金融服务水平。做好金融支持鲁甸地震灾后恢复重建的金融服务工作。做好化解产能严重过剩矛盾的金融服务工作，支持对整合过剩产能的企业定向开展并购贷款，对产能严重过剩行业中有市场、有效益的企业不搞“一刀切”。加快推进扩大信贷资产证券化试点，发挥其盘活存量信贷资产的作用。

从实施效果看，信贷结构出现积极变化，对“三农”、小微企业等重点领域的支持力度继续增强。一是小微企业贷款增速高于各项贷款平均水平。9月末小微企业人民币贷款余额为14.55万亿元，同比增长13.5%，比同期大型和中型企业贷款增速分别高4.1个和1.8个百分点，比各项贷款增速高0.3个百分点。二是涉农贷款增速继续高于各项贷款平均增速。9月末本外币涉农贷款余额为22.92万亿元，同比增长13.7%，增速比同期各项贷款增速高0.7个百分点。三是信贷资金向西部倾斜，区域信贷不平衡状况继续得到改善。9月末西部地区本外币贷款余额同比增长15.9%，比同期东部和中部增速分别高4.7个和1.1个百分点。

六、完善人民币汇率形成机制

继续按主动性、可控性和渐进性原则，进一步完善人民币汇率形成机制，重在坚持以市场供求为基础，参考一篮子货币进行调节，增强人民币汇率弹性，保持人民币汇率在合理均衡水平上的基本稳定。第三季度，人民币对美元汇率中间价最高为6.1425元，最

表5　2014年第三季度银行间外汇即期市场人民币对各币种交易量

单位：亿元人民币

币种	美元	欧元	日元	港币	英镑	澳元	新西兰元	加元	林吉特	卢布	泰铢
交易量	56 722.0	495.1	1 110.4	558.3	571.9	301.6	47.7	4.8	2.0	26.6	0.75

数据来源：中国外汇交易中心。

低为6.1707元，65个交易日中27个交易日升值、38个交易日贬值。第三季度最大单日升值幅度为0.30%（187点），最大单日贬值幅度为0.10%（61点）。

人民币对欧元、日元等其他国际主要货币汇率双向波动。9月末，人民币对欧元、日元汇率中间价分别为1欧元兑7.8049元人民币、100日元兑5.6242元人民币，分别较6月末升值7.56%和8.13%。2005年人民币汇率形成机制改革以来至2014年9月末，人民币对欧元汇率累计升值28.31%，对日元汇率累计升值29.90%。

为促进双边贸易和投资，自2014年9月30日起中国银行间外汇市场推出人民币对欧元直接交易。银行间外汇市场人民币直接交易成交活跃，流动性明显提升，降低了微观经济主体的汇兑成本。2014年第三季度，银行间外汇市场人民币对欧元成交495.1亿元人民币。

第三季度，在人民银行与境外货币当局签署的双边本币互换协议下，境外货币当局共开展交易2 940亿元人民币，对促进双边贸易投资发挥了积极作用。

七、深入推进金融机构改革

资产管理公司转型改制工作进一步推进。8月28日，华融资产管理公司与中国人寿保险（集团）、美国华平投资集团、中信证券国际、马来西亚国库控股公司、中金公司、中粮集团、复兴国际、高盛集团八家战略投资者正式签署战略合作协议，中国人寿保险（集团）增持以及其他七家新增战略投资者投资共计145.4亿元，占华融资产管理公司增资后股份总额的21.0%。

农村信用社改革进展顺利，资产质量持续改善，涉农信贷投放大幅增长。9月末，全国农村信用社不良贷款比例为3.9%，比上年年末下降0.2个百分点；资本充足率为10.8%，比上年年末提高0.4个百分点。全国农村信用社各项贷款余额为10.4万亿元，占同期全部金融机构各项贷款的比例为13.0%，比上年年末上升0.3个百分点。涉农贷款和农户贷款余额分别为6.9万亿元和3.4万亿元，比上年年末分别增长11.6%和12%。全国农村信用社产权制度改革稳步推进，明晰产权关系、完善法人治理结构、加强内控管理制度建设等取得一定成效，经营管理水平有所提高。截至9月末，全国共组建以县（市）为单位的统一法人农村信用社1 574家，农村商业银行574家，农村合作银行106家。

2014年以来，部分地区、行业景气度下降，一些企业面临生产经营困难，银行信贷资产质量面临一定压力。截至6月末，商业银行不良贷款余额为6 944亿元，比上年年末增加1 024亿元；不良贷款率为1.08%，比上年年末上升0.08个百分点。商业银行不良贷款反弹压力加大是经济结构调整加快、部分企业利润下降在金融领域的直接体现，但中国商业银行不良贷款率与世界主要经济体相比仍处在较低水平。同时，商业银行盈利水平、资本充足和拨备水平持续较好，2014年上半年商业银行累计实现净利润8 583亿元，同比增长14.0%；6月末商业银行加权平均一级资本充足率为10.1%，比上年年末上升0.2个百分点，加权平均资本充足率为12.4%，比上年年末上升0.2个百分点；拨备覆盖率为262.9%，比上年年末下降19.8个百分点，贷款拨备率为2.8%，与上年年末基本持平。总体看，商业银行风险抵补和损失吸收能力较强，为承受信贷资产损失积累了一定能力，银行业信贷风险总体可控。

八、深化外汇管理体制改革

积极推进外汇管理制度改革，促进贸易投资便利化。一是继续深化贸易外汇管理改革。深入推进货物贸易和服务贸易外汇管理制度改革，促进外贸健康发展。二是扎实推进资本项目可兑换。开展外商投资企业外汇资本金意愿结汇改革试点，便利外商投资企业经营与资金运作需要；改革境内居民通过特殊目的公司进行投融资的外汇管理制度，优化管理流程，简化管理手续，拓宽资本流动渠道。

加强跨境收支监管体系建设。一是加强对跨境资金流动和国际金融市场的监测，进一步完善应急管理预案，丰富政策工具储备。二是通过优化系统建设、加强外汇监管信息数据共享，为强化事后监测分析和非现场监管能力奠定基础。三是严厉打击外汇领域违法违规行为，开展虚假转口贸易和远期结汇等专项检查。截至2014年第三季度末，已查实85家涉嫌违规企业，涉案金额8.51亿美元，处罚金额1.06亿元人民币。

第三部分　金融市场分析

2014年第三季度，金融市场运行平稳。货币市场交易量明显放大，市场利率平稳回落；债券发行规模显著扩大，发行利率总体回落；股票市场指数上升，成交量大幅增长。

一、金融市场运行

（一）货币市场交易量明显放大，市场利率平稳回落

银行间回购交易量增速继续大幅上升，拆借交易量降幅收窄。前三个季度，银行间市场债券回购累计成交157.1万亿元，日均成交8 357亿元，同比增长33.6%，增速比上半年高15个百分点；同业拆借累计成交27.5万亿元，日均成交1 463亿元，同比下降3.1%，降幅比上半年收窄10.5个百分点。从期限结构看，市场交易仍主要集中于隔夜品种，回购和拆借隔夜品种的成交量分别占各自总量的79.1%和80.1%，较上半年分别下降1.5个和2.6个百分点。交易所债券回购累计成交64万亿元，同比增长39.6%，增速比上半年低11.6个百分点。

从融资主体结构看，主要呈现以下特点：一是大型银行仍是市场资金的主要供给方，资金融出量同比增速显著提高，前三个季度大型银行净融出量同比增长60.2%，增速比上半年高30.9个百分点。二是证券及基金公司、中小型银行是市场资金的主要需求方，资金融入量同比分别增长80.8%和94.3%，增速比上半年分别高13.1个和64.6个百分点。三是其他金融机构及产品累计净融入量同比下降20%，需求量较上年同期明显回落。

表6　2014年前三个季度金融机构回购、同业拆借资金净融出、净融入情况

单位：亿元

	回购		同业拆借	
	2014年前三个季度	2013年前三个季度	2014年前三个季度	2013年前三个季度
中资大型银行①	-548 416	-341 606	-46 217	-29 584
中资中小型银行②	208 022	114 220	-29 173	-22 159
证券及基金公司	208 135	115 445	55 994	30 679
保险公司	67 006	44 073	142	0
外资金融机构	24 655	11 950	1 727	4 340
其他金融机构及产品③	40 598	55 918	17 527	16 723

注：①中资大型银行包括中国工商银行、中国农业银行、中国银行、中国建设银行、国家开发银行、交通银行、中国邮政储蓄银行。

②中资中小型银行包括招商银行等17家中型银行、小型城市商业银行、农村商业银行、农村合作银行、村镇银行。

③其他金融机构及产品包括城市信用社、农村信用社、财务公司、信托投资公司、金融租赁公司、资产管理公司、社保基金、投资公司、企业年金、其他投资产品等，其中部分金融机构和产品未参与同业拆借市场。

④负号表示净融出，正号表示净融入。

数据来源：中国外汇交易中心。

表7　2014年第三季度利率衍生产品交易情况

	利率互换		债券远期		远期利率协议	
	交易笔数(笔)	名义本金额(亿元)	交易笔数(笔)	交易量(亿元)	交易笔数(笔)	名义本金额(亿元)
2013年第三季度	5 816	5 860.5	0	0.0	1	0.5
2014年第三季度	11 150	9 576.1	—	—	—	—

数据来源：中国外汇交易中心。

前三个季度，人民币利率互换市场交易名义本金总额为26 562.6亿元。第三季度，人民币利率互换市场名义本金总额9 576.1亿元，同比增加63.4%；从期限结构来看，1年及1年期以下交易最为活跃，其名义本金总额为7 389.1亿元，占总量的77.2%。从参考利率来看，人民币利率互换交易的浮动端参考利率主要包括7天回购定盘利率和Shibor，与之挂钩的利率互换交易名义本金占比为79.4%和20.0%。第三季度，利率互换曲线整体下移。

同业存单发行交易日趋活跃。自同业存单推出以来，发行人范围有序扩大、投资参与者逐步增多，截至9月末，已有66家金融机构披露了2014年同业存单年度发行计划，其中63家机构已在银行间市场完成发行。同时，同业存单一二级市场发行交易日趋活跃。前三个季度，银行间市场陆续发行同业存单427只，发行总量为4 072亿元，二级市场交易总量为1 845亿元，同业存单发行交易全部参照Shibor定价。同业存单市场的较快发展，为提高中长端Shibor的基准性奠定了基础。

市场利率平稳回落。7月中下旬，市场利率受新股申购冻结大量资金及部分机构补缴存款准备金影响上升。央行通过多种政策工具投放流动性，并在7月和9月下调正回购利率引导市场利率平稳回落。9月同业拆借和质押式回购月加权平均利率分别为2.97%和2.93%，比上年同期分别低50个和56个基点。

（二）债券发行规模显著扩大，发行利率回落

银行间债券市场现券交易量同比降幅继续收窄。前三个季度累计成交28.6万亿元，日均成交1 521亿元，同比下降21.5%，降幅比上半年缩小24.3个百分点。交易所债券现券成交1.76万亿元，同比增长40.8%，增速比上半年提高8.1个百分点。

从交易品种看，第三季度银行间债券市场国债现券交易累计成交1.76万亿元，占银行间市场现券交易的15.9%；金融债券和公司信用类债券现券交易分别累计成交5.11万亿元和4.15万亿元，占比分别为46.2%和37.5%。从交易主体看，中资中小型银行是银行间现券市场的主要净卖出方，第三季度净卖出现券3 382亿元；其他金融机构及产品和外资金融机构是主要净买入方，分别净买入现券1 710亿元和952亿元。

银行间债券市场指数继续上升。第三季度，中债综合净价指数由6月末的99.48点上升至9月末的99.97点，升幅0.49%；中债综合全价指数由6月末的111.84点上升至9月末的112.62点，升幅0.70%。交易所国债指数由6月末的142.02点升至9月末的143.60点，升幅1.11%。

银行间市场国债收益率曲线先上移后下

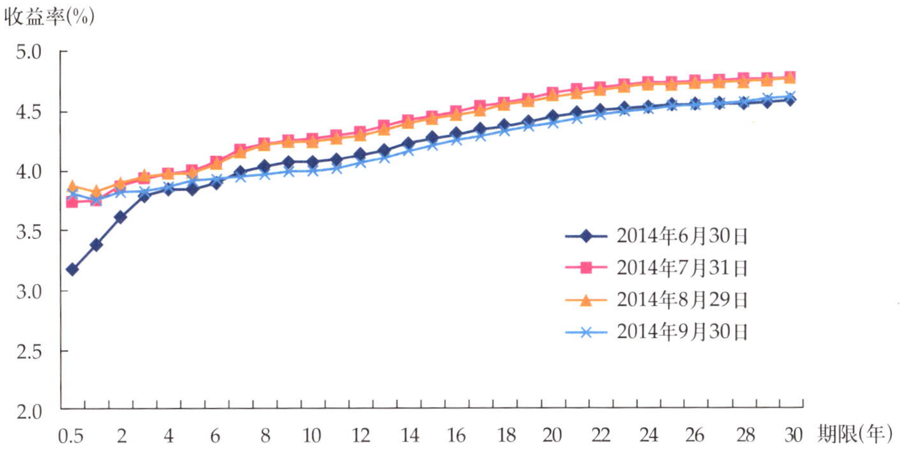

数据来源：中央国债登记结算有限责任公司。

图2　银行间市场国债收益率曲线变化情况

降。其中，短端上升，中长端下降。9月末，1年期国债收益率为3.74%，比6月末高36个基点。10年期国债收益率为3.98%，比6月末低8个基点。7月至9月上旬，受宏观经济金融数据出现较大波动影响，国债收益率走升，收益率曲线整体平坦化上移。9月下旬以来，债券收益率出现明显回落，国债收益率曲线有所下移，但短端下行幅度有限。

债券发行规模同比显著扩大。前三个季度，累计发行各类债券（含中央银行票据）8.45万亿元，比上年同期多发行1.51万亿元，其中第三季度发行3.07万亿元，同比多发行3 850亿元。金融债券和公司信用类债券发行同比增加较多，非金融企业债务融资工具发行显著增

表8　2014年前三个季度各类债券发行情况

债券品种	发行额(亿元)	比上年同期增减(亿元)
国债①	16 585	946
中央银行票据	0	-5 148
金融债券②	28 380	8 410
其中：国家开发银行及政策性金融债	19 094	3 710
公司信用类债券③	39 530	10 930
其中：非金融企业债务融资工具	31 269	8 605
企业债券	7 345	2 878
公司债	691	-557
合计	84 495	15 137

注：①国债含财政部代理发行的地方政府债券。

②金融债券包括国家开发银行金融债、政策性金融债、商业银行普通债、商业银行次级债、商业银行资本混合债、证券公司债券等。

③公司信用类债券包括非金融企业债务融资工具、企业债券以及公司债、可转债、可分离债、中小企业私募债等。

数据来源：中国人民银行、国家发展和改革委员会、中国证券监督管理委员会、中央国债登记结算有限责任公司。

加。9月末，国内各类债券余额为34.2万亿元，同比增长17.3%，比6月末高2.7个百分点。新推出市政项目收益票据，该工具由项目公司发行，以项目经营性现金流作为主要还款来源，首单项目收益票据已于2014年7月14日成功发行。项目收益票据的推出有利于探索建立透明规范的城市建设投融资机制，有效控制和化解地方政府性债务风险，为城镇化建设提供资金保障。

债券发行利率总体回落。9月，国开行发行的10年期金融债利率为4.68%，比6月发行的同期限债券利率低22个基点。主体评级AAA的企业发行的短期融资券（债券评级A-1）平均利率为5.04%，比6月略高5个基点；主体评级AAA的企业发行的5年期中期票据（债券评级AAA）平均利率为5.49%，比6月低10个基点；主体评级AA+的企业发行的7年期企业债券（债券评级AA+）平均利率为6%，比6月低77个基点。Shibor对债券产品定价基准作用不断提升。前三个季度，发行以Shibor为基准的浮动利率债券2只，发行总量为80亿元；发行固定利率企业债510只，发行总量为6 135亿元，全部参照Shibor定价；发行参照Shibor定价的固定利率短期融资券8 187亿元，占固定利率短期融资券发行总量的98%。

（三）票据融资持续增长，利率呈下降趋势

前三个季度，金融机构累计贴现42.5万亿元，同比增长22.8%；期末贴现余额为2.7万亿元，同比增长31.1%。9月末，票据融资余额比年初增加7 383亿元，比6月末增加4 950亿元；余额占各项贷款的比重为3.4%，同比上升0.5个百分点。在人民银行再贴现利率引导以及货币市场利率和票据市场供求变化等因素共同作用下，票据市场利率总体呈下行趋势。

票据承兑业务增幅趋缓。前三个季度，企业累计签发商业汇票16.2万亿元，同比增长6.9%；期末商业汇票未到期余额为9.7万亿元，同比增长8.8%。9月末，票据承兑余额比年初增加6 861亿元，比6月末下降4 780亿元。从行业结构看，企业签发的银行承兑汇票余额仍集中在制造业、批发和零售业；从企业结构看，由中小型企业签发的银行承兑汇票约占三分之二。

（四）股票市场指数和成交均大幅回升，筹资额增加较多

股票市场指数全面回升。9月末，上证综合指数收于2 364点，比上年年末和6月末分别上升248点和316点；深证综合指数收于1 334点，比上年年末和6月末分别上升276点和237点；创业板指数收于1 541点，比上年年末和6月末分别上升236点和136点。沪市A股加权平均市盈率从上年年末的11.0倍升至11.5倍，深市A股加权平均市盈率从上年年末的28倍升至32倍。

股票市场成交量大幅增长。前三个季度，沪、深股市累计成交40.7万亿元，同比增长18.1%，日均成交2 213亿元，同比增长13.6%。主要是第三季度成交量明显增长，当季日均成交2 933亿元，同比增长40.6%。前三个季度，创业板累计成交5.3万亿元，同比增长53.8%。9月末，沪、深股市流通市值为24.3万亿元，同比增长21.9%；创业板流通市值为1.4万亿元，同比增长75.8%。

股票市场筹资额增加较多。前三个季度，各类企业和金融机构在境内外股票市场

表9 2014年9月末主要保险资金运用余额及占比情况

单位：亿元、%

	余额		占资产总额比重	
	2014年9月末	2013年9月末	2014年9月末	2013年9月末
资产总额	96 076	80 530	100.0	100.0
其中：银行存款	25 095	22 879	26.1	28.4
投资	62 582	51 280	65.1	63.7

数据来源：中国保险监督管理委员会。

上通过发行、增发、配股、权证行权等方式累计筹资3 827亿元，同比多筹资1 139亿元。第三季度A股筹资1 212亿元，同比多筹资560亿元。

（五）保险业资产加快增长

前三个季度，保险业累计实现保费收入1.59万亿元，同比增长18.6%，增速比上半年低2.2个百分点；累计赔款、给付5 238亿元，同比增长16.2%，其中，财产险赔付同比增长12.3%，人身险赔付同比增长20.4%。

保险业资产加快增长。9月末，保险业总资产9.61万亿元，同比增长19.3%，增速比6月末和上年同期分别高0.4个和2.6个百分点。其中，银行存款同比增长9.7%，投资类资产同比增长22%。

（六）外汇掉期和远期交易保持较快增长

第三季度，人民币外汇即期成交9 708亿美元，同比下降8.6%；人民币外汇掉期交易累计成交金额折合1.24万亿美元，同比增长37.7%，其中隔夜美元掉期成交6 684亿美元，占掉期总成交额的54%；人民币外汇远期市场累计成交145亿美元，同比增长302.6%。第三季度，“外币对”累计成交金额折合150亿美元，同比下降6%，其中成交最多的产品为美元对港元，占市场份额比重为48.4%。

外汇市场交易主体进一步扩展。截至9月末，共有即期市场会员442家，远期、外汇掉期、货币掉期和期权市场会员各96家、95家、84家和36家，即期市场做市商31家，远掉期市场做市商27家。

（七）黄金价格整体呈现弱势盘整

黄金市场交易规模下降。前三个季度，上海黄金交易所各品种累计成交3.7万亿元，同比下降9.7%，降幅较上半年扩大2.2个百分点。其中，黄金累计成交1.1万吨，同比增长22.6%；成交金额2.7万亿元，同比增长9.8%。白银累计成交23.8万吨，同比下降30.9%；成交金额9 898.4亿元，同比下降38.9%。铂金累计成交51.1吨，同比下降21.5%；成交金额152.4亿元，同比下降24.4%。

第三季度，黄金价格整体呈现弱势盘整。7月中旬开启了新一轮的国际金价大回调，伦敦现货黄金上午定盘价9月末跌至1 216.5美元/盎司，比6月末下跌7.5%。国内现货黄金价格受国际金价影响也呈现弱势特征，第三季度国内黄金（AU9999）最高价为266.89元/克，最低价239.03元/克，9月末收盘价为241.24元/克，比6月末下跌了7.87%。

二、金融市场制度性建设

（一）完善证券市场基础性制度建设

进一步明晰了沪港通交易细则。9月26日，上海证券交易所发布《上海证券交易所沪港通试点办法》，明晰了沪港通交易业务的基本模式和相关要求，主要包括：允许沪股通开展融资融券业务、参与港股通交易的投资者适当性要求以及异常交易情况时的处置措施等，为规范沪港通业务试点打下了基础。

出台了私募投资基金监管办法。8月21日，证监会发布《私募投资基金监督管理暂行办法》，明确了私募投资基金的全口径登记备案制度和合格投资者制度，对私募基金的募资和投资运作行为进行了规范，体现了针对不同类别私募基金进行差异化行业自律和监管的政策意图，有利于促进各类私募投资基金健康规范发展，推动多层次资本市场体系建设。

发布了推进期货行业创新发展意见。9月16日，证监会发布了《关于进一步推进期货经营机构创新发展的意见》，从努力增强期货经营机构竞争力、适时放宽行业准入、逐步推进期货经营机构对外开放和加强投资者保护等八个方面明晰了下一步期货业发展的目标及相应的政策配套措施，有利于推动期货行业的创新发展，进一步提升其在服务实体经济、促进经济结构转型升级方面的作用。

（二）完善保险市场基础性制度建设

加强保险业顶层设计。8月10日，国务院发布了《关于加快发展现代保险服务业的若干意见》，提出以完善保险经济补偿机制、强化风险管理核心功能和提高保险资金配置效率为方向，建设有市场竞争力、富有创造力和充满活力的现代保险服务业。计划到2020年，保险深度（保费收入/国内生产总值）达到5%，保险密度（保费收入/总人口）达到3 500元/人。

促进保险行业自律。9月4日，中国保险资产管理业协会在北京成立。协会旨在作为监管与市场之间的桥梁和纽带，促进保险资产管理业快速健康发展的同时，强化行业自律，防范风险。具体职能包括服务行业发展，提供保险资产管理产品注册、登记、托管、交易等服务；鼓励创新，促进保险资产管理业加快市场化转型；进行市场监测，向会员提示风险；维护市场秩序、制定自律公约、规范会员行为等。

（三）稳步推动黄金市场和外汇市场创新发展

2014年9月18日，上海黄金交易所在上海自贸区成功上线国际业务板块，进一步扩大黄金市场对外开放。

大力发展外汇市场，完善人民币汇率市场化形成机制。一是取消银行对客户美元挂牌买卖价差限制，银行可自主定价。至此银行对客户外币挂牌汇价区间限制全部取消，汇率形成机制得到了继续完善。二是推进外汇市场自律管理。发布《银行间外汇市场职业操守和市场惯例指引》，维护市场公平竞争秩序，推动形成以行业自律为主、政府监管为辅的外汇市场管理新框架。

第四部分　宏观经济分析

一、世界经济金融形势

2014年第三季度以来，全球经济复苏态势进一步分化。美国经济复苏稳健，就业形势好转；欧元区经济微弱增长，通胀下行压力较大；受消费税率上调影响，日本经济增长反复，央行实现通胀目标面临波折；新兴市场经济体出现分化，部分国家出现较大规模资本流出。

（一）主要经济体经济形势

美国经济复苏总体稳健。第三季度GDP环比折年率初值增长3.5%，尽管较第二季度4.6%的增速有所回落，但仍好于市场预期。企业生产状况较好，第三季度制造业PMI均值为57.6，远高于50的荣枯分水线。劳动力市场好转，失业率降至5.9%，劳动力资源闲置的问题逐渐改善。消费者信心增强，10月密歇根大学消费者信心指数升至86.9，创2007年8月以来新高。通胀水平保持稳定，9月CPI同比增长1.7%。财政赤字显著减少，联邦政府2014财年（截至9月末）预算赤字为4 860亿美元，同比减少1 950亿美元。不过，第三季度GDP分项数据中，商业投资、住房和消费者开支增速都低于第二季度，显示内需有所放缓。

欧元区经济微弱增长。第二季度GDP环比折年率仅增长0.1%。失业率维持高位，9月为11.5%。制造业不振，9月制造业PMI指数为50.3，创14个月新低；通胀下行压力大，10月消费者调和物价指数同比上升0.4%，虽较9月的0.3%有所上升，但扣除能源和食品价格的核心通胀率意外跌至0.7%，显示能源和食

表10　主要经济体宏观经济金融指标

国别	指　标	2013年第三季度			2013年第四季度			2014年第一季度			2014年第二季度			2014年第三季度		
		7月	8月	9月	10月	11月	12月	1月	2月	3月	4月	5月	6月	7月	8月	9月
美国	实际GDP增速(环比折年率，%)	4.5			3.5			-2.1			4.6			3.5(初值)		
	失业率 (%)	7.3	7.2	7.2	7.2	7.0	6.7	6.6	6.7	6.7	6.3	6.3	6.1	6.2	6.1	5.9
	CPI (同比，%)	2.0	1.5	1.2	1.0	1.2	1.5	1.6	1.1	1.5	2.0	2.1	2.1	2.0	1.7	1.7
	DJ工业平均指数 (期末)	15 500	14 810	15 130	15 546	16 086	16 577	15 699	16 322	16 458	16 581	16 717	16 827	16 563	17 098	17 043
欧元区	实际GDP增速(环比折年率，%)	0.5			1.2			0.9			0.1			—		
	失业率 (%)	12.0	12.0	12.0	11.9	11.9	11.8	11.8	11.7	11.7	11.6	11.6	11.5	11.5	11.5	11.5
	HICP综合物价指数(同比，%)	1.6	1.3	1.1	0.7	0.9	0.8	0.8	0.7	0.5	0.7	0.5	0.5	0.4	0.4	0.3
	EURO STOXX 50 (期末)	2 699	2 670	2 776	2 878	2 901	2 919	2 853	2 968	2 916	2 978	3 033	3 014	2 979	3 044	3 067
日本	实际GDP增速(环比折年率，%)	1.8			0.5			6.0			-7.1			—		
	失业率 (%)	3.9	4.1	4.0	4.0	3.9	3.7	3.7	3.6	3.6	3.6	3.5	3.7	3.8	3.5	3.6
	核心CPI (同比，%)	0.7	0.8	0.7	0.9	1.2	1.3	1.3	1.3	1.3	3.2	3.4	3.3	3.3	3.1	3.0
	日经225指数 (期末)	13 668	13 389	14 456	14 328	15 662	16 291	14 915	14 841	14 828	14 304	14 632	15 162	15 621	15 425	16 174

数据来源：各经济体相关统计部门及中央银行。

品价格疲软可能蔓延到广泛经济领域。

受消费税率上调影响，日本经济出现反复。第二季度GDP环比折年率萎缩7.1%，创2009年第一季度以来新低。9月末经季节调整的贸易逆差为9 606亿日元，已连续27个月出现逆差。通缩局面有所改善，9月核心CPI同比上涨3.0%，剔除消费税率上调因素后为1%。制造业和服务业PMI有所回升，其中制造业PMI指数8月升至52.2，9月略降至51.7；服务业PMI自4月的46.4攀升至9月的52.5。

新兴市场经济体复苏出现分化。亚洲新兴市场经济体增长小幅放缓，但仍处于较高水平。部分独联体和拉丁美洲国家受地缘政治风险、外需增长放缓、大宗商品价格波动以及结构性因素制约，经济下行压力加大。新兴市场经济体资本流入放缓。据国际金融协会（IIF）估计，8月、9月新兴市场经济体股票和债券市场资金净流入分别为120亿和180亿美元，远低于5～7月月均370亿美元的水平。

（二）国际金融市场概况

美国金融市场表现良好，欧洲市场总体平稳，日本股市受央行加码宽松货币政策推动大幅上涨。新兴市场经济体金融市场总体稳定，股指有所上涨。

美元汇率上行，主要货币对美元汇率多数出现较大幅度贬值。9月30日，欧元对美元汇率收于1.26美元/欧元，较6月末贬值7.7%。英镑、日元对美元汇率分别收于1.62美元/英镑和109.64日元/美元，分别较6月末贬值5.2%和7.6%。同期，多数新兴市场经济体货币贬值，其中俄罗斯卢布、巴西雷亚尔、智利比索和南非兰特对美元贬值幅度分别达到14.2%、10.4%、7.6%和6.1%。

伦敦同业拆借市场美元Libor有所上行，欧元Euribor明显下滑。受美联储货币政策正常化预期推动，9月末1年期美元Libor为0.5786%，比6月末上升3.4个基点；在欧央行降息影响下，欧元区同业拆借利率Euribor明显走低，9月末1年期Euribor为0.338%，比6月末下降15个基点。

主要发达经济体国债收益率下降。9月末美国和日本10年期国债收益率分别收于2.51%和0.53%，分别较6月末下降1个和4个基点。德国10年期国债收益率收于0.95%，较6月末下降31个基点。

主要发达经济体和多数新兴市场经济体股指上行。9月末道琼斯工业平均指数和欧元区STOXX50指数分别收于17 043点和3 067点，较6月末上升1.3%和1.8%；9月末日经225指数收于16 174点，较6月末上升6.7%，10月受日本央行加码宽松货币政策推动再度上涨1.5%。多数新兴市场经济体股市走高，第三季度阿根廷MERV指数大幅上涨59.1%，印度尼西亚雅加达综合指数和墨西哥MXX指数均上升5.3%。

（三）主要经济体货币政策

主要发达经济体货币政策取向进一步分化。美联储货币政策稳步回归常态，7月和9月例会决定缩减购债规模各100亿美元，10月例会决定结束资产购买计划，并在会议声明中首次增加"劳动力资源利用不足的状况正在消失"、"通胀率长期维持在2%以下的可能性已逐渐消失"的乐观表述。欧央行货币政策进一步放宽，9月宣布将主要再融资利率、边际贷款便利利率和存款便利利率分别调降至0.05%、0.3%和-0.2%，降幅均为10个基点；推出为期两年的资产购买计划，2014

年第四季度开始购买资产支持证券（ABS）和担保债券（covered bond）。英格兰银行维持0.5%的基准利率和3 750亿英镑的资产购买规模不变。日本银行意外大规模加码量化和质化宽松货币政策，10月31日宣布将每年基础货币扩张规模由60万亿～70万亿日元增大至80万亿日元，将每年国债购买规模增加30万亿日元，所持国债未到期时间由此前6～8年延长到7～10年，大幅扩大ETF投资组合和REIT的购买量。

新兴市场经济体货币政策取向也趋于分化。部分经济体迫于通胀和货币贬值压力而加息。7月10日，马来西亚央行上调基准利率25个基点至3.25%，为三年来首次加息。7月16日，乌克兰央行将基准利率由9.5%上调至12.5%。7月17日，南非央行上调基准利率25个基点至5.75%。菲律宾央行于7月31日、9月11日两次上调关键利率各25个基点至4%。俄罗斯央行7月25日加息50个基点至8%，10月31日再加息150个基点至9.5%，远超市场预期的50个基点。为提振经济增长，一些新兴市场经济体则放宽了货币政策。智利央行于7月15日、8月14日、9月11日三次下调基准利率各25个基点至3.25%。7月18日，土耳其央行将回购利率下调50个基点至8.25%。7月22日，匈牙利央行决定下调基准利率20个基点至2.10%的历史新低。8月14日，韩国央行下调基准利率25个基点至2.25%，10月15日进一步下调基准利率25个基点至2%。8月5日，印度央行将法定流动资金比率下调50个基点至22%。

此外，部分新兴市场经济体干预了外汇市场。为应对雷亚尔贬值压力，9月24日巴西央行宣布加强外汇市场干预，每日追加拍卖7.5亿美元外汇掉期合同。受美欧制裁和国际油价大跌影响，7～10月卢布对美元汇率大跌21%，成为全球跌幅最大的货币。为缓和卢布跌势，俄罗斯央行强力干预外汇市场，10月卖出外汇折合293亿美元，同时多次放宽卢布汇率浮动区间，并宣布仍将按计划在2015年实行自由汇率浮动制度。

（四）国际经济展望及面临的主要风险

总体看，全球经济仍在缓慢复苏，但结构性矛盾及不确定性犹存，可能面临以下风险：

一是美国经济增长前景和货币政策走势还存在一些不确定性。尽管美联储对就业和通胀的评估趋于乐观，但并未修改维持较低利率相当长一段时间的前瞻指引，显示美联储对加息态度依然谨慎。近期市场对全球经济增速放缓可能增大美国经济外部风险的忧虑加深，美联储内部也关注美元持续上涨对物价带来的下行压力，如果美国关键经济数据出现反复，市场对美联储加息时点的预期出现摇摆，国际金融市场波动可能加大。

二是欧元区经济下行和通缩风险依然较大。尽管主权信用风险降低，但欧元区仍面临德法等国家经济增长放缓、实体部门信贷需求疲弱、银行业去杠杆化等诸多长期性、结构性问题。虽然欧央行实行负利率并加大资产购买力度，但面临欧元贬值可能引发资本外流、欧元区债务工具市场深度不足、中小企业信用风险较大等问题的掣肘，能否如愿大规模扩张资产负债表、有效增加实体部门信贷面临不确定性，短期内欧元区摆脱低增长、高失业状况的难度较大。

三是日本经济出现反复，通胀形势仍不明朗。日本尚未完全摆脱4月消费税率上调带来的冲击，又面临下一次消费税率决策时间窗口临近的挑战。日元贬值并未有效提振出口，反而加大企业进口成本。近期大规模加码宽松货币政策引发日元大幅贬值，也引起了国内外对央行资产负债表规模过于庞大、未来难以有序退出的担忧。日本长期面临政府债务高企、社会老龄化、实体部门融资需求低迷等结构性问题，结构调整进展缓慢，依赖货币化对经济实现强刺激可能难以长期持续。

四是部分新兴市场经济体短期内仍面临下行风险。内部看，国际金融危机后部分新兴市场经济体采取非常规措施拉动经济，导致信贷规模扩张较快、负债水平攀升，同时经济增长内生动力不足。外部看，主要发达经济体货币政策分化带来的不确定性，以及投资者对于新兴市场经济体基本面的担忧可能对部分新兴市场经济体汇率、金融市场、资本流动等带来负面影响。

此外，地缘政治风险等加剧市场不确定性。俄乌紧张局势及俄罗斯与美、欧之间的双向制裁、埃博拉疫情传播带来的恐慌等均影响到市场信心，可能对贸易和融资活动产生不利影响。

二、中国宏观经济运行

中国经济继续在合理区间运行。消费平稳增长，进出口形势逐季好转，投资增速和物价涨幅有所放缓，经济结构调整步伐加快。前三个季度，实现国内生产总值（GDP）42.0万亿元，同比增长7.4%，其中，各季度同比分别增长7.4%、7.5%和7.3%，环比分别增长1.5%、2.0%和1.9%。前三个季度居民消费价格指数（CPI）同比上涨2.1%，贸易顺差为2 316亿美元。

（一）消费平稳增长，进出口形势逐季好转

城乡居民收入继续增加，消费平稳增长，新兴业态消费增长较快。前三个季度，城镇居民人均可支配收入22 044元，同比名义增长9.3%，扣除价格因素实际增长6.9%；农村居民人均现金收入8 527元，同比名义增长11.8%，实际增长9.7%。第三季度人民银行城镇储户问卷调查显示，当期收入感受指数为49.2%，比上季度提高0.9个百分点；居民消费意愿基本稳定，倾向于“更多消费”的居民占18%，比上季度略降0.4个百分点。居民未来三个月内购车意愿为16.7%，比上季度提高0.8个百分点；购买大件商品（电器、家具及高档商品等）意愿为26.4%，比上季度提高1.6个百分点。前三个季度，社会消费品零售总额为18.9万亿元，同比增长12.0%，扣除价格因素实际增长10.8%。分城乡看，城镇消费品零售额为16.3万亿元，增长11.9%；乡村消费品零售额为2.6万亿元，增长13.0%。全国网上零售额为1.8万亿元，同比增长49.9%。

固定资产投资增速放缓。前三个季度，固定资产投资（不含农户）35.8万亿元，同比名义增长16.1%，扣除价格因素实际增长15.3%，增速比上半年回落1.2个百分点。分产业看，第一产业投资快速增长，第二产业投资增速基本平稳，第三产业投资增速有所下降，前三个季度同比分别增长27.7%、13.7%和17.4%。施工项目计划总投资85.5万亿元，同比增长12.5%；新开工项目计划总投资30.4万亿元，同比增长14.4%。

进出口形势逐季好转。前三个季度，进出口总额为3.2万亿美元，同比增长3.3%，增速比上半年高2.1个百分点。按人民币计价，

前三个季度进出口总值为19.4万亿元，同比增长1.8%。其中，出口第一季度下降6.1%，第二、第三季度分别增长3.4%和12.8%；进口第一季度下降1.2%，第二季度基本持平，第三季度增长0.9%。受国际大宗商品价格大幅下跌影响，能源资源性产品进口呈现价跌量增态势。前三个季度，铁矿石、原油、大豆、铜进口均价分别下降17.9%、1.4%、4.6%和6.3%，进口量分别增长16.5%、8.3%、15.3%和10.5%。贸易结构继续改善，前三个季度，一般贸易平稳增长，加工贸易微幅增长。中西部地区外贸保持较强动力。前三个季度实际使用外商直接投资873.6亿美元，同比下降1.4%；境内投资者共对全球152个国家和地区的4 475家境外企业进行了直接投资，累计实现非金融类直接投资749.6亿美元，同比增长21.6%。

专栏4　中国区域经济发展

中国国土面积辽阔，地区经济发展存在差异。20世纪80年代以来，党中央、国务院先后推出了东部沿海地区率先发展、西部大开发、东北地区老工业基地振兴和中部地区崛起战略。从经济总量上来看，近十年来各区域之间的差距趋于缩小。东部地区经济增速相对平稳，占全国经济总量的一半以上，但占比总体有所下降；中西部地区经济增速相对较快，在全国经济总量中的占比不断上升，2013年年末已经达到40%以上；东北地区经济体量相对较小，经济增速和份额占比均小幅下降（图3）。以各省份数据进行的β收敛和σ收敛实证研究也表明，近年来区域经济增长呈现一定程度收敛，区域协调发展趋势逐步增强。

东部地区率先发展，经济弹性较强，在结构调整进程中引领作用明显。在20世纪80～90年代以较高的投资拉动经济快速增长，随着经济实力逐步增强，经济结构最先开始转型，投资增速特别是第二产业投资增速自2004年以来显著低于其他地区；第二产业占比稳步下降，第三产业占比较快上升，2013年年末达到47%，首次

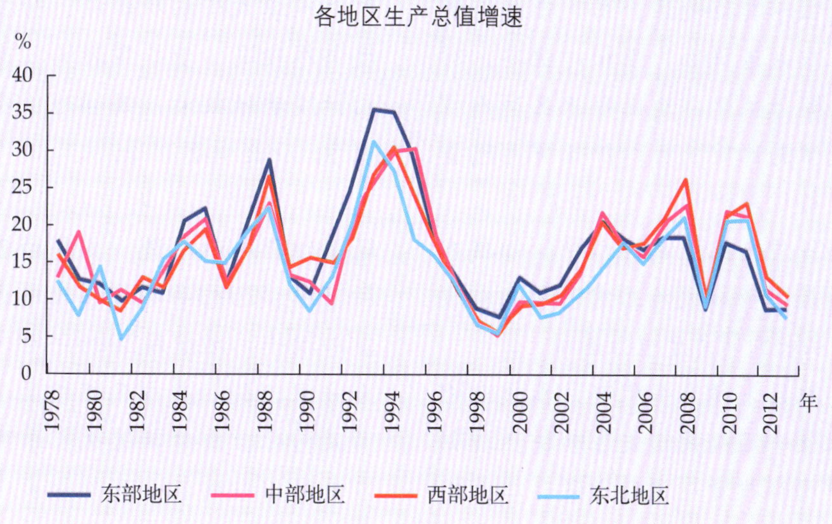

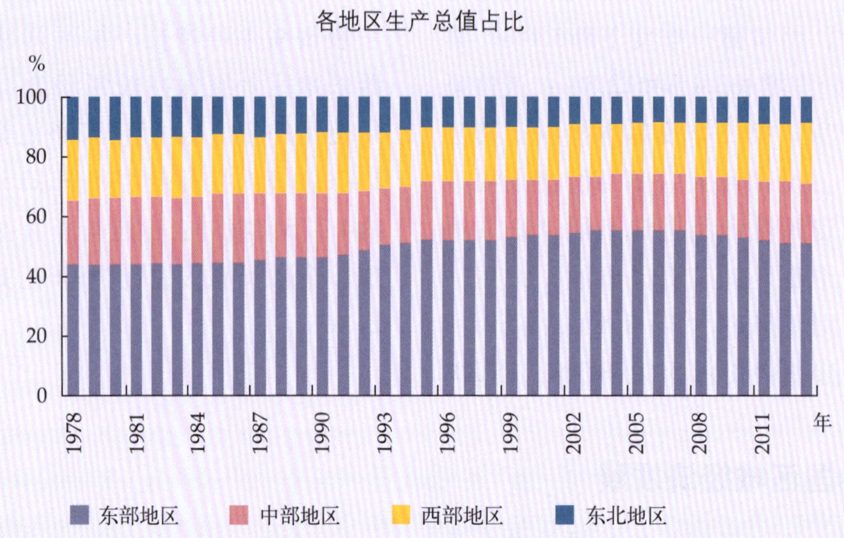

数据来源：CEIC，中国人民银行工作人员计算。

图3　各地区生产总值增速与占比

超过第二产业。东部地区市场化程度相对较高，经济更具弹性。虽然由于经济外向程度高、在本次国际金融危机中受外需疲弱影响冲击较大，但危机后东部地区率先调整，加快转移“三来一补”、劳动密集型工业生产，积极推动服务业和高新技术产业快速发展，各项经济指标相对平稳。2008～2013年东部地区全社会固定资产投资额及增速的变异系数（数据序列的标准差与均值之比，用于衡量数据的离散程度）均显著低于其他地区；居民最终消费占全国的比重超过50%，且相对稳定；对外贸易结构趋于优化，近两年来区域内多个省份一般贸易比重上升，加工贸易比重下降。在化解过剩产能、腾挪新兴产业发展空间和资源重新配置的过程中，短期内东部地区的经济金融风险暴露可能相对较多，对此应从长期的角度理性看待。

中西部地区发挥后发优势，承接东部产业转移取得一定成效，发展加快。2004年以来，中西部投资增速特别是第二产业投资增速显著高于东部地区，第二产业占地区生产总值比重稳步上升，2013年年末约为50%左右（图4）。中西部地区增长潜力较大，在国际金融危机中遭受冲击较小，且受益于抵御危机的刺激政策，近年来主要经济指标增速快于全国平均水平。随着中西部凭借成本优势承接东部地区加工贸易、劳动密集型产业转移，中西部地区进出口增速特别是出口增速在国际金融危机之后明显高于东部地区。但中西部地区发展模式还相对粗放，对投资的依赖程度仍然较高，受政策影响较为明显，经济指标波动性较大。西部地区在改进经济增长方式上还大有可为。

东北地区继续保持农业强区地位，经济转型艰难推进，主要经济指标增速有所下滑。2013年年末东北地区固定资产投资加权平均增速较2006年年末下降近19个百分点，2014年以来继续呈现下滑态势。与此同时，出口状况也不乐观，2014年以来地区出口增速一度处于负值区间。相较

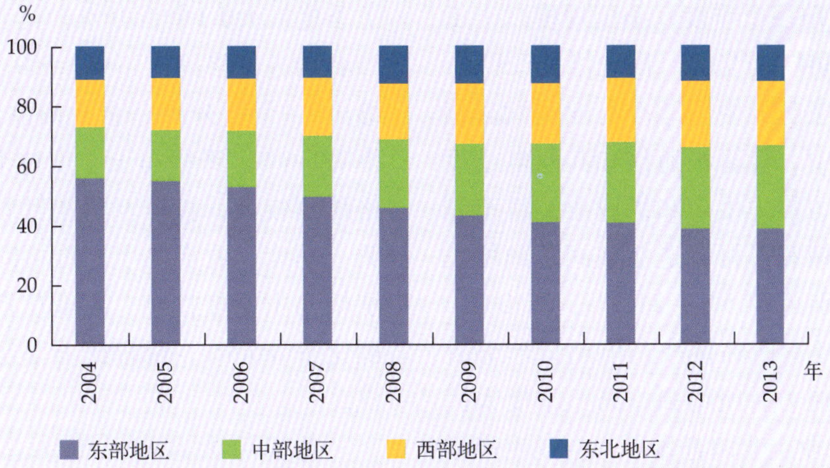

数据来源：CEIC，中国人民银行工作人员计算。

图4　各地区第二产业固定资产投资占比

于中西部地区，东北地区人均收入水平较高，城镇和农村居民收入差距较小，对于保持消费稳定增长具有积极作用。

从中国过去十多年的发展趋势看，产业结构调整总体上呈现出与地区比较优势相匹配的梯度发展态势，区域间发展差距在收敛和缩小。根据梯度转移理论，发达地区向欠发达地区的产业转移，有利于带动整个经济发展。中国区域间经济互补和回旋余地较大，显示中国经济仍有较大发展潜力。但也要看到，无论是东部地区还是中西部地区，加快发展初期对投资依赖较大，也容易导致资源和环境压力增大。要采用资源节约型和环境友好型的发展模式，在提高经济增长水平的同时提高经济发展的质量。目前，中国经济正处于结构调整的关键时期，应以调结构、促改革、推动转型升级为主，进一步释放改革红利和发展潜力。在此过程中，各地区将充分发挥自身优势和特色，深化区域合作，推动中国经济实现协调可持续发展。

（二）农业生产形势较好，工业生产基本平稳

第三产业增加值增长快于第二产业。前三个季度，三次产业增加值分别为3.8万亿元、18.6万亿元和19.6万亿元，同比分别增长4.2%、7.4%和7.9%。三次产业增加值占GDP比重分别为9.0%、44.2%和46.7%。其中，第三产业占比较上年同期提高1.2个百分点，高于第二产业2.5个百分点。

夏粮丰收，农业生产形势较好。全国夏粮总产量为1.37亿吨，增长3.6%；秋粮有望再获好收成。前三个季度，猪牛羊禽肉产量5 975万吨，同比增长2.0%，其中猪肉产量3 972万吨，增长3.3%。

工业生产基本平稳。前三个季度，全国规模以上工业增加值按可比价格计算同比增长8.5%，增速比上半年回落0.3个百分点，其中9月增长8.0%，比8月加快1.1个百分点。工

业企业产品销售率为97.7%，比上半年提高0.2个百分点。前三个季度，全国规模以上工业企业实现利润4.4万亿元，同比增长7.9%。在41个工业大类行业中，33个行业利润总额同比增长。其中，计算机通信和其他电子设备制造业、电力热力生产和供应业、汽车制造业、电气机械和器材制造业利润总额增长较快，增速分别为27.5%、21.3%、21.0%、19.6%。企业经营面临挑战，但出口形势有所好转，盈利能力有所增强。第三季度人民银行5 000户工业企业调查显示，企业生产经营景气指数为54.9%，比上季度低0.5个百分点；盈利指数为55%，较上季度上升0.9 个百分点；出口订单指数为49.9%，较上季度上升0.2 个百分点。

（三）价格形势基本稳定

居民消费价格涨幅略有回落。第三季度，CPI同比上涨2.0%，涨幅比上季度下降0.2个百分点，各月涨幅分别为2.3%、2.0%和1.6%。从食品和非食品分类看，食品价格和非食品价格上涨均有所放缓，食品价格同比上涨3.0%，涨幅比上季度低0.4个百分点，拉动CPI上涨约1.0个百分点；非食品价格同比上涨1.5%，涨幅比上季度低0.1个百分点，拉动CPI上涨约1.0个百分点。从消费品和服务分类看，消费品价格和服务价格涨幅均有所回落。消费品价格同比上涨1.8%，涨幅比上季度低0.2个百分点；服务价格同比上涨2.4%，涨幅比上季度低0.3个百分点。

工业生产者价格继续下降。第三季度各月，工业生产者出厂价格同比分别下降0.9%、1.2%和1.8%，平均下降1.3%，降幅比上季度收窄0.2个百分点。其中，生产资料价格同比下降1.8%，降幅比上季度缩小0.2个百分点；生活资料价格同比上涨0.2%，涨幅比上季度扩大0.1个百分点。第三季度，工业生产者购进价格同比下降1.5%，降幅比上季度缩小0.4个百分点。企业商品价格（CGPI）下降1.6%，降幅与上季度持平，初级产品价格跌幅较大，投资品价格跌幅大于消费品。第三季度，农产品生产价格同比上涨0.3%，涨幅与上季度持平；农业生产资料价格指数同比下降0.8%，降幅比上季度缩小0.3个百分点。

受国际大宗商品价格总体下跌影响，进口价格降幅有所扩大。第三季度，洲际交易所布伦特原油期货当季平均价格环比下跌5.7%，上季度为环比上涨1.7%。第三季度各月，进口价格同比分别下降2.0%、2.0%和1.0%，平均下降1.7%，降幅比上季度扩大0.6个百分点；出口价格同比分别上涨-0.8%、0.5%和2.1%，平均上涨0.6%，上季度为同比下降2.0%。

GDP平减指数保持基本稳定。前三个季度，GDP平减指数（按当年价格计算的GDP与按固定价格计算的GDP的比率）变动率为1.0%，比上年同期低0.6个百分点，与上半年持平。

价格改革继续推进。7月10日，国家发展改革委发出通知，自2014年8月1日起，放开除政府投资项目及政府委托服务以外的建设项目前期工作咨询、工程勘察设计、招标代理、工程监理4项服务收费标准，实行市场调节价。9月1日，国家发展改革委等部门就调整排污费征收标准等有关问题发出通知，要求各省（区、市）在2015年6月底前，将废气、污水中的相关污染物排污费征收标准分别调整至不低于每污染当量1.2元和1.4元。10月9日，财政部等部门发出通知，自2014年12

月1日起在全国范围内实施煤炭资源税从价计征改革，同时清理相关收费基金。

（四）财政支出较快增长

前三个季度，全国财政收入10.6万亿元，同比增长8.1%，增速比上年同期低0.5个百分点。财政支出10.4万亿元，同比增长13.2%，增速比上年同期高4.4个百分点。全国财政收支盈余为2 722.3亿元，比上年同期减少4 134.4亿元。

从收入结构看，非税收入1.6万亿元，同比增长12.1%；税收收入9.1万亿元，同比增长7.4%，其中国内增值税同比增长7.5%，国内消费税同比增长6.3%，营业税同比增长1.4%，企业所得税同比增长8.1%，进口货物增值税和消费税同比增长6.9%，个人所得税同比增长12.4%。从支出结构看，增长较快的有粮油储备物资支出、住房保障支出和交通运输支出，同比分别增长26.5%、22.2%和21.4%。

（五）就业形势基本稳定

前三个季度，城镇新增就业人数为1 082万人，同比多增16万人。第三季度末，城镇登记失业率为4.07%。第三季度，中国人力资源市场信息监测中心对全国102个城市的公共就业服务机构市场供求信息进行的统计分析显示，劳动力市场供求总体保持平衡，求人倍率为1.09，比上季度下降0.02，较上年同期上升0.01。分行业看，公共管理与社会组织、教育、金融业、国际组织等行业用人需求较上季度有所增加，租赁和商务服务业、批发和零售业、居民服务和其他服务业、建筑业、住宿和餐饮业用人需求较上季度有所减少。从求职人员看，应届高校毕业生比上季度略有增加，新成长失业青年、就业转失业人员、本市农村人员等均有所减少。从市场需求看，对中、高级技能人才和专业技术人才的用人需求继续增长。

（六）国际收支基本平衡

初步统计，2014年前三个季度，经常项目顺差1 620亿美元，资本和金融项目逆差141亿美元；外汇储备资产增加1 481亿美元。其中，第三季度经常项目顺差815亿美元，资本和金融项目逆差816亿美元，外汇储备资产减少4.3亿美元。

外债总规模继续上升。截至6月末，外债余额为9 072亿美元，同比增长17.5%。其中，登记外债余额为5 790亿美元，同比增长25.2%，占外债余额的63.8%；短期外债余额为7 159亿美元，同比增长19.6%，占外债余额的78.9%。

（七）行业分析

1. 房地产行业

全国商品房成交持续回落，房价下跌城市个数增加，房地产开发投资增速放缓，房地产贷款增速小幅回落。

房价下降城市个数增加，但部分城市降幅有所收窄。2014年9月，全国70个大中城市中，新建商品住宅价格环比下降的城市有69个，比6月增加14个，有8个城市降幅比6月收窄；新建商品住宅价格同比下降的城市有58个，比6月增加57个。二手住宅价格环比全部下降，比6月增加18个，有2个城市降幅比6月收窄；同比下降的城市有52个，比第6月增加44个。

商品房销售增速持续回落。前三个季度，全国商品房销售面积7.7亿平方米，同比下降8.6%，降幅比上半年扩大2.6个百分点。商品房销售额4.9万亿元，同比下降8.9%，降幅比上半年扩大2.2个百分点。其中，商品住宅的销售面积和销售额分别占商品房销售面积和销售额的87.7%和82.3%。

房地产开发投资增速放缓。前三个季度，全国完成房地产开发投资6.9万亿元，同比增长12.5%，增速比上半年回落1.6个百分点。其中，住宅投资4.7万亿元，同比增长11.3%，占房地产开发投资的比重为68%。全国房屋新开工面积13.1亿平方米，同比下降9.3%，降幅比上半年缩小7.1个百分点。全国房屋施工面积为67.3亿平方米，同比增长11.5%，增速比上半年高0.2个百分点。全国房屋竣工面积为5.7亿平方米，同比增长7.2%，增速比上半年回落0.9个百分点。

房地产贷款增速小幅回落。截至9月末，主要金融机构（含外资）房地产贷款余额16.7万亿元，同比增长18.2%，增速比6月末低1.0个百分点。房地产贷款余额占各项贷款余额的21%，比6月末高0.2个百分点。其中，个人住房贷款余额为10.2万亿元，同比增长17.6%，增速比6月末低0.9个百分点；住房开发贷款余额为3.2万亿元，同比增长24.5%，增速比6月末低2.4个百分点；地产开发贷款余额为1.2万亿元，同比增长12.7%，比6月末高3个百分点。前三个季度，新增房地产贷款21 127亿元，占各项贷款新增额的27.5%，比上半年高0.7个百分点。

保障房信贷支持力度继续加大。截至9月末，全国保障性住房开发贷款余额10 440亿元，同比增长52.1%，增速比房产开发贷款高32.1个百分点；前三个季度增加3 149亿元，占同期房产开发贷款增量的48.5%。此外，利用住房公积金贷款支持保障性住房建设试点工作稳步推进，截至9月末，已有79个城市331个保障房建设项目通过贷款审批，并按进度发放709亿元，收回贷款本金273亿元。

2. 装备制造业

装备制造业是为满足国民经济各部门发展和国家安全需要而提供技术装备的产业总称，是国民经济发展特别是工业发展的基础，具有产业关联度高、吸纳就业能力强、技术和资金密集的特点，是各行业产业升级、技术进步的重要保障和国家综合实力的集中体现。

近年来，在经济运行总体平稳、结构调整与转型升级不断深化的大背景下，中国装备制造业呈现出积极的发展态势，已经形成了门类齐全、具有相当规模和技术水平的产业体系。2013年，中国装备制造业产值突破20万亿元，占全球装备制造业的比重超过1/3，稳居世界首位。2014年上半年，全国规模以上装备制造企业工业增加值同比增长11.2%，比上年同期提高2个百分点；利润总额同比增长20.3%，比上年同期提高8.9个百分点；主营业务收入利润率为6.9%，比上年同期提高0.6个百分点。此外，装备制造业中的新兴产业发展取得重大进展，先进轨道交通装备、航空航天器及设备、智能制造装备、海洋工程装备、新能源汽车、机器人等产业均呈现快速增长，在自主设计及核心技术方面也有所突破。

但与此同时，中国装备制造业，尤其是高端装备制造业“大而不强”的格局尚未得到根本扭转，主要表现为：一是自主创新能力薄弱，尤其是作为装备制造业赖以生存和发展基础的机械基础件、基础制造工艺和基础材料产业技术水平薄弱，共性技术研究体系缺失，基础性与共性技术研究弱化。二是产业体系不健全，中低端产品产能过剩、高端产品供给能力不足的矛盾十分突出，同质化竞争激烈，具有国际竞争力的大型企业集团和具有知名品牌的“专、精、特”企业群体尚未形成。三是发展质量效益不高，目前中国装备工业增加值约为26%，低于发达国家平均水平6～8个百分点。

当前中国正处于经济结构调整与转型升级的关键时期，需要充分利用各种有利条件，抓住全球经济分工调整的重要战略机遇期，加快推动装备制造业从“中国制造”向“中国创造”转变。更加注重发挥市场配置资源的决定性作用，加大财税金融政策支持力度，引导社会资金、人才等要素向行业创新聚集，推进产、学、研、用一体化合作和发展，加大研发力度，加快突破制约发展的关键和核心技术。

第五部分　货币政策趋势

一、中国宏观经济展望

国际金融危机爆发以来，全球经济进入深刻的再平衡调整期，这一进程仍未完成。我国经济也正处于增速换挡、结构调整和前期政策消化三期叠加的阶段，需要从经济发展规律和新常态视角观察和分析中国的经济运行。房地产市场调整、环境污染治理和制造业增速放缓短期内会对经济增速产生一定影响，但随着城镇化推进和经济增长方式转变，中长期将实现更可持续和更高质量的增长，打造出中国经济的升级版。中国经济体量较大，协同推进新型工业化、信息化、城镇化、农业现代化的回旋余地很大，市场空间广阔，抗风险能力也比较强。在基础设施投资、房地产等传统增长动力有所放缓的同时，移动互联、电子信息、网络销售等新兴业态加快发展，信息技术、科技服务、租赁和商务服务业固定资产投资增速保持在40%左右的较高水平，服务业持续较快增长，经济运行呈现出典型的结构调整期特征。宏观政策调控方式不断创新和完善，经验更加丰富，在区间管理的框架下更加注重定向调控、精准发力，短期需求调节与加快推出的一系列促改革、调结构、惠民生的政策措施相互配合，有利于对经济增长形成支撑。受服务业吸纳就业能力较强、人口结构变化导致劳动年龄人口减少等因素影响，增长的就业弹性提高，就业形势相对稳定，居民收入继续保持较快增长。中国人民银行2014年第三季度城镇储户问卷调查显示，当期收入感受指数和未来收入信心指数均较上季度提高0.9个百分点，当期就业感受指数较上季度提高0.6个百分点，未来就业预期指数较上季度提高了0.4个百分点。从外部环境看，全球经济继续呈现分化态势，但总体仍处在温和复苏轨道，外需环境大体稳定。

当然也要看到，经济运行面临的风险和挑战不少。近年来虽然经济形势复杂多变，但一些老问题、老矛盾始终存在，经济内生增长动力尚待增强，增长对债务和投资的依赖过高等矛盾突出，同时资源环境的过度承载和约束也更加凸显。在经济结构调整过程中，一定阶段内经济下行压力和潜在风险暴露可能会有所增大，一些地区为追求增长高耗能产业等又有抬头。在软约束和结构性矛盾较为突出的环境下，货币政策的作用和传导也会受到影响，需要兼顾和应对的矛盾更多，既要促进经济平稳运行，也要防止过度“放水”固化结构扭曲、推升通胀和债务水平。从全球范围看，各经济体宏观政策出现分化，美国货币政策调整步伐加快，可能对全球资本流动和资金成本产生较大影响。这些都增大了宏观政策面临的挑战和实施的难度。总体看，面对内外部的复杂形势，经济结构调整和转变发展方式的任务更显紧迫，需要统筹把握好经济结构调整和短期需求管理政策之间的次序和相互协调配合，既要把握总量平衡，更要着眼结构优化，并从发展战略角度对经济新的增长点进行谋划，通过深化改革解决经济运行中存在的深层次问题，推动创新发展，进一步激发经济活力和竞争力。

价格涨幅放缓，形势较为稳定。当前外部环境相对平稳，国内经济调整有所加快，一些领域产能过剩问题突出，尤其是受供给增加、美元走升等因素影响，国际大宗商品价格持续回落，均有抑制价格上行的作用。中国人民银行2014年第三季度城镇储户问卷调查显示，居民当期物价满意指数较上季度提高1.9个百分点。当然，受供给面变化，劳动力、服务业价格存在潜在上行压力等因素影响，物价对需求扩张仍是比较敏感的。还应注意到的是，经过前期较快上涨，物价绝对水平不低，不少国内商品价格已高于外部，居民对物价的感受仍较强，物价预期还不很稳定。第三季度城镇储户问卷调查显示居民未来物价预期指数仍有所上升。需要密切关注未来影响价格走势的供求动态变化。

二、下一阶段主要政策思路

中国人民银行将按照党中央、国务院的战略部署，贯彻稳中求进、改革创新和宏观政策要稳、微观政策要活的要求，统筹稳增长、促改革、调结构、惠民生和防风险，继续实施稳健的货币政策，保持政策的连续性和稳定性，坚持“总量稳定、结构优化”的取向，保持定力、主动作为，根据经济基本面变化适时适度预调微调，增强调控的灵活性、针对性和有效性，为经济结构调整与转型升级营造中性适度的货币金融环境，促进经济科学发展、可持续发展。同时，寓改革于调控之中，把货币政策调控与深化改革紧密结合起来，更充分地发挥市场在资源配置中的决定性作用。针对金融深化和创新发展，进一步完善调控模式，疏通传导机制，通过增加供给和竞争改善金融服务，提高金融运行效率和服务实体经济的能力。

一是综合运用数量、价格等多种货币政策工具，健全宏观审慎政策框架，丰富和优化政策组合，保持适度流动性，实现货币信贷和社会融资规模合理增长。根据经济金融形势变化以及金融创新对银行体系流动性的影响，灵活运用公开市场操作等多种货币政策工具，完善中央银行抵押品管理框架，调节好流动性水平，保持货币市场稳定。同时，引导商业银行加强流动性和资产负债管理，做好各时点的流动性安排，合理安排资产负债总量和期限结构，提高流动性风险管理水平。继续发挥宏观审慎政策的逆周期调节作用，根据经济景气变化、金融机构稳健状况和信贷政策执行情况等对有关参数进行适度调整，引导金融机构更有针对性地支持实体经济发展。

二是盘活存量、优化增量，支持经济结构调整和转型升级。优化流动性的投向和结构，落实好“定向降准”的相关措施，发挥好信贷政策支持再贷款和再贴现政策的作用，引导金融机构优化信贷结构。鼓励金融机构创新组织、机制、产品和服务模式，支持农业适度规模经营和新型农业经营主体发展。探索完善信贷政策导向效果评估，更好地盘活现有信贷存量，增加存量信贷资金对小微企业的投入。进一步发挥金融职能，继续做好铁路、船舶等重点行业改革发展的金融服务工作，加大对科技、文化、信息消费、战略性新兴产业等国民经济重点领域的金融支持力度。不断改进信贷政策实施方式，进一步加大对扶贫、就业、助学、少数民族、农民工、大学生村官等“民生”领域的金融支持和服务。保证在建续建工程和项目的合理资金需求。严格控制对高耗能、高排放行业和产能过剩行业的贷款，促进产能过剩矛盾化解。建立和完善绿色信贷机制，不断提升对节能环保、循环经济、防治大气污染领域的金融服务水平，加大对相关领域技术改造等方面的信贷支持。落实好差别化住房信贷政策，改进对保障性安居工程建设的金融服务，继续支持居民家庭合理的住房消费，坚决抑制投机投资性购房需求。进一步发挥开发性金融作用，支持棚户区改造。继续通过保持货币信贷合理增长、完善银行公司治理、清理不合理金融服务收费、完善多层次资本市场、增加金融供给、加大改革和结构调整力度等多措并举，标本兼治，着力降低社会融资成本。

三是进一步推进利率市场化和人民币汇率形成机制改革，提高金融资源配置效率，完善金融调控机制。进一步健全市场利率定价自律机制，提高金融机构自主定价能力。继续推进同业存单发行和交易，探索发行面向企业及个人的大额存单，逐步扩大金融机构负债产品市场化定价范围。继续培育上海银行间同业拆放利率（Shibor）和贷款基础利率（LPR），建设较为完善的市场利率体系。建立健全中央银行的利率调控框架，强化价格型调控和传导机制。进一步完善人民币汇率市场化形成机制，加大市场决定汇率的力度，增强人民币汇率双向浮动弹性，保持人民币汇率在合理、均衡水平上的基本稳定。加快发展外汇市场，坚持金融服务实体经济的原则，为基于实需原则的进出口企业提供汇率风险管理服务。支持人民币在跨境贸易和投资中的使用，稳步拓宽人民币流出和回流渠道。推动人民币对其他货币直接交易市场发展，更好地为跨境贸易人民币结算业务发展服务。密切关注国际形势变化对资本流动的影响，加强对跨境资本的有效监控。

四是完善金融市场体系，切实发挥好金融市场在稳定经济增长、推动经济结构调整和转型升级、深化改革开放和防范金融风险方面的作用。加强市场基础性建设，为经济结构调整和转型升级提供高效的投融资市场。推动市场创新，丰富债券市场产品和层次，更好地满足投资者需求。继续完善做市商制度，提高债券市场流动性，为培育有效的收益率曲线夯实基础。培育多元化的参与主体，继续推动金融市场、金融产品、投资者和融资中介多元化发展，强化市场化约束和风险分担机制。大力发展直接融资，推动多层次资本市场建设。强化市场监管，充分发挥公司信用类债券部际协调机制的作用，加强监管协调，规范市场主体交易行为，防范金融风险，促进金融市场安全高效运行和规范发展。

五是深化金融机构改革，通过增加供给和竞争改善金融服务。继续深化大型商业银行和其他大型金融企业改革，完善公司治理，形成有效的决策、执行、制衡机制，把公司治理的要求真正落实于日常经营管理和风险控制之中。扎实推进中国农业银行“三农金融事业部”改革，探索商业性金融服务“三农”的可持续模式，提升“三农”和县域金融服务水平。加快推进中国进出口银行和中国农业发展银行改革，强化政策性职能定位，对政策性业务和自营性业务实施分账管理、分类核算；科学建立资本约束机制，健全治理结构，完善财税扶持政策，构建符合中国特色、能更好地为经济发展服务、可持续运营的政策性金融机构及其政策环境。

深化国家开发银行改革，进一步发挥开发性金融在重点领域、薄弱环节、关键时期的功能和作用。继续推动资产管理公司商业化转型。在加强监管的前提下，鼓励各类型金融机构和金融服务组织、中介机构有序发展，形成各种市场主体共同参与竞争的金融生态。进一步完善互联网金融相关标准和制度，促进公平竞争，加强行业自律，提升风险防控能力，切实维护投资者权益，促进互联网金融健康发展。

六是有效防范系统性金融风险，切实维护金融体系稳定。加强宏观审慎管理，引导金融机构稳健经营，督促金融机构加强流动性、内控和风险管理。在支持金融创新的同时，加强对同业业务和理财业务发展潜在风险的监测与防范。加强对地方政府性债务和偿债能力的跟踪监测，着力防控债务风险，探索以市场化机制化解地方政府债务问题。健全系统性金融风险的防范预警和评估体系，继续加强对地方融资平台债务、各类影子银行业务、企业互保联保等风险领域的监测分析，动态排查风险隐患，督促金融机构及有关方面做好各种情景下的应对预案。充分发挥金融监管协调部际联席会议制度的作用，强化交叉性、跨市场金融产品的风险监测和监管协调，促进各类金融市场、各类金融工具的协调发展，建立健全金融综合统计体系和信息共享机制。加快建立存款保险制度，完善金融机构市场化退出机制。采取综合措施维护金融稳定，守住不发生系统性、区域性金融风险的底线。

PART 1 Monetary and Credit Performance

In the third quarter of 2014, liquidity in the banking system was sufficient, money, credit, and all-system financing aggregates grew in a stable manner, and the credit structure improved further.

I. The growth of money supply stabilized

At end-September 2014, outstanding broad money supply (M2) stood at RMB120.2 trillion yuan, up 12.9 percent year on year, an acceleration of 0.1 percentage point from the end of August but a deceleration of 1.8 percentage points from the end of June. Outstanding narrow money supply (M1) stood at RMB32.7 trillion yuan, up 4.8 percent year on year, and a deceleration of 4.1 percentage points from the end of June. Currency in circulation (M0) stood at RMB5.9 trillion yuan, up 4.2 percent year on year, and a deceleration of 1.1 percentage points from the end of June. In the first three quarters, net cash injections totaled RMB27.4 billion yuan, RMB156 billion yuan less than net cash injections during the same period of the previous year. Growth of money supply has moderated during the recent period due to the impacts on money of structural adjustments, contractions in off-balance-sheet financing, the slowing expansion in some sectors with soft budget constraints, and stricter regulation of the inter-bank business.

As of end-September, outstanding base money stood at RMB28.5 trillion yuan, up 8.4 percent year on year, and an increase of RMB1.4 trillion yuan from the beginning of the year. The money multiplier stood at 4.21, which was 0.11 lower than that at end-June. The excess reserve ratio of financial institutions was 2.3 percent and that of rural credit cooperatives was 4.9 percent.

Box 1 Recent Changes in the Growth of Money

Since the third quarter of 2014, year-on-year growth of broad money (M2) has moderated. Year-on-year growth of M2 in July and August was down from the previous month by 1.2 and 0.7 percentage points respectively. On a comparable basis, M2 had grown 12.9 percent year on year at end-September, up 0.1 percentage point from the previous month, but it was down 1.8 and 0.7 percentage points from end-June and the end of last year respectively. Changes in the growth of money supply have been the subject of many debates. For some, it is simply regarded as a reflection of the slowdown in economic growth. Nevertheless, from a structural perspective, we can obtain a more comprehensive and objective understanding of the problem.

M2 is an aggregate indicator, and any change in M2 depends on changes in the various money creation channels, which in turn reflect adjustments and changes in the economic structure. When banks underwrite loans, make securities investment, buy foreign exchange, or conduct inter-bank business, new deposits will be created to increase money supply. Conversely, when banks issue bonds or equities to replenish their capital, both deposits and money supply will decrease. Therefore, we should observe the changes in the channels that affect money supply. In terms of the money-creation channels, since the beginning of 2014 credit extensions were generally stable. From January to September, new RMB loans posted RMB7.68 trillion yuan, representing an acceleration of RMB404.5 billion yuan year on year. Therefore, this was not a major factor contributing to the moderation in growth. Comparatively, the main reasons for the declining M2 growth were the large contractions in the inter-bank financing, capital replenishments by banks, and, to a lesser extent, decreases in the RMB equivalent of foreign exchange purchases. During the past two years, against the backdrop of a buoyant demand for financing, commercial banks have provided a large amount of financing to the real estate sector, sectors with soft budget constraints, and areas with restrictive policies, by means of under-regulated inter-bank businesses, securities investments, and so forth. As the pace of structural adjustments accelerated, the demand for financing in these sectors witnessed some changes. In addition, supervision of the inter-bank business was strengthened. As a result, since the third quarter the demand for financing in the aforementioned sectors declined and money creation also decreased. Furthermore, during recent periods supervision over the degree of deposit deviations of the commercial banks was strengthened, and the occurrence at the end of each month of abrupt increases in the deposits of commercial banks to meet performance assessments decreased. Furthermore, with implementation of Basel III, commercial banks have worked to replenish their capital. Larger increases in the banks' capital during the third quarter reduced money supply in the real economy. With the change in the balance of payments position, the growth of RMB equivalents of foreign exchange purchases decelerated. During the third quarter, the RMB equivalents of foreign exchange purchases increased by RMB7.8 billion yuan, representing a deceleration of RMB121.4 billion yuan year on year and helping to drive down growth in money supply. The slower growth in money supply was consistent with the changes in the all-system financing aggregates. During the third quarter of 2014, the amount of off-balance-sheet financing (including trust loans, entrusted loans, and undiscounted bankers' acceptance bills) declined by RMB310.6 billion yuan on a net basis, a deceleration of RMB1.5 trillion yuan year on year, and accounting for 97 percent of the deceleration in the all-system financing aggregates.

Overall, the changes in M2 growth during recent periods were caused by structural adjustments, contraction of off-balance-sheet financing, slower expansion in some sectors with soft budget constraints, and strengthened regulatory requirements. However, contractions in the under-regulated inter-bank business and slowdowns in the abrupt increase in deposits at the end of each month to meet performance evaluations are positive developments. This will not only help eliminate loopholes in the financial system and enhance financial stability, but will also help curb the rapid rise in overall leveraging in the society. In a sense, this is the intended effect of the macro-economic management. As the tertiary industry accounts for a larger share of the economy and its financing intensity is significantly lower than that of the secondary industry, demand for funding will decline accordingly. In terms of the performance of commercial banks, since the beginning of 2014 both the pace of write-offs of bad loans and the growth of non-performing loans have rebounded. In the meantime, the risk appetite of commercial banks has tended to decrease and commercial banks have provided less financing to sectors with high risks or soft budget constraints. This will help promote structural adjustments, optimize financial resource allocations, guide more funds to sectors with better growth prospects, and reduce the financing costs in the real economy. Nevertheless, if there is an abrupt decline in total lending, it may have a negative impact on the real economy.

It is worth noting that current M2 growth is higher than nominal GDP growth by more than 4 percentage points, and it is substantially higher than the average differential between 2000 and 2013 (averaging about 1.5 percent, after excluding the extraordinary circumstances in 2009). As outstanding M2 is over RMB120 trillion yuan and the ratio of M2/GDP is about 200 percent, growth of money supply is not slow. Unlike fiscal expenditures, money will not disappear after being injected into the real economy by the central bank. The stock of money will accumulate and continue to play a role in the economy. The key is to improve the efficiency of monetary turnovers. Otherwise, the stock of money will pile up to a high level and will negatively affect inflation and the real economy. It should also be noted that with the deepening of the market as well as accelerated financial innovations, factors affecting money supply have become more complicated, the volatility of money supply has increased, and it is more difficult to compile accurate monetary statistics. Furthermore, the signaling effect of monetary indicators and the stable relationship between the monetary indicators and economic growth and inflation is gradually changing. Therefore, we should not over-interpret the short-term changes in money supply.

Against the background of accelerated financial development and innovation, we should observe and assess monetary and financial conditions from the perspective of market interest rates. In September, the weighted average interest rates of inter-bank borrowings and bond-pledged repos posted 2.97 percent and 2.93 percent respectively, down 0.20 and 0.18 percentage point month on month and down 1.19 and 1.34 percentage points from December 2013. Meanwhile, the yields of government securities and corporate bonds and of loan interest rates have declined to various extents. In general, with the strengthened preemptive adjustments and the fine-tunings in view of the changes in the fundamentals, monetary policy has maintained a neutral and appropriate monetary condition.

II. The growth of deposits of financial institutions moderated

At end-September, outstanding deposits of domestic and foreign currencies in all financial institutions (including foreign-funded financial institutions, the same hereafter) posted RMB116.4 trillion yuan, up 10.0 percent year on year. This represented a deceleration of 3.1 percentage points from the end of June, an increase of RMB9.2 trillion yuan over the beginning of the year, and a deceleration of RMB2.3 trillion yuan year on year. In particular, outstanding RMB deposits posted RMB112.7 trillion yuan, up 9.3 percent year on year. This represented a deceleration of 3.3 percentage points from the end of June, an increase of RMB8.3 trillion yuan over the beginning of the year, and a deceleration of RMB3.0 trillion yuan year on year. It was mainly due to a notable deceleration in deposit growth. In the third quarter, RMB deposits decreased by RMB950.4 billion yuan quarter on quarter, with the decline being RMB3.1 trillion yuan larger year on year. In particular, contractions of under-regulated inter-bank borrowings and moderation of abrupt deposit growth to meet performance assessments at the end of each month were the main reasons for the slower creation of deposits. Outstanding deposits in foreign currencies posted USD605.3 billion, up 34.9 percent year on year. This represented an increase of USD140.2 billion from the beginning of the year, an acceleration of USD101.7 billion year on year, and flat with the growth during the corresponding period of 2012. It is worth noting that by the end of the third quarter, the volatility of RMB deposits had declined significantly. On the last day of September, RMB deposits had increased by RMB699.8 billion yuan, representing a deceleration of RMB434.2 billion yuan year on year. Stricter regulation in the degree of deposit deviations has produced positive results.

Broken down by sectors, the growth of deposits in all sectors declined. At end-September, outstanding household deposits in financial institutions posted RMB49.8 trillion yuan, up 9.1 percent year on year. This represented a deceleration of 2.9 percentage points from the end of June, an increase of RMB3.7 trillion yuan over the beginning of the year, and a deceleration of RMB1.3 trillion yuan year on year. Outstanding deposits of non-financial enterprises registered RMB37.0 trillion yuan, up 5.5 percent year on year. This represented a deceleration of 4.2 percentage points from the end of June, an increase of RMB1.1 trillion yuan over the beginning of the year, and a deceleration of RMB1.3 trillion yuan year on year. Outstanding fiscal deposits posted RMB4.1 trillion yuan, representing an increase of RMB1.1 trillion yuan from the beginning of the year and a deceleration of RMB342.7 billion yuan year on year. Outstanding deposits of non-deposit-taking financial institutions posted RMB8.5 trillion yuan, up 58.7 percent year on year. This represented a deceleration of 7.5 percentage points from the end of June, an increase of RMB2.7 trillion yuan over the beginning of the year, and an acceleration of RMB2.2 trillion yuan year on year.

III. Loans of financial institutions increased in a stable manner

At end-September, outstanding loans in domestic and foreign currencies of all financial institutions registered RMB84.7 trillion yuan, up 13.0 percent year on year. This represented a deceleration of 0.7 percentage point from the end of June, an increase of RMB8.1 trillion yuan over the beginning of the year, and an acceleration of RMB413.8 billion yuan year on year. In particular, outstanding RMB loans stood at RMB79.6 trillion yuan, up 13.2 percent year on year. This growth was flat with that during the end of the previous two months and 0.8 percentage point lower than that at the end of June. It represented an increase of RMB7.7 trillion yuan over the beginning of the year and an acceleration of RMB404.5 billion yuan year on year.

In terms of the loan structure, RMB loans to the household sector moderated from an elevated level, while the growth of loans to non-financial businesses and other sectors remained stable. At end-September, outstanding loans to the household sector registered RMB22.5 trillion yuan, up 17.2 percent year on year. This represented a deceleration of 2.1 percentage points from the end of June, but it was higher than the growth of total loans. It also represented an increase of RMB2.7 trillion yuan over the beginning of the year and a deceleration of RMB415.5 billion yuan year on year. In particular, home mortgage loans increased by RMB1.2 trillion yuan from the beginning of the year, flat with the growth during the same period of the last year. The share of new home mortgage loans remained at an elevated level. In the first three quarters of 2014, the share of new home mortgage loans of total new loans was 16.0 percent, which was above the average between 2010 and 2013. At end-September, outstanding RMB loans to non-financial businesses and other sectors posted RMB56.9 trillion yuan, up 11.8 percent year on year. This represented an acceleration of 0.2 percentage point from both the end of July and the end of August, a deceleration of 0.3 percentage point from the end of June, an increase of RMB5.0 trillion yuan from the beginning of the year, and an acceleration of RMB818.3 billion yuan year on year.

In terms of the maturity brackets of RMB loans, growth of medium- and long-term loans picked up, while growth of short-term loans moderated. At end-September, outstanding medium- and long-term loans registered RMB44.4 trillion yuan, up 13.4 percent year on year. This represented an increase of RMB4.5 trillion yuan from the beginning of the year and an acceleration of RMB663.2 billion yuan year on year. New medium- and long-term loans accounted for 59.2 percent of the total new loans, up 5.8 percentage points from the corresponding period of the last year. In particular, fixed-asset loans accounted for a larger share of the total new loans. During the first three quarters, new fixed-asset loans posted RMB2.3 trillion yuan, an acceleration of RMB509.9 billion yuan year on year. The growth of new fixed-asset loans at end-September was 12.3 percent, an acceleration of 1.3 percentage points year on year. This was an important factor in bolstering investment. At end-September, outstanding short-term loans stood at RMB31.2 trillion yuan, an increase of 11.1 percent year on year and a deceleration of 4.3 percentage points from the end of June. Bill financing increased by a large margin. During the first three quarters, the amount of bill financing posted RMB738.3 billion yuan, an acceleration of RMB727.9 billion yuan year

Table 1 RMB Loans by Financial Institutions during the First Three Quarters of 2014

Unit: RMB100 million yuan

	First three quarters of 2014		First three quarters of 2013	
	New loans	Acceleration year on year	New loans	Acceleration year on year
Chinese-funded large-sized national banks [1]	36,628	3,410	33,218	2,174
Chinese-funded small- and medium-sized national banks[2]	20,951	-1,982	22,933	4,426
Chinese-funded small- and medium-sized local banks[3]	12,987	3,438	9,550	-373
Small-sized rural financial institutions[4]	11,864	-203	12,067	1,069
Foreign-funded financial institutions	436	182	253	-306

Notes: 1. Chinese-funded large-sized national banks refer to banks with assets (both in domestic and foreign currencies) of at least RMB2 trillion yuan (according to the amount of total assets in both domestic and foreign currencies at end-2008).
2. Chinese-funded small- and medium-sized national banks refer to banks operating across provinces with assets (both in domestic and foreign currencies) of less than RMB2 trillion yuan.
3. Chinese-funded small- and medium-sized local banks refer to banks operating within a single province with total assets of less than RMB2 trillion yuan, denominated in domestic and foreign currencies.
4. Small-sized rural financial institutions include rural commercial banks, rural cooperative banks, and rural credit cooperatives.
Source: The People's Bank of China.

on year. Since the second quarter, as liquidity in the banking system was relatively abundant and the bill discounts rate had declined, the amount of bill financing increased rapidly. Broken down by financial institutions, loans of large Chinese-funded national and local banks reported larger year-on-year growth.

Foreign currency denominated loans increased steadily. At end-September, outstanding foreign currency loans of financial institutions posted USD838.3 billion, up 9.5 percent year on year. This was USD61.5 billion more than that at the beginning of the year and a deceleration of USD20.8 billion year on year. In terms of the loan structure, short-term operational loans increased by USD32.4 billion, an acceleration of USD15.3 billion year on year. Outward loans increased by USD22.3 billion, at par with the amount during the same period of the last year. Foreign currency denominated loans have provided greater support to the trade sector and the "going global" strategy.

IV. The amount of all-system financing aggregates remained at an appropriate level and the financing structure was further optimized

According to preliminary statistics, during the first three quarters of 2014, all-system financing aggregates reached RMB12.84 trillion yuan, representing a decrease of RMB1.12 trillion yuan year on year, the second highest decrease in history. In particular, during the third quarter all-system financing aggregates posted RMB2.31 trillion yuan, a decline of RMB1.51 trillion yuan from the same period of the last year.

In terms of the financing structure, all-

Table 2 All-system Financing Aggregates during the First Three Quarters of 2014

Unit: RMB100 million yuan

	All-system financing aggregates[1]	Of which:						
		RMB loans[3]	Foreign currency-denominated (RMB equivalent)	Entrusted loans	Trust loans	Undiscounted bankers' acceptances	Enterprise bonds	Financing by domestic institution via the domestic stock market
First three quarters of 2013	139,681	72,787	5,165	18,200	15,856	6,361	15,323	1,625
First three quarters of 2014[2]	128,441	76,832	3,756	17,871	3,602	1,188	18,186	3,033

Notes: 1. All-system financing aggregates refer to the total volume of funds in the financial system to the real economy during a certain period of time. It is a flow value.

2. Data for the current period are preliminary.

3. Data for RMB loans are the historical numbers that were released in the past.

Sources: The People's Bank of China, National Development and Reform Commission, China Securities Regulatory Commission, China Insurance Regulatory Commission, China Government Securities Depository Trust & Clearing Co., Ltd., National Association of Financial Market Institutional Investors, and so forth.

system financing aggregates during the first three quarters of 2014 were characterized by the following: First, RMB loans registered a larger increase and their share of all-system financing aggregates rose significantly. During the first three quarters of 2014, new RMB loans accounted for 59.8 percent of all-system financing aggregates, up 7.7 percentage points over the same period of the last year. Second, the amount of trust loans and undiscounted acceptance bills shrank significantly, and the growth of off-balance-sheet financing registered a notable year-on-year deceleration. With progress in structural adjustments and stricter regulatory requirements, the demand for funding in industries with soft budget constraints and in areas with restrictive policies that originally received funding from off-balance-sheet channels underwent some changes. As this part of financing activities contracted, some off-balance-sheet businesses moved to the balance sheet. During the first three quarters of 2014, the combined financing via entrusted loans, trust loans, and undiscounted acceptance bills amounted to RMB2.27 trillion yuan, representing a decline of RMB1.78 trillion yuan year on year and accounting for 17.6 percent of all-system financing aggregates, down 11.4 percentage points from the same period of the last year. Third, both debt and equity financing increased notably, and the amount and share of direct financing reached historical highs. During the first three quarters, the combined amount of financing via debt and equity issuances on the domestic market posted RMB2.12 trillion yuan, an increase of RMB427.1 billion yuan year on year. This accounted for 16.6 percent of all-system financing aggregates, up 4.4 percentage points year on year. The rising share of direct financing indicated that the financing structure was being optimized, helping to lower the financing costs of enterprises. In addition, the amount of new foreign currency denominated loans was less than that during the same period of the last year.

V. The lending rates of financial institutions declined, and the costs of loans were lowered somewhat

In August, the General Office of the State Council issued *Guidance on Taking Measures to*

Alleviate the High Financing Costs of Businesses (State Council General Office Document [2014] No.39). The PBC, jointly with other departments, has taken a number of measures and has urged commercial banks to implement the *Guidance*. A mix of monetary policy tools was utilized to maintain reasonable credit growth and to improve the credit structure. Market liquidity was adjusted in both directions. While total market liquidity remained at an appropriate level, efforts were made to increase agro-supporting central bank lending. The Medium-term Lending Facility (MLF) was employed to provide lending support to commercial banks that complied with the macro-prudential requirements, while Pledged Supplementary Lending (PSL) was tapped to provide stable longer-term and cost-effective funding support to development financial institutions in their efforts to promote renovations of shantytowns. The indicator system for macro-prudential management was further improved to gradually expand the room for local small and medium legal-person financial institutions and for relatively large financial institutions that have supported shantytown renovation and for the foreign trade sector to increase lending. Where appropriate, price levers were used to guide the downward movement of market interest rates. The 14-day repo rate was cut on three occasions, respectively in July, September, and October, by a total of 40 basis points. Starting from September, the PSL rate was lowered slightly. Financial institutions were urged to improve their appraisal system, to clean up and rectify unreasonable financial service charges, and to improve efficiency in their loan approvals and underwriting. Moreover, greater efforts were made to develop direct financing and to regulate inter-bank business and wealth management business.

With the joint efforts by the relevant departments and financial institutions, the high costs of corporate financing were alleviated to some extent. At the end of September, the yield-to-maturity of 3-year and 7-year enterprise bonds (rated AA) on the inter-bank market posted 5.78 percent and 6.62 percent respectively, down 1.57 and 0.84 percentage point from the end of the last year. In September, the weighted average lending rate offered to non-financial businesses and other sectors was 6.97 percent, down 0.12 percent point from August 2014 and down 0.23 percent point from December 2013. In particular, the weighted average interest rate of loans was 7.33 percent, down 0.11 percentage point from August; the weighted average bill financing rate was 5.22 percent, at par with that in August. The weighted average home mortgage rate was 6.96 percent, down 0.05 percentage point from August.

Since the beginning of 2014, the share of loans with interest rates higher than the benchmark rate rose slightly. On the one hand, this was related to the rising funding costs of banks as a result of the rapid development of the wealth management business and other financial innovations, and, on the other hand, it was related to the rising risk premium due to the declining quality of credit assets in some regions and sectors in the midst of economic restructuring. With the gradual implementation of measures aimed at reducing corporate financing costs, in September the share of loans with lending rates lower than or flat with the benchmark rate rose, whereas the share of loans with lending rates higher than the benchmark rate declined. In September the share of loans with interest rates lower than or flat with the benchmark rate was 8.31 percent and 20.43 percent respectively, up 0.81 and 1.63 percentage points from August, and the share of loans with interest rates higher than the benchmark rate was 71.26 percent, down 2.44 percentage points from August. However, it is worth noting that there are many reasons for the high financing costs, among which the high debt ratio and the rising risk premiums were the two main factors. To deal with the issue of the high financing costs, we need to address both their symptoms and the root causes, and to accelerate the pace of structural adjustments

Table 3 Shares of Loans with Rates at, above, and below the Benchmark Rate, January through September 2014

Unit:%

Month	Lower than the benchmark	At the benchmark	Higher than the benchmark					
			Sub-total	(1.0,1.1]	(1.1,1.3]	(1.3,1.5]	(1.5,2.0]	Above 2.0
January	8.20	22.81	68.99	17.90	27.39	11.00	9.78	2.92
February	7.56	24.96	67.48	20.61	26.09	10.13	8.05	2.60
March	8.35	21.40	70.25	18.81	27.69	11.17	9.56	3.02
April	6.14	20.60	73.26	20.20	28.47	11.93	9.69	2.97
May	7.35	19.81	72.84	20.45	28.12	11.97	9.52	2.78
June	9.32	21.57	69.11	20.24	26.71	11.19	8.42	2.55
July	8.23	19.68	72.09	19.35	27.78	12.46	9.69	2.81
August	7.50	18.80	73.70	18.28	29.35	13.21	9.81	3.05
September	8.31	20.43	71.26	19.01	28.18	12.29	9.00	2.78

Source: The People's Bank of China.

Table 4 Average Interest Rates of Large-value Deposits and Loans Denominated in US Dollars, January through September 2014

Unit:%

Month	Large-value deposits						Loans				
	Demand deposits	Within 3 months	3-6 months (including 3 months)	6-12 months (including 6 months)	1 year	Above 1 year	Within 3 months	3-6 months (including 3 months)	6-12 months (including 6 months)	1 year	Above 1 year
January	0.21	2.41	3.43	3.48	3.54	2.68	2.82	2.90	3.14	2.88	3.56
February	0.20	2.50	3.54	3.68	3.66	3.08	3.08	3.13	3.46	3.10	3.08
March	0.25	2.60	3.68	3.63	3.85	2.72	3.08	3.20	3.35	3.30	3.16
April	0.27	2.45	3.56	3.70	3.66	2.81	3.11	3.24	3.59	3.52	3.47
May	0.26	2.21	3.24	3.43	3.58	2.83	2.97	3.09	3.45	3.52	3.63
June	0.22	1.99	3.03	3.17	3.69	2.78	2.87	3.03	3.37	3.42	3.45
July	0.21	1.59	2.72	2.96	3.47	2.48	2.73	2.97	3.32	3.24	3.72
August	0.19	1.09	2.13	2.77	3.06	2.16	2.61	2.66	3.01	2.89	3.39
September	0.14	0.83	1.76	2.30	2.40	1.18	2.53	2.51	2.67	2.74	3.55

Source: The People's Bank of China.

and reform.

The deposit and lending rates of foreign currencies declined somewhat from June due to the movement of interest rates on international markets and changes in the supply and demand of foreign currencies in China. In September, the weighted average interest rate of US dollar demand deposits and US dollar deposits with maturities of less than 3 months registered 0.14 percent and 0.83 percent respectively, down 0.08 and 1.16 percentage points from August. The weighted average interest rates of US dollar loans with maturities of less 3 months and of 3 to 6 months (including 3 months) posted 2.53 percent and 2.51 percent respectively, down 0.34 and 0.52 percent point from June.

VI. The flexibility of the RMB exchange rate was strengthened

In the third quarter, the RMB exchange rate remained basically stable and moved in both directions, with stronger flexibility and stable expectations. At end-September, the central parity of the RMB against the US dollar was RMB6.1525 yuan per dollar, representing an appreciation of 3 basis points, or 0.005 percent, from the end of June. From the reform of the RMB exchange-rate regime in 2005 to end-September 2014, the RMB registered a cumulative appreciation of 34.52 percent against the US dollar. According to calculations by the BIS, in the third quarter the NERR and REER of the RMB appreciated by 4.50 percent and 4.97 percent respectively, and from the RMB exchange-rate regime reform in 2005 to end-September 2014, the NEER and REER of the RMB appreciated by 34.11 percent and 43.36 percent respectively.

VII. Cross-border RMB business continued to grow steadily

According to preliminary statistics, in the third quarter of 2014, commercial banks processed RMB1.53 trillion yuan in RMB settlements of cross-border trade,[1] up 36.7 percent year

Figure 1 RMB Settlements of Cross-border Trade

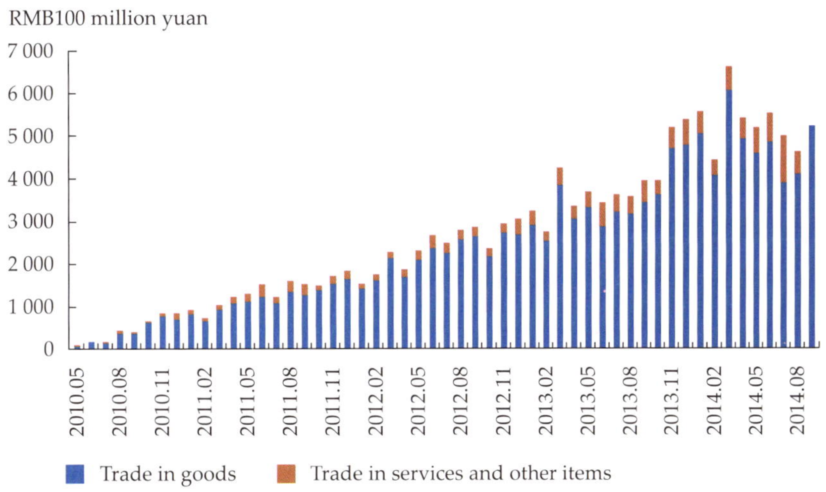

Source: The People's Bank of China.

1. Beginning from August, the statistics on entrepôt trade without custom declarations and clearance were adjusted from trade in services to trade in goods. Consequently, the statistics on trade in goods increased, whereas those on trade in services decreased. The historical data were adjusted accordingly.

on year. In particular, settlements of trade in goods registered RMB1.24 trillion yuan and settlements of trade in services and other items under the current account registered RMB0.29 trillion yuan. Actual RMB receipts and payments from cross-border trade registered RMB651.12 billion yuan and RMB882.56 billion yuan respectively, resulting in a receipt-payment ratio of 1:1.36. Bank settlements of cross-border direct investments in RMB totaled RMB250.96 billion yuan, up 68.4 percent year on year. Specifically, outward direct investments settled in RMB totaled RMB47.21 billion yuan, up 56.1 percent year on year, and foreign direct investments settled in RMB totaled RMB203.75 billion yuan, up 71.6 percent year on year.

Box 2 A Five-Year Retrospective of Cross-border RMB Business

China's rapid economic growth, expansion of foreign trade, and opening-up of the financial sector have gradually generated demand for RMB in the rest of the world. The RMB began to circulate beyond the Chinese border, though in the initial stages it was mainly in the border areas. In 2004, cross-border RMB business first began in Hong Kong and Macao. The business volume grew rapidly, though still at a low level. After the outbreak of the global financial crisis in 2008, the US dollar and other major reserve currencies fluctuated within a large margin, and enterprises both at home and abroad had a strong demand for RMB settlements of cross-border trade. Local governments in Shanghai and Guangdong as well as other areas applied to the State Council for permission to carry out RMB settlements of cross-border trade on a pilot basis. Against this backdrop and with the approval of the State Council, the PBC took the lead in launching a pilot program for RMB settlements of cross-border trade. Enterprises in the domestic pilot regions were allowed to carry out RMB settlements of cross-border trade, and subsequently the overseas areas designated for the pilot program were expanded to the entire world. During the last five years, the PBC, together with other departments, has abided by the principle of "acting in a low-profile and pragmatic manner, responding to the market demand, advancing the pilot program gradually in due order, and keeping risks controllable," and gradually established a policy framework and regulatory mechanism for the cross-border use of RMB.

First, efforts were made to fully facilitate settlements and use of RMB in cross-border trade. With the approval of the State Council, in July 2009 the pilot program of RMB settlements of cross-border trade was conducted in Shanghai and in four cities in Guangdong Province (i.e., Guangzhou, Shenzhen, Zhuhai, and Dongguan). The pilot program was expanded in June 2010 and again in August 2011. As a result, the domestic pilot areas were expanded to the entire country, and domestic enterprises engaged in trade in goods, services, and other items under the current account were able to select RMB as the pricing, billing, and settlement currency, while individuals engaged in trade in goods and services could also use RMB as the settlement currency. The relevant agencies have also gradually used RMB as the billing currency for the statistics, accounting, and management of cross-border trade, investments, balance of payments, and so forth. From the start of the cross-border RMB business to the third quarter of 2014, the volume of RMB settlements of cross-border transactions was more than RMB4.8 trillion yuan. The RMB has become the second most-used currency for cross-border payments and receipts of Chinese entities, accounting for 25 percent of the total cross-border payments and receipts. The share of RMB settlements in the total volume of settlements of trade in goods was more than 15 percent. RMB receipts and payments have taken place between China and 174 countries. Due to the availability of the cross-border RMB business, enterprises are able to hedge exchange-rate risks and to reduce financial costs. Banks now provide a greater variety of financial products and services to enterprises to support their cross-border trade and investment activities. Both enterprises and banks have benefited from the development of the cross-border RMB business. In general, the cross-border use of RMB covers all items in the current account and is supported by adequate facilitation.

Second, RMB settlements and use in cross-border direct investments have been actively carried out. To support the pilot program of RMB settlements of cross-border trade, in January 2011 domestic institutions were allowed to make outbound investments with RMB. In October 2011, overseas institutions were allowed to make direct investments in mainland China with RMB. In September 2013, overseas institutions were allowed to invest in domestic financial institutions. The amount of RMB overseas investments and outbound direct investments totaled RMB1.67 trillion yuan.

Third, RMB-denominated cross-border financial investments were promoted in a stable and orderly way. In August 2010, overseas institutions were allowed to invest in China's inter-bank bond market. In December 2011, the pilot scheme for RMB Qualified Financial Institutional Investors (RQFII) was launched. Overseas institutions were encouraged to issue RMB-denominated bonds in China's inter-bank market and the reflow channel for RMB was expanded to create a beneficial cycle for the RMB outflow and inflow mechanism. As of September 2014, 177 overseas institutions were granted access to the domestic inter-bank bond market; an investment quota of RMB740 billion yuan was approved under the RQFII scheme; and 86 overseas institutions were qualified to participate in the pilot scheme, making total investments of RMB283.3 billion yuan.

Fourth, supportive arrangements were established to promote the development of offshore RMB centers in an orderly way. With the approval of the State Council, in addition to Hong Kong, Macao, and Taiwan, RMB clearing arrangements have been established in Singapore, London, Frankfurt, Seoul, Paris, and Luxemburg, and a Chinese-funded bank has been designated as the clearing bank for the local RMB business. The channels and mechanisms for offshore RMB use and flows were expanded to support the RMB to gradually become a regional invoice investment and financing currency.

Fifth, international cooperation with respect to the use of local currency was continuously deepened. In parallel with the progress in the cross-border RMB business, between 2009 and October 31, 2014, the PBC signed local currency swap agreements with 26 monetary authorities and central banks, amounting to a total volume of about RMB2.9 trillion yuan. Direct trading has been launched between the RMB on the one hand, and the euro, Japanese yen, British pound sterling, Australia dollar, New Zealand dollar, Singapore dollar, Malaysian ringgit, and Russian ruble on the other hand. Some central banks and monetary authorities have held RMB in their foreign exchange reserves while more central banks and monetary authorities are planning to do so in the future. The RMB has become the 7th largest reserve currency in the world. Local currency cooperation is playing an increasing role in deepening international economic, trade, and financial ties, and in maintaining the stability of the international financial system.

PART 2 Monetary Policy Operations

In the third quarter of 2014, in accordance with the overall arrangements of the Party Central Committee and the State Council, the PBC continued its sound monetary policy and took measures to respond to the downward pressures and the moderation in price inflation, while remaining focused on the goal of macro-economic management and taking initiatives as called for. The PBC has made innovations in the approach and methodology of macro-economic management, diversifying policy instruments, optimizing the combination of policy measures, dealing with salient issues in economic performance, and carrying out pre-emptive adjustments and fine-tunings of the structural adjustments to keep aggregate liquidity at an adequate volume and to maintain stable market interest rates, to guide reasonable credit growth and structural optimization, and to beef up credit support to small and micro enterprises, the agricultural sector, rural areas, and farmers, and the central and western regions. The above measures have played an important role in the development of the real economy.

I. Flexible open market operations were conducted

The PBC continued to use open market operations to conduct preemptive adjustments and fine-tunings. In view of the changing liquidity situation during the various periods, the PBC properly managed the intensity and pace of repo operations and successfully dealt with volatility in short-term liquidity caused by a number of complex factors. In the third quarter, a total of RMB438 billion yuan of repo operations was conducted, while the maturity and variety of open market operations were optimized. Due to the changed supply and demand for short-term liquidity, the maturity of reverse repo operations was shortened from 28 days to 14 days to make liquidity management more targeted and effective.

Analysis and monitoring of the market environment and market interest-rate movements were strengthened. Responding to changes in market-rate trends, the flexibility of open market operations was enhanced when appropriate. In the third quarter, the interest rate of 14-day repo operations was lowered on two occasions, by 10 and 20 basis points respectively, which helped to guide market expectations and to promote stable market operations. At end-September, the interest rate of 14-day repo was 3.5 percent, down 30 basis points from the second quarter. In October, it declined further by 10 basis points.

State treasury cash management operations were conducted in an appropriate manner. In the third quarter, a total of RMB160 billion yuan of state treasury funds was deposited in commercial banks in three separate operations, including RMB110 billion yuan in three-month deposits, and RMB50 billion yuan in six-month deposits.

II. The Medium-term Lending Facility (MLF) was launched and MLF operations were conducted

Currently, liquidity management in the banking system must respond to shocks from changes in capital flows, fiscal expenditures, and IPOs in the equity market, but also must undertake the task of improving the price-based macro-economic management framework, guiding the movement of market interest rates, and so forth. To maintain the liquidity in the banking system at an appropriate volume and to support the reasonable growth of money and credit, the PBC must continuously enrich and improve the mix of instruments based on the specificity of the demand for liquidity, the party in need, and the use of the liquidity, so as to make macro-economic management more flexible, targeted, and effective. Based on these considerations, the PBC launched the Medium-term Lending Facility (MLF) in September 2014. The MLF is a policy instrument to provide medium-term base money to commercial banks and policy banks that comply with the macro-prudential requirements. The MLF is provided with government bonds, central bank bills, policy financial bonds, high-grade debenture bonds, and other high-quality bonds as eligible collateral.

In September and October, the PBC provided, in the form of MLF RMB500 billion yuan and RMB269.5 billion yuan of base money with a maturity of 3 months and an interest rate of 3.5 percent respectively to state-controlled commercial banks, joint-stock commercial banks, relatively large city commercial banks, and rural commercial banks. In addition to providing liquidity, the MLF rate has acted as a medium-term policy interest rate, guiding commercial banks to lower lending rates and social financing costs to support the growth of the real economy. In general, while the pace of providing base money via the purchase of foreign exchange has moderated, the MLF has helped to bridge the liquidity gap and to maintain liquidity at an appropriate volume.

Given the overall liquidity situation in the money market, in the third quarter the PBC did not conduct Standing Lending Facility (SLF) operations and kept the balance of SLFs at zero.

III. Macro-prudential management was strengthened and the dynamic adjustment mechanism of the differentiated reserve requirement continued to play a role in counter-cyclical management

The PBC continued to use the dynamic adjustment mechanism of the differentiated reserve requirement to strengthen macro-prudential management. Based on domestic and global economic and financial developments, the soundness of financial institutions, and implementation of the credit policy, the PBC has recalibrated the parameters of the dynamic adjustment mechanism for the differentiated reserve requirement. In the third quarter, the PBC further adjusted the policy parameters in the implementation of the credit policy for small and micro enterprises and agro-linked loans to encourage financial institutions to ramp up credit support to small and micro enterprises, the agricultural sector, rural areas, and farmers, and under-developed areas in central and western China, and to guide reasonable credit growth.

Box 3 Desirability Lending

The so-called "desirability lending" that has been frequently covered in recent media reports is in fact the differentiated reserve requirement dynamic adjustment mechanism. The purpose of this mechanism is to help financial institutions to match their credit extensions with their capital levels and the reasonable demands for economic growth. In particular, capital requirements include not only the minimum capital requirement of 8 percent, but also macro prudential requirements, such as counter-cyclical capital buffers, capital surcharges for systemically important institutions, and capital reserves. The essence of this mechanism is that the growth of overall credit should be aligned with the projected rate of economic growth. The faster credit expands, the worse its misalignment is with the desirability level and the more risks that are likely to build up. Therefore, it is necessary to impose a higher capital requirement to mitigate the pro-cyclical fluctuations of credit expansion, prevent the build-up of systemic risks, and make sure that the financial system will support the real sector in a sustainable way. Thus, desirability lending is a transparent, rule-based macro-prudential policy tool based on capital requirements. It is different from administrative controls on the lending quota.

Given the current environment of macroeconomic management, the desirability lending tool is a reasonable choice as a new macro-prudential instrument to absorb the effects of the stimulus policy adopted during the previous period. The choice of the macro-economic management framework has to take into account various constraining factors and must be consistent with the level of economic development. After observing that the package of stimulus measures had an effect in addressing the global financial crisis and the recovery of the Chinese economy solidified, the PBC started to guide monetary conditions to return to normal in accordance with the overall arrangements of the State Council. However, at that time, there were different views among the various parties market pressures were intense. Since interest rates and the reserve requirement provide strong signals, it is necessary to adopt macro-prudential measures to guide commercial banks to operate on a sound basis and to refrain from excessive expansion. Over the years the PBC has focused on shifting to an indirect, market-based approach, and has increased the role of liquidity management and price instruments. However, the use of price instruments is affected by many factors, such as the existence of liquidity constraints, resistance to large interest-rate adjustments, lack of sensitivity to interest rates at the micro level, the ongoing exchange-rate regime reform, and so forth. Therefore, it is necessary for the macro-prudential tools to play a role in macro-economic management. As the situation evolves and the reform deepens, naturally there will be other choices in terms of instruments.

Desirability lending has the feature of being transparent and rule-based, and it is capable of dynamic adjustment. Using an established formula and the relevant parameters, financial institutions can calculate the desirability growth of lending and better understand the stance and orientation of the macroeconomic policy. This limits to a maximum extent the room for discretionary judgment, and differentiates desirability lending from the traditional lending quota. Of course, complex factors are involved in its implementation. For example, some rural credit cooperatives have a capital adequacy ratio far below the regulatory requirements or even at negative levels. If the rules of desirability lending were to be strictly followed, it would require that lending be reduced, and would have large repercussions on local economic activities in the under-developed regions where financial services are scarce. Also, for newly established financial institutions, including township and village banks, historical data are unavailable. These situations call for a flexible approach in the use of desirability lending. The dynamic adjustment feature of desirability lending makes it possible to reflect the changes in the macroeconomic situation and in the business operations of financial institutions in a timely manner. On the one hand, changes in the capital adequacy ratio and other indicators of financial institutions will cause desirability lending to move; on the other hand, the central bank may also adjust the parameters of the macro-prudential policy based on the changes in the macroeconomic situation. In general, since the adoption of macro-prudential tools, credit extensions have been in appropriate volumes and have been consistent with the demands of economic development, and the credit structure has improved as well.

The growth of desirability lending is usually the annual growth of lending, whereas the pace of credit extensions within a year is determined by the financial institutions based on their liquidity situation, business strategy, and the actual demand for loans in the real sector. In general, desirability lending is to be achieved based on the principle of seeking an overall balance without drastic fluctuations, combined with flexibility to meet the actual demand for loans in the real economy. In particular, rural financial institutions can manage the pace of credit extensions in a flexible way based on the seasonal demands from the agricultural cycles. In general, in the case of many rural financial institutions, a very large proportion of lending takes place in the first several quarters, usually in line with the agricultural cycles.

The relationship between desirability lending and targeted reductions of the reserve requirements should be viewed in the proper context. Under the precondition of preserving macroeconomic stability and maintaining reasonable growth of money and credit, the PBC, since the beginning of 2013, has adjusted the indicators of the macro-prudential regulatory framework on several occasions in view of the changes in the economic situation and has expanded the room for desirability lending. As a result, the subsequent increase in lending was larger than that released by the targeted reduction of the reserve requirements. Some financial institutions have limited room for credit expansions due to a lack of capital strength. The targeted reduction of the reserve requirements mainly sends out a signal and aims to establish a positive incentive mechanism to optimize the credit structure and to guide financial institutions to beef up the share of agro-related loans and lending to small and micro enterprises. It is not a measure designed to expand aggregate credit. Many financial institutions have the potential to further increase lending to small and micro enterprises and the agricultural sector by improving the structure of the stock of assets. Without an expansion in total lending, other categories of loans may be reduced and a larger share of the principal and interest payments for loans and of new loans can be used to support small and micro enterprises, the agricultural sector, rural areas, and farmers. The targeted reduction in the reserve requirement can play a supportive role, but it cannot replace the role of the market in determining fund flows. At a fundamental level, measures should be taken to increase the willingness and capacity of financial institutions to lend to small and micro enterprises, agricultural sectors, rural areas, and farmers, such as adopting preferential tax treatments for small and micro enterprises, building the capital strength of small and medium-sized financial institutions, establishing small and medium-sized banks with private capital, and preventing entities with soft budget constraints from abusing an excessive volume of resources.

IV. Central bank credit policy lending was used to encourage financial institutions to provide more loans to the agricultural sector, rural areas, and farmers, and to small and micro enterprises

To implement the requirements of the Executive Meeting of the State Council on increasing agro-supporting and small and micro enterprise supporting central bank lending and discounts, increasing the capacity of the financial industry to serve the weak links in the economy, such as the agricultural sector, rural areas, and farmers, and small and micro enterprises, in the third quarter of the year the PBC increased agricultural-supporting central bank lending and discounts, and guided financial institutions to step up credit support to the agricultural sector, rural areas, and farmers, and to small and micro enterprises. Meantime, the PBC continued to improve the management of agricultural-supporting central bank lending and discounts, and required that the average interest rates of loans underwritten by rural financial institutions by using the proceeds of the agricultural-supporting central bank loans be lower than those of other agro-linked loans with the same maturities. In addition, the PBC gave priority to agro-linked and small and micro enterprise bills in its discount window and offered a discount rate lower than the average interest rate of discounts with the same maturities so as to lower the social financing costs. For agricultural-supporting and small and micro enterprise supporting loans extended by financial institutions to earthquake-stricken Ludian county by using central bank loans, the lending rates were one percentage point lower than those of normal agricultural-supporting and small and micro enterprise supporting loans so as to support the reconstruction of the earthquake-stricken areas. At end-September, outstanding agricultural-supporting central bank loans posted RMB214.8 billion yuan, an increase of RMB46.4 billion yuan from the beginning of the year; outstanding small and micro enterprise supporting central bank loans posted RMB46.5 billion yuan, an increase of RMB46.5 billion yuan from the beginning of the year; and outstanding central bank discounts posted RMB125.7 billion yuan, an increase of RMB12 billion yuan from the beginning of the year.

V. Strengthening window guidance and credit policy guidance

The PBC continued to use monetary policy, macro-prudential management policy, and credit policy to send signals and guide structural adjustments, strengthened the coordination of credit policy and industrial policy, conducted assessments of credit policy guidance, and encouraged banking financial institutions to make innovations in terms of organizations, mechanisms, products, and service models and to optimize the credit structure. A number of measures were adopted to upgrade financial services to small and micro enterprises. Continual efforts were made to improve institutional building in the inter-bank bond market, expand the direct financing channels for small and medium enterprises, and support eligible commercial banks to issue financial bonds earmarked for lending to small and micro enterprises. Efforts were also made to increase financial support to new types of agricultural entities, such as family farms and the modern agricultural sector. Consumer finance was further developed. Financial services were improved to better the livelihood of the people, in areas such as job creation, students in need, ethnic minorities, rural migrant workers, and college-graduates who become village officials, and to promote poverty alleviation, economic development, and balanced regional development. Credit inputs were increased to advanced manufacturing industries with good market prospects, strategic emerging industries, modern IT industries and information consumption, the cultural industry, the service industry, the transformation and upgrading of traditional industries, and industries promoting green and environmentally friendly growth. The reasonable funding needs of key ongoing and follow-up projects were satisfied and efforts were made to support major infrastructure and livelihood projects, such as the reconstruction of shanty dwellings, construction of railways and underground pipe networks, in order to help improve the quality and efficiency of growth. The financial services coordination mechanism for 14 contiguous poverty-stricken areas was further improved to effectively improve financial services for poor areas. Efforts were made to guarantee financial services for post-quake reconstruction in Ludian county. Financial services were improved to address problems of excess capacity. For enterprises that sought to consolidate their excess capacity, targeted credit was provided to support mergers and acquisitions. A differentiated approach was adopted toward profit-making enterprises in industries with excess capacity. The pilot program of credit securitization was expanded to help financial institutions better manage the stock of credit assets.

In terms of the effectiveness of the credit policy, the credit structure has shown positive results and has provided greater support to priority areas, such as the agricultural sector, rural areas, and farmers, and small and micro enterprise. First, the growth of small and micro enterprise loans outpaced the growth of total loans. At end-September, outstanding RMB loans to small and micro enterprises stood at RMB14.55 trillion yuan, up 13.5 percent year on year. This growth was 4.1 and 1.8 percentage points higher than that to large and medium enterprises respectively, and 0.3 percentage point higher than the growth of total loans. Second, the growth of agro-linked loans continued to outpace the growth of total loans. At end-September, outstanding RMB and foreign currency denominated agro-linked loans increased 13.7 percent year on year to RMB22.92 trillion yuan, outpacing the growth of total loans by 0.7 percentage point. Third, credit funds were tilted to the western region, and the credit imbalance among the various regions was continuously alleviated. At end-September, the balance of RMB and foreign currency denominated loans to the western region increased 15.9 percent year on year, outpacing the growth of loans to the eastern and central regions by 4.7 and 1.1 percentage points respectively.

VI. Further improvements in the RMB exchange-rate regime

The RMB exchange-rate regime was further improved in a self-initiated, controllable, and gradual manner. Focusing on the role of market demand and supply and with reference to a basket of currencies, the flexibility of the RMB exchange rate was enhanced and the RMB exchange rate was kept basically stable at an adaptive and equilibrium level. In the third quarter, the central parity of the RMB against the US dollar peaked at RMB6.1425 yuan per dollar and reached a trough of RMB6.1707 yuan per dollar. It appreciated on 27 out of 65 trading days and depreciated on the remaining 38 trading days, with the largest day-to-day appreciation at 0.30 percent (or 187 points) and the sharpest day-to-day depreciation at 0.10 percent (or 61 points).

The RMB exchange rate moved in both directions against the euro, Japanese yen, and other major currencies. At end-September, the central parity of the RMB against the euro and the Japanese yen registered RMB7.8049 yuan per euro and RMB5.6242 yuan per 100 yen, representing an appreciation of 7.56 percent and 8.13 percent respectively from the end of June. Beginning from the reform in 2005 to end-September 2014, on a cumulative basis the RMB appreciated 28.31 percent and 29.90 percent against the euro and the Japanese yen respectively.

To facilitate bilateral trade and investment, on September 30, 2014, direct trading between the RMB and the euro was launched on China's inter-bank foreign exchange market. Meanwhile, direct trading between the RMB and other currencies on the inter-bank foreign exchange market was brisk and market liquidity increased notably, which helped to lower the currency conversion costs for economic entities. In the third quarter of 2014, direct market trading between the RMB and the euro registered RMB49.51 billion yuan.

Table 5 Trade Volume of the RMB against Other Currencies on the Inter-bank Foreign Exchange Spot Market during the Third Quarter of 2014

Unit: RMB100 million yuan

Currency	USD	Euro	Japanese Yen	HKD	GBP	Australian Dollar	New Zealand Dollar	Canadian Dollar	Malaysian Ringgit	Russian Ruble	Thai Baht
Trading volume	56,722.0	495.1	1,110.4	558.3	571.9	301.6	47.7	4.8	2.0	26.6	0.75

Source: China Foreign Exchange Trade System.

In the third quarter, based on the bilateral local currency swap agreements with the PBC, overseas monetary authorities conducted a total of RMB294 billion yuan of currency swap transactions with the PBC. These transactions played an active role in promoting bilateral trade and investment.

VII. Deepening the reform of financial institutions

The transformation and reform of asset management companies were advanced. On August 28, China Huarong Asset Management Co., Ltd. signed cooperation agreements with eight strategic investors, i.e., China Life (Group), U.S. Warburg Pincus, CITIC Securities International, Khazanah Nasional Berhad of Malaysia, China International Capital Corporation (CICC), China National Cereals, Oils, and Foodstuff Corporation (COFCO), Fosum International, and Goldman Sachs. China Life (Group) increased its shareholding in China Huarong Asset Management Co., and seven other strategic investors made a total of RMB14.54 billion yuan of investments, accounting for 21.0 percent of the equity of China Huarong Asset Management Co. after its capital increase.

The reform of the rural credit cooperatives (RCCs) proceeded smoothly. The asset quality of the RCCs continued to improve, and agro-linked loans provided by the RCCs increased rapidly. As of the end of September, the NPL ratio of the RCCs across the country was 3.9 percent, down 0.2 percentage point from the end of 2013; the capital adequacy ratio of the RCCs was 10.8 percent, up 0.4 percentage point from the end of 2013. Outstanding loans of the RCCs across the country stood at RMB10.4 trillion yuan, accounting for 13.0 percent of the total loans provided by all kinds of financial institutions during the same period, up 0.3 percentage point from the end of 2013. Outstanding agro-linked loans and loans to farmers posted RMB6.9 trillion and RMB3.4 trillion yuan, up 11.6 percent and 12 percent respectively from the end of 2013. The reform of the ownership structure of the RCCs was pushed ahead. Further progress was made in clarifying the ownership structure, improving the corporate governance, and strengthening the internal management, and the management and performance of the RCCs improved. At end-September, there were 1,574 RCCs, 574 rural commercial banks, and 106 rural cooperative banks with legal-person status at the county (city) level.

Since the beginning of 2014, business performance in some areas and industries declined, and some enterprises encountered difficulties in their operations, weighing on the quality of bank credit assets. As of the end of

June, outstanding non-performing loans (NPLs) of commercial banks posted RMB694.4 billion yuan, up RMB102.4 billion yuan from the end of 2013; the NPL ratio stood at 1.08 percent, up 0.08 percentage point from the end of 2013. The rebound in NPLs of commercial banks was due to the accelerated economic structuring and the declining profits of some enterprises. However, the NPL ratio of commercial banks in China is still at a low level compared with that of other major economies in the world. In addition, their profitability, capital adequacy ratio, and provisioning levels remain fairly good. In the first half of 2014, total profits of commercial banks posted RMB858.3 billion yuan, up 14.0 percent year on year; at end-June the weighted average of the tier-one capital adequacy ratio of commercial banks was 10.1 percent, up 0.2 percentage point from the end of 2013, and the weighted average of the capital adequacy ratio was 12.4 percent up 0.2 percentage point from the end of 2013; the provisioning coverage ratio was 262.9 percent, down 19.8 percentage points from the end of 2013; the loan provisioning ratio was 2.8 percent, at par with the level at the end of 2013. Overall, commercial banks had a relatively strong capacity in terms of managing risks and absorbing losses as they developed some potential to absorb credit-asset losses, and their credit risks were generally controllable.

VIII. Reform of the foreign exchange administration was deepened

The reform of the foreign exchange administration was advanced to promote facilitation of trade and investment. First, reform of foreign exchange administration in trade was deepened. Reform of foreign exchange administration under trade in goods and services was deepened to promote the healthy development of foreign trade. Second, RMB convertibility under the capital account was advanced. A pilot program was conducted to allow foreign-invested enterprises to sell their foreign currency denominated capital funds to banks on a voluntary basis to facilitate operations and fund management of foreign-funded enterprises; the foreign exchange administration of overseas investments and financing for domestic residents was reformed so as to expedite the administrative procedures and expand the channels for capital flows.

The supervisory system for cross-border payments and receipts was strengthened. First, monitoring of cross-border capital flows and international financial markets was strengthened, contingency plans were further improved, and the package of policy toolkits was enriched. Second, system building was optimized and foreign exchange regulatory information and data sharing were enhanced to lay a solid foundation for strengthening the capacity of ex-post supervision, analysis, and off-site supervision. Third, efforts were made to crack down on illegal and criminal activities in the field of foreign exchange and special inspections were conducted of false transit trade foreign exchange surrender by enterprises and forward buying of foreign exchange by banks. By the end of the third quarter, 85 enterprises were found to be involved in illegal activities, with the related funds totaling USD851 million, and the amount of the administrative fines posted RMB106 million yuan.

PART 3 Financial Market Analysis

In the third quarter of 2014, China's financial market functioned in a stable manner. Transactions on the money market expanded rapidly while market rates declined; the amount of bond issuances increased significantly and bond issue rates fell; stock indices rose and trading on the stock markets increased rapidly.

I. Financial market analysis

1. Transactions on the money market increased rapidly while market interest rates declined

Repo transactions on the inter-bank market continued to increase rapidly, while the decline in inter-bank borrowing moderated. In the first three quarters of 2014, the turnover of bond repos on the inter-bank market totaled RMB157.1 trillion yuan, with an average daily turnover of RMB835.7 billion yuan, up 33.6 percent year on year and representing an acceleration of 15 percentage points from the first half of the year. The turnover of inter-bank borrowing reached RMB27.5 trillion yuan, with an average daily turnover of RMB146.3 billion yuan, down 3.1 percent year on year and representing an increase of 15 percentage points in year-on-year growth compared with the first half of the year. In terms of the maturity structure, overnight products still dominated bond repo and inter-bank borrowing transactions, accounting for 79.1 percent and 80.1 percent of their respective turnovers during the first three quarters of 2014, down 1.5 and 2.6 percentage points from the first half of 2014. The turnover of government securities repos on the stock exchanges rose 39.6 percent year on year to RMB64 trillion yuan, with growth 11.6 percentage points lower than that during the first half of the year.

The flow of funds among financial institutions displayed the following characteristics: First, large banks remained net fund providers, and the amount of their lending registered larger year-on-year growth. In the first three quarters of 2014, the amount of net lending by large banks increased 60.2 percent year on year, representing an acceleration of 30.9 percentage points from the first half of the year. Second, securities and fund management companies and small- and medium-sized banks were net fund borrowers, with their net borrowings increasing by 80.8 percent and 94.3 percent respectively year on year, up 13.1 and 64.6 percentage points from the first half of the year. Third, net borrowings of other financial institutions and products declined 20 percent year on year.

In the first three quarters of 2014, the aggregate notional principal of RMB interest-rate swaps amounted to RMB2,656.26 billion yuan. In particular, in the third quarter the aggregate notional principal of RMB interest-rate swaps amounted to RMB957.61 billion yuan, up 63.4 percent year on year; in terms of the maturity structure, RMB interest-rate swaps with maturities within one year traded most briskly, and their aggregate notional principal amounted to RMB738.91 billion yuan,

Table 6 Fund Flows among Financial Institutions during the First Three Quarters of 2014

Unit: RMB100 million yuan

	Repos		Inter-bank borrowing	
	First three quarters of 2014	First three quarters of 2013	First three quarters of 2014	First three quarters of 2013
Domestic-funded large banks[1]	-548,416	-341,606	-46,217	-29,584
Domestic-funded small- and medium-sized banks[2]	208,022	114,220	-29,173	-22,159
Securities and fund management companies	208,135	115,445	55,994	30,679
Insurance companies	67,006	44,073	142	0
Foreign-funded financial institutions	24,655	11,950	1,727	4,340
Other financial institutions and vehicles[3]	40,598	55,918	17,527	16,723

Notes: 1. Domestic-funded large banks include the Industrial and Commercial Bank of China, the Agricultural Bank of China, the Bank of China, the China Construction Bank, the China Development Bank, the Bank of Communications, and the Postal Savings Bank of China.
2. Domestic-funded small- and medium-sized banks include the China Merchants Bank and sixteen other medium-sized banks, small-sized city commercial banks, rural commercial banks, rural cooperative banks, and village and township banks.
3. Other financial institutions and vehicles include urban credit cooperatives, rural credit cooperatives, finance companies, trust and investment companies, financial leasing companies, asset management companies, social security funds, investment companies, corporate annuities, and other investment vehicles. Some of these financial institutions and vehicles do not participate in the inter-bank funding market.
4. A negative sign indicates net lending and a positive sign indicates net borrowing.
Source: China Foreign Exchange Trade System.

accounting for 77.2 percent of the total. In terms of the reference rate, the base rate of the floating end of the RMB interest-rate swaps mainly included the 7-day fixing repo rate and the Shibor, and their notional principals accounted for 79.4 percent and 20.0 percent of the total respectively. In the third quarter, the yield curves of interest-rate swaps showed an overall downward trend.

The issuance and transactions of inter-bank CDs were increasingly brisk. Since the launch of the inter-bank CDs, the scope of issuers has expanded in an orderly manner and the number of investors has gradually increased. As of end-September 2014, 66 financial institutions disclosed their inter-bank CDs issuance plans, and 63 financial institutions completed their issuances on the inter-bank market. Issuances and transactions of inter-bank CDs were increasingly brisk. In the first three quarters, a total of 427 CDs was issued, with an aggregate amount of RMB407.2 billion yuan, while the transaction volume on the secondary market registered RMB184.5 billion yuan. The pricing of CDs issuances and transactions was based

Table 7 Transactions of Interest-rate Derivatives during the Third Quarter of 2014

	Interest-rate swaps		Bond forwards		Forward-rate agreements	
	Transactions (lots)	Amount of notional principal (RMB100 million yuan)	Transactions (lots)	Amount (RMB100 million yuan)	Transactions (lots)	Amount of notional principal (RMB100 million yuan)
In the Third quarter of 2013	5,816	5,860.5	0	0.0	1	0.5
In the Third quarter of 2014	11,150	9,576.1	—	—	—	—

Source: China Foreign Exchange Trade System.

on the Shibor rates. The steady growth in the issuance and trading of inter-bank CDs provided a basis for quoting the medium- and long-end Shibor rates.

Money-market rates declined steadily. In the middle and late July, money-market rates increased due to the freezing of a large amount of liquidity by IPOs and payments of reserve requirements by some financial institutions. The PBC used a number of policy instruments to provide liquidity and lowered the central bank repo rates in July and September to guide the steady decline in the market rates. In September, the weighted average interest rate of inter-bank borrowings and bond-pledged repos posted 2.97 percent and 2.93 percent respectively, down 50 and 56 basis points year on year.

2. Bond issuances expanded rapidly and the issuance rates declined

The decline in the turnover of spot bond transactions on the inter-bank market continued to moderate year on year. In the first three quarters, a total of RMB28.6 trillion yuan of bonds was traded, with a daily average of RMB152.1 billion yuan, down 21.5 percent year on year and the decline narrowing by 24.3 percentage points from the first half of the year. A total of RMB1.76 trillion yuan of spot government securities was traded on the stock exchanges, up 40.8 percent year on year and an acceleration of 8.1 percentage points from the first half of the year.

In terms of trading products, in the third quarter the turnover of spot government securities was RMB1.76 trillion yuan, accounting for 15.9 percent of the total spot transactions on the inter-bank market; the turnover of spot financial bonds and spot corporate debenture bonds was RMB5.11 trillion yuan and RMB4.15 trillion yuan respectively, accounting for 46.2 percent and 37.5 percent of the total. In terms of trading entities, Chinese-funded small and medium-sized banks were mainly net bond sellers, with total net spot bond sales of RMB338.2 billion yuan, while other financial institutions and foreign-funded financial institutions and products, making net bond purchases of RMB171 billion yuan and RMB95.2 billion yuan respectively.

Bond indices continued to rise. In the third quarter, the China Bond Composite Index (net price) rose from 99.48 points at end-June to 99.97 points at end-September, up 0.49 percent, whereas the China Bond Composite Index (full price) rose from 111.84 points to 112.62 points, up 0.70 percent. The Government Securities Index on the stock exchanges rose from 142.02 points at end-June to 143.60 points at end-September, up 1.11 percent.

The yield curves of government securities on the inter-bank market moved downward after moving upward for a while, with yield curves at the short-end rising and those at the long-end declining. At end-September, the yield of 1-year government securities was 3.74 percent, up 36 basis points from end-June, and the yield of 10-year government securities was 3.98 percent, down 8 basis points from end-June. From July to early September, due to the large volatility in macro-economic and financial data, the yields of government securities rose and the yield curve showed an overall flattening and

Figure 2 Yield Curves of Government Securities on the Interbank Bond Market

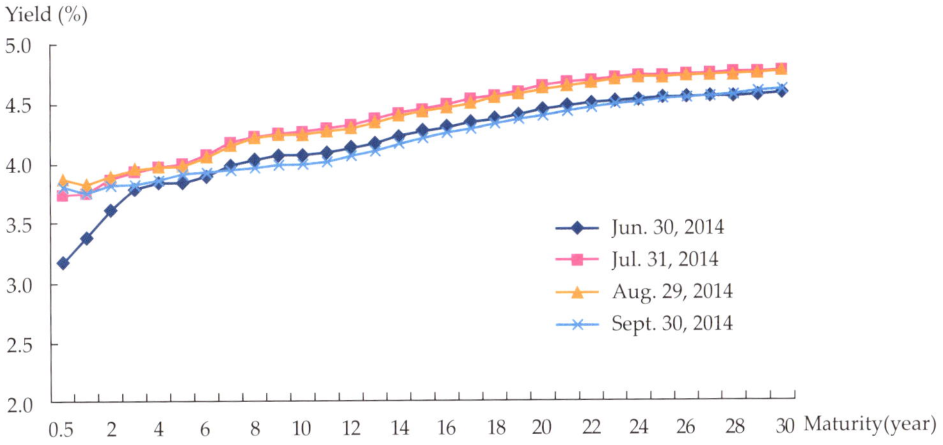

Source: China Government Securities Depository Trust and Clearing Co., Ltd..

upward trend. Starting from late September, the yields of government securities fell notably and the yield curves shifted downward, with government securities at the short-ends showing a moderate decline.

The volume of bond issuances expanded significantly year on year. In the first three quarters of 2014, a total of RMB8.45 trillion yuan of bonds (including central bank bills) was issued, RMB1.51 trillion yuan more than that issued during the same period of the last year. In particular, issuances registered RMB3.07 trillion yuan in the third quarter, RMB385 billion yuan more than issuances in the same period of the last year. The issuance of financial bonds and corporate debenture bonds registered a larger year-on-year increase, while debt-financing instruments issued by non-financial enterprises increased significantly. At end-September, outstanding bonds of all kinds posted RMB34.2 trillion yuan, up 17.3 percent year on year and representing an acceleration of 2.7 percentage points from end-June. Municipal project revenue notes were newly launched, issued by project companies with the operating cash flow used as the primary source of repayment. The first municipal project revenue note was issued on July 14, 2014. The launch of municipal project revenue notes will help to build a transparent and regulated investment and financing mechanism for urban construction, effectively controlling and resolving the debt risks of local governments and providing funding for urban construction.

In general, bond issuance rates declined. The interest rate of 10-year financial bonds issued by the China Development Bank in September 2014 was 4.68 percent, down 22 basis points from those of the same maturity issued in June 2014. The average interest rate of short-term financing bills (rated A-1) issued by AAA-rated enterprises was 5.04 percent, up 5 basis points from June; the average rate of 5-year medium-term notes (rated AAA) issued by AAA rated enterprises was 5.49 percent, down 10 basis points from June; the average rate of

Table 8 Issuance of Major Bonds during the First Three Quarters of 2014

Type of bonds	Issuance (RMB100 million yuan)	Year-on-year growth (RMB100 million yuan)
Government securities[1]	16,585	946
Central bank bills	0	-5,148
Financial bonds[2]	28,380	8,410
Of which: Financial bonds issued by the China Development Bank and policy financial bonds	19,094	3,710
Corporate debenture bonds[3]	39,530	10,930
Of which: Debt-financing instruments of non-financial enterprises	31,269	8,605
Enterprise bonds	7,345	2,878
Corporate bonds	691	-557
Total	84,495	15,137

Notes: 1. Including municipal bonds issued by the Ministry of Finance on behalf of local governments.

2. Including financial bonds issued by the China Development Bank, policy financial bonds, ordinary bonds issued by commercial banks, subordinated bonds issued by commercial banks, hybrid bonds issued by commercial banks, bonds issued by securities firms, and so forth.

3. Including debt-financing instruments issued by non-financial enterprises, enterprise bonds, corporate bonds, convertible bonds, bonds with detachable warrants, privately placed SME bonds and so forth.

Sources: The People's Bank of China, National Development and Reform Commission, China Securities Regulatory Commission, and China Government Securities Depository Trust and Clearing Co., Ltd..

7-year bonds (rated AA+) issued by AA+ rated enterprises was 6 percent, down 77 basis points from June. The Shibor played a greater role in bond pricing. In the first three quarters, 2 floating-rate bonds were based on the Shibor, with a gross issuance volume of RMB8 billion yuan; 510 fixed-rate enterprise bonds were all based on the Shibor, with a gross issuance volume of RMB613.5 billion yuan; and a total of RMB818.7 billion yuan of fixed-rate short-term financing bills was issued based on the Shibor, accounting for 98 percent of all fixed-rate short-term financing bills.

3. The volume of bill financing continued to increase and bill-financing rates showed a downward trend

In the first three quarters of 2014, commercial bills discounted by financial institutions totaled RMB42.5 trillion yuan, up 22.8 percent year on year; the outstanding balance of bill discounts posted RMB2.7 trillion yuan, up 31.1 percent year on year. At end-September, the outstanding amount of bill financing had grown by RMB738.3 billion yuan from the beginning of the year and RMB495 billion yuan from the end of June; the share of outstanding bill financing in the total outstanding loans stood at 3.4 percent, up 0.5 percentage point year on year. Affected by a number of factors, such as the guidance of the central bank discount rate, the money-market rates, and changes in demand and supply on the bill market, the bill-financing rates showed a downward trend.

Growth of the bill acceptance business moderated. In the first three quarters of 2014, commercial bills issued by enterprises totaled RMB16.2 trillion yuan, up 6.9 percent year on year; outstanding commercial bills at end-September posted RMB9.7 trillion yuan, up 8.8 percent year on year. At end-September, outstanding bankers' acceptance bills had increased by RMB686.1 billion yuan from the beginning of the year and had declined by RMB478 billion yuan from the end of June. In terms of the issuing entities, outstanding acceptance bills were mainly issued by enterprises in the manufacturing, wholesale, and retail industries, with small- and medium-sized enterprises issuing about two-thirds of the total.

4. The stock indices and the turnover both rose rapidly, and financing on the equity market registered a larger increase

The stock indices rallied across the board. At end-September, the Shanghai Stock Exchange Composite Index closed at 2,364 points, gaining 248 and 316 points respectively from the end of 2013 and the end of June 2014; the Shenzhen Stock Exchange Component Index closed at 1,334 points, gaining 276 and 237 points respectively from the end of 2013 and the end of June 2014; the Growth Enterprise Board (GEB) Index (Chinext Price Index) closed at 1,541 points, gaining 236 and 136 points respectively from the end of 2013 and the end of June 2014. The weighted average P/E ratio on the A-share market of the Shanghai Stock Exchange rose from 11.0 times at end-2013 to 11.5 times at end-September 2014, while that of the Shenzhen Stock Exchange rose from 28 times to 32 times.

Turnover on the stock market increased rapidly. In the first three quarters, turnover on the Shanghai and Shenzhen stock exchanges totaled RMB40.7 trillion yuan, up 18.1 percent year on year, and the daily turnover averaged RMB221.3 billion yuan, up 13.6 percent year on year. In particular, turnover in the third quarter increased significantly, with the daily turnover averaging RMB293.3 billion yuan, up 40.6 percent year on year. In the first three quarters, the volume of transactions on the GEB amounted to RMB5.3 trillion yuan, up 53.8 percent year on year. At end-September, the combined market capitalization of the Shanghai and Shenzhen stock exchanges posted RMB24.3 trillion yuan, up 21.9 percent year on year; market capitalization of the GEB amounted to RMB1.4 trillion yuan, up 75.8 percent year on year.

The amount of equity financing increased rapidly. In the first three quarters, a total of RMB382.7 billion yuan was raised by enterprises and financial institutions on the domestic and overseas stock markets by way of IPOs, additional offerings, rights issuances, and warrant exercises, representing an increase of RMB113.9 billion yuan year on year. In the third quarter, equity financing on the A-share market amounted to RMB121.2 billion yuan, RMB56 billion yuan more than that during the same period of the last year.

5. Growth of assets in the insurance industry accelerated

In the first three quarters, total premium income in the insurance industry amounted to RMB1.59 trillion yuan, representing year-on-year growth of 18.6 percent, a deceleration of 2.2 percentage points from the first half of the year; total claim and benefit payments amounted to RMB523.8 billion yuan, representing year-on-year growth of 16.2 percent. Specifically, total claim and benefit payments in the property-insurance sector increased 12.3 percent, while those in the life-

Table 9 Use of Insurance Funds, End-September 2014

Unit: RMB100 million yuan, %

	Outstanding balance		As a share of total assets	
	End-September 2014	End-September 2013	End-September 2014	End-September 2013
Total assets	96,076	80,530	100.0	100.0
Of which: Bank deposits	25,095	22,879	26.1	28.4
Investments	62,582	51,280	65.1	63.7

Source: China Insurance Regulatory Commission.

insurance sector increased 20.4 percent.

The growth of insurance assets accelerated. At end-September, total assets in the insurance industry posted RMB9.61 trillion yuan, representing year-on-year growth of 19.3 percent and an acceleration of 0.4 and 2.6 percentage points respectively from the end of June and the end of 2013. Among this total, bank deposits increased 9.7 percent year on year, while investment-linked assets increased 22 percent.

6. Swap and forward transactions on the foreign exchange market maintained rapid growth

In the third quarter, the turnover of RMB/foreign exchange spot transactions totaled USD970.8 billion, representing a decrease of 8.6 percent year on year. The turnover of RMB/foreign exchange swap transactions totaled USD1.24 trillion, representing an increase of 37.7 percent year on year. Among this total, overnight RMB/USD swap transactions amounted to USD668.4 billion, accounting for 54 percent of the total. The turnover on the RMB/foreign exchange forward market totaled USD14.5 billion, representing an increase of 302.6 percent year on year. The turnover of foreign currency pair transactions amounted to USD15 billion, a decline of 6 percent year on year. In particular, USD/HKD transactions accounted for the lion's share, or 48.4 percent of the total.

The number of participants on the foreign exchange market increased further. At end-September, there were 442 members on the foreign exchange spot market, 96 members on the foreign exchange forward market, 95 members on the foreign exchange swap market, 84 members on the currency swap market, and 36 members on the foreign exchange options market. In addition, there were 31 market-makers on the spot market and 27 market-makers on the forward and swap markets.

7. The price of gold consolidated at a subdued level

The volume of transactions on the gold market declined. In the first three quarters of 2014, the turnover of all sorts of precious metals on the Shanghai Gold Exchange amounted to RMB3.7 trillion yuan, down 9.7 percent year on year, and the decline was 2.2 percentage points larger than that in the first half of the year. Specifically, the trading volume of gold was 11,000 tons, an increase of 22.6 percent year on year, and turnover posted RMB2.7 trillion yuan, an increase of 9.8 percent year on year. The trading volume of silver was 238,000 tons, a decline of 30.9 percent year on year, and turnover posted RMB989.84 billion yuan, a decline of 38.9

percent year on year. The trading volume of platinum was 51.1 tons, a decline of 21.5 percent year on year, and turnover posted RMB15.24 billion yuan, a decline of 24.4 percent year on year.

In the third quarter, the price of gold consolidated at a subdued level. In the middle of July, the price of gold witnessed a new round of corrections on the international market. At end-September, the morning spot fixing price of gold on the London Gold Market slumped to USD1,216.5 per ounce, a decline of 7.5 percent from the end of June. The price of gold on the domestic market also fluctuated at a subdued level due to the impact of the international market. In the third quarter, the highest price of gold on the Shanghai Gold Exchange (AU9999) was RMB266.89 yuan per gram, and the lowest price of gold was RMB239.03 yuan per gram. At end-September, the price of gold closed at RMB241.24 yuan per gram, down 7.87 percent from the end of June.

II. Institutional building in the financial market

1. Improving institutional arrangements in the securities market

The trading rules for the pilot Shanghai Hong Kong Stock Connect Scheme were further clarified. On September 26, the Shanghai Stock Exchange issued the *SSE Measures for the Pilot Program of the Shanghai Hong Kong Stock Exchange Connect Mechanism* (PHSECM), defining the basic models and relevant requirements for the pilot program, including margin trading, the investor suitability requirement, measures to deal with abnormal trading, and so forth, so as to lay a solid foundation to regulate the pilot program.

Regulatory measures for private equity funds were released. On August 21, the CSRC issued the *Provisional Administrative Rules for Private Equity Funds*. The *Administrative Rules* clarify the full-coverage registration and filing system and the qualified investor system for private equity funds, regulate the fund-raising and operations of private equity funds, and display the policy intentions of the differentiated industrial self-discipline and regulation so as to promote the sound development of various kinds of private equity funds and the construction of a multi-tiered capital market system.

Efforts were made to promote innovation and development in the futures industry. On September 16, the CSRC issued the *Opinions on Further Promoting Innovation and Development of Futures Companies*. The *Opinions* clarify the development objectives for the futures industry and the supporting policy measures for the next stage based on eight points, i.e., increasing the competitiveness of the futures companies, relaxing market access of the industry when appropriate, gradually promoting the opening-up of the futures companies, strengthening investor protection, and so forth, so as to promote innovation and development of the futures industry and to enhance its role in the development of the real economy, structural adjustments, and upgrading.

2. Improving institutional arrangements in the insurance market

The top-design of the insurance industry was strengthened. On August 10, the State

Council issued *Several Opinions on Accelerating the Development of Modern Insurance Services*. The *Opinions* propose improvements to the insurance financial compensation mechanism, strengthening the core function of risk management and increasing the allocation efficiency of insurance funds so as to build a competitive, innovative, and vibrant modern insurance service industry. It is projected in the Opinions that by 2020 the insurance penetration (the insurance premiums as a percentage of GDP) will be 5 percent, and the insurance density (the ratio of the insurance premiums to the total population) will be RMB3,500 yuan per person.

Self-regulation of the insurance industry was promoted. On September 4, the China Insurance Asset Management Association was established in Beijing. The Association will act as a bridge between the insurance regulatory authority and the insurance market, promoting rapid and healthy development of insurance asset management, strengthening industry self-regulation, and preventing risks. The specific functions of the Association include: to promote the development of insurance asset management; to provide product registration, custody, and trading services; to encourage innovation, and to promote the market-oriented transformation of insurance asset management; to conduct market monitoring and to signal risks to members; and to maintain market order, develop self-regulatory conventions, and regulate member behavior.

3. Steadily promoting innovation and development of the gold market and the foreign exchange market

On September 18, 2014, the international gold board was launched in the China (Shanghai) Pilot Free Trade Zone by the Shanghai Gold Exchange as a step to further promote the opening-up of the domestic gold market.

Efforts were made to develop the foreign exchange market and to improve the market-based RMB exchange-rate regime. First, limitations on the margin of banks' quotations of RMB/USD buying and selling rates to clients were lifted and banks can now price their quotation rates independently. As a result, the remaining limitations on the banks' quotation rates to clients were all lifted so as to further improve the RMB exchange-rate regime. Second, self-regulation of the foreign exchange market was advanced. The *Guidelines on the Code of Conduct and Conventions in the Inter-bank Foreign Exchange Market* were issued to foster a fair and competitive market order and to promote a new foreign exchange administrative framework based on industrial self-regulation and supplemented by government regulation and supervision.

PART 4 Macroeconomic Analysis

I. Global economic and financial developments

In the third quarter of 2014, the momentum of the world economic recovery further diverged. The U.S. economy steadily recovered, with improved conditions in the labor market. Growth in the euro area was weak, and there were tremendous downward pressures on inflation. In Japan, the economic situation was not stable, thus the Bank of Japan faced difficulties in achieving the inflation targets. The performance of the emerging market economies diverged, and some countries experienced a large volume of capital outflows.

1. Economic development in the major economies

The economic recovery in the U.S. was generally steady. The annualized GDP growth in the third quarter posted 3.5 percent. Though lower than the second quarter growth of 4.6 percent, it still beat market expectations. Corporate activity was high and the Purchasing Manager Index (PMI) averaged 57.6 for the third quarter, much higher than the threshold of 50. The labor market improved, with the unemployment rate dropping to 5.9 percent and the problem of the idle labor force gradually being addressed. Consumer confidence was strengthened. The University of Michigan's Consumer Sentiment Index climbed to 86.9 in October, hitting a new high since August 2007. Inflation remained at a low level, with the September CPI growing by 1.7 percent year on year. The fiscal deficit declined considerably. The federal budget deficit posted USD486 billion in the 2014 fiscal year (as of end-September), representing a year-on-year decrease of USD195 billion. However, according to the sectoral GDP data in the third quarter, the growth of commercial investments, housing, and consumer expenditures was lower than that in the second quarter, indicating a moderation in domestic demand.

The economy in the euro area posted weak growth. The annualized GDP growth in the second quarter was merely 0.1 percent. The unemployment rate remained at a high level, registering 11.5 percent in September. The manufacturing industry was sluggish, and the PMI stood at 50.3 in September, representing a new low during the past 14 months. Downward pressures on inflation mounted. In October, the Harmonized Index of Consumer Prices (HICP) grew by 0.4 percent year on year. Though it was higher than the September figure of 0.3 percent, core inflation (excluding energy and food prices) unexpectedly dropped to 0.7 percent, implying that the weakness in energy and food prices might spread to the other sectors of the economy.

Affected by the hike in the consumption tax rate, the Japanese economy suffered a setback. The quarter-on-quarter annualized GDP growth posted -7.1 percent, representing a new low since the first quarter of 2009. In September, the trade deficit (not seasonally adjusted) reached 960.6 billion yen, marking the 27th successive

Table 10 Macroeconomic and Financial Indices in the Major Economies

Country	Index	2013 Q3			2013 Q4			2014 Q1			2014 Q2			2014 Q3		
		Jul.	Aug.	Sept.	Oct.	Nov.	Dec.	Jan.	Feb.	Mar.	Apr.	May	Jun.	Jul.	Aug.	Sept.
United States	Real GDP growth rate (annualized quarterly rate, YOY, %)	4.5			3.5			-2.1			4.6			3.5 (advance estimate)		
	Unemployment rate (%)	7.3	7.2	7.2	7.2	7.0	6.7	6.6	6.7	6.7	6.3	6.3	6.1	6.2	6.1	5.9
	CPI (YOY, %)	2.0	1.5	1.2	1.0	1.2	1.5	1.6	1.1	1.5	2.0	2.1	2.1	2.0	1.7	1.7
	DJ industrial average(closing number)	15,500	14,810	15,130	15,546	16,086	16,577	15,699	16,322	16,458	16,581	16,717	16,827	16,563	17,098	17,043
Euro Area	Real GDP growth rate (annualized quarterly rate, YOY, %)	0.5			1.2			0.9			0.1					
	Unemployment rate (%)	12.0	12.0	12.0	11.9	11.9	11.8	11.8	11.7	11.7	11.6	11.6	11.5	11.5	11.5	11.5
	HICP (YOY, %)	1.6	1.3	1.1	0.7	0.9	0.8	0.8	0.7	0.5	0.7	0.5	0.5	0.4	0.4	0.3
	EURO STOXX 50(closing number)	2,699	2,670	2,776	2,878	2,901	2,919	2,853	2,968	2,916	2,978	3,033	3,014	2,979	3,044	3,067
Japan	Real GDP growth rate (annualized quarterly rate, YOY, %)	1.8			0.5			6.0			-7.1					
	Unemployment rate (%)	3.9	4.1	4.0	4.0	3.9	3.7	3.7	3.6	3.6	3.6	3.5	3.7	3.8	3.5	3.6
	Core CPI (YOY, %)	0.7	0.8	0.7	0.9	1.2	1.3	1.3	1.3	1.3	3.2	3.4	3.3	3.3	3.1	3.0
	Nikkei 225 (closing number)	13,668	13,389	14,456	14,328	15,662	16,291	14,915	14,841	14,828	14,304	14,632	15,162	15,621	15,425	16,174

Source: Statistical Bureaus and Central Banks of the Relevant Economies.

month of a trade deficit. Deflation conditions eased. In September, the core CPI grew by 3.0 percent year on year, or by 1 percent after adjusting for the hike in the consumption tax rate. The PMI in the manufacturing and service sectors rebounded modestly. The PMI in the manufacturing sector rose to 52.2 in August and fell to 51.7 in September. The PMI in the service sector rose from 46.4 in April to 52.5 in September.

Recovery in the emerging market economies diverged. Growth in the emerging market economies in Asia moderated slightly, but remained at a relatively high level. Due to geopolitical risks, slowing growth of external demand, fluctuations in commodity prices, and structural factors, some CIS and Latin American countries faced increasing downward pressures on their economies. Capital flows into the emerging market economies slowed down. According to estimates of the International Institute of Finance (IIF), net capital inflows into the stock and bond markets of the emerging market economies posted USD12 billion and USD18 billion in August and September respectively, much lower than the monthly average of USD37 billion between May and July.

2. Developments in the global financial markets

The U.S. financial market performed well, and the European market was generally stable. Supported by the additional monetary easing measures, the Japanese stock market rallied. Performance of the financial markets in the emerging market economies was generally stable, and stock indices rose modestly.

The US dollar appreciated, and most of the major currencies depreciated against the US dollar by a relatively large margin. On September 30, the exchange rate of the USD/EUR closed at 1.26 dollar per euro, a depreciation of 7.7 percent from end-June. The exchange rate of the GBP/USD and the JPY/USD closed at 1.62 dollar per pound and 109.64 yen per dollar respectively, representing a depreciation of 5.2 percent and 7.6 percent respectively from end-June. At the same time, most of the emerging market currencies depreciated. Among them, the Russian ruble, the Brazilian real, the Chilean peso, and the South African rand depreciated by 14.2 percent, 10.4 percent, 7.6 percent, and 6.1 percent respectively.

The USD Libor edged up, whereas the euro Euribor declined markedly. Driven by the expectation of monetary policy normalization by the U.S. Federal Reserve, the 1-year dollar Libor posted 0.5786 percent at end-September, an increase of 3.4 basis points from end-June. After the interest rate cut by the ECB, the Euribor declined markedly. At end-September, the 1-year Euribor registered 0.338 percent, a decrease of 15 basis points from end-June.

Government bond yields in the major developed economies dropped. At end-September, the 10-year government bond yields in the U.S. and Japan closed at 2.51 percent and 0.53 percent respectively, down by 1 and 4 basis points respectively compared with end-June. The yield of 10-year government bonds in Germany closed at 0.95 percent, down 31 basis points from the end of June.

The stock indices in the major advanced economies and most emerging market economies rallied. At end-September, the Dow Jones Industrial Average Index and the STOXX50 Index closed at 17,043 and 3,067 points respectively, up by 1.3 percent and 1.8 percent respectively from end-June; the Nikkei 225 Index closed at 16,174 points, up by 6.7 percent from end-June, and it rose further by 1.5 percent after the Bank of Japan announced an additional easing of its monetary policy. Stock markets in most emerging market economies went up. In the third quarter, Argentina's MERV Index surged by 59.1 percent, and both Indonesia's Jakarta Composite Index and the Mexican MXX Index rose by 5.3 percent.

3. Monetary policies in the major economies

The monetary policies in the major advanced economies diverged further. The Federal Reserve is steadily normalizing the stance of its monetary policy. After the regular meetings in July and September respectively it announced it would make further measured reduction in the pace of its asset purchases, i.e. by USD10 billion. In its October meeting, it decided to conclude its asset-purchase program this month. In addition, in the statement released after the October meeting, the FOMC used, for the first time, such optimistic expressions as "the under-utilization of labor resources is gradually diminishing" and "the likelihood of long-term inflation remaining at 2 percent of less has diminished somewhat since early this year." The European Central Bank (ECB) further relaxed its monetary policies. In September, the ECB announced it would lower the interest rates on the main refinancing operations (MROs), the marginal lending facility, and the deposit facility by 10 basis points respectively to 0.05, 0.3, and -0.2 percent, and from the fourth quarter of 2014 it would launch a two-year asset-purchase plan to buy asset-backed securities (ABS) and covered bonds. The Bank of England (BOE) maintained its policy rate of 0.5 percent and the scale of its asset purchases at 375 billion pounds. In a surprise move, the Bank of Japan expanded the scale of its quantitative and qualitative easing monetary policy. On October 31 it stated that it will conduct monetary operations so that the monetary base will increase at an annual pace of about 80 trillion yen (an addition of about 10 trillion~20 trillion yen compared with the past), purchase Japanese government bonds (JGB) so that their amount outstanding will increase at an annual pace of about 80 trillion yen (an addition of about 30 trillion yen compared with the past), extend the average remaining maturity of JGB purchases to about 7 to 10 years (an extension of a maximum of about 3 years compared with the past), and increase the purchase of exchange-trade funds (ETFs) and Japan real estate investment trusts (J-REITs) by a large margin.

The monetary policies in the emerging market economies have diverged as well. Under inflationary and currency depreciation pressures, some emerging economies increased their policy rates. On July 10, the Bank Negara Malaysia raised its benchmark rate by 25 basis points to 3.25 percent, the first rate hike in three years. On July 16, the National Bank of Ukraine raised its policy rate from 9.5 percent to 12.5 percent. On July 17, the South African Reserve Bank raised the policy rate by 25 basis points to 5.75 percent. The Central Bank of the Philippines raised the overnight lending rate on two occasions, on July 31 and September 11 respectively, by a total amount of 50 basis points to 4 percent. The Central Bank of Russia raised the benchmark rate by 50 basis points to 8 percent on July 25, and again by 150 basis points to 9.5 percent on October 31, 50 basis points higher than market expectations. In order to boost economic growth, some emerging market economies relaxed their monetary policies. The Central Bank of Chile lowered the policy rate on three occasions, i.e., on July 15, August 14, and September 11 respectively, by a total amount of 75 basis points to 3.25 percent. On July 18, the Central Bank of the Republic of Turkey lowered the 1-week repo rate by 50 basis points to 8.25 percent. On July 22, the National Bank of Hungary decided to lower the policy rate by 20 basis points to a record low of 2.10 percent. The Bank of Korea lowered its benchmark rate by 25 basis points to 2.25 percent on August 14, and by another 25 basis points to 2 percent on October 15. On August 5, the Reserve Bank of India reduced the statutory liquidity ratio (SLR) of scheduled commercial banks by 50 basis points to 22 percent.

In addition, some emerging market economies intervened in the foreign exchange market. In response to depreciation pressures, the Central Bank of Brazil strengthened foreign exchange market intervention, announcing on September 24 it would increase the daily auction of US dollar foreign exchange swap contracts by USD750 million. Affected by the sanctions and the downward movements of international oil prices, the Russian ruble lost 21 percent against the US dollar between early July and late October, the largest decline among all currencies in the world. To ease the ruble's downward trend, the Central Bank of Russia intervened in the foreign exchange market on a massive scale, selling approximately USD29.3 billion in October. In the meantime, it enlarged the floating band of the ruble against US dollar and stated that a free-floating exchange-rate system would be adopted in 2015 as planned.

4. The world economic outlook and the major risks

Overall, the global economy continues to recover slowly. However, structural problems and uncertain factors still exist and may pose the following risks to the global economy:

First, there are still uncertainties in the economic growth and monetary policy outlook in the U.S. The Federal Reserve (FED) provided an optimistic assessment of the employment and inflation situations, but it has retained the forward guidance of maintaining low policy rates for a considerable time, indicating its cautious attitude towards raising interest rates. More recently, market investors began to worry more about the slowdown in the global economy that could increase the external risks to the U.S. economy. The FED is also concerned about the downward pressures on domestic prices as a result of the appreciation of the US dollar. If the key economic data of the U.S. experiences ups and downs and market expectations sway regarding the timing of interest rate hike by the FED, volatility in the international financial market may increase.

Second, the euro zone still faces considerable downward and deflation risks. Though sovereign credit risk has eased, the euro zone have to address longer-term and structural problems, such as the slowing economic growth in Germany and France, the weakening credit demand in the real economy, and the deleveraging in the banking sector. The ECB has implemented a negative rate policy and has increased the volume of asset purchases, but it faces constraints, such as capital outflows caused by the depreciation of the euro, the lack of depth in the debt instruments, and the credit risks of the SMEs. It is still uncertain whether the ECB balance sheet can be expanded to the anticipated level and whether credit can be effectively increased to the real economy. It will not be an easy task for the euro zone to change the current situation of sluggish growth and high unemployment.

Third, the Japanese economy is facing downward pressures, with the outlook for inflation remaining unclear. Japan has not completely eliminated the impact of the consumption tax hike in April, and faces challenges resulting from the approaching time window for the next decision-making on the consumption tax reform. Rather than effectively boosting exports, the depreciation of the yen raised the costs of imports for enterprises. The recent policy to further monetary easing has caused large devaluation of yen, raising concerns both at home and abroad that it will be difficult for the central bank, with an excessively large balance sheet, to make an orderly exit in the future. Given the protracted structural problems, including high level of government debt, the aging population, the weak financing demand in the real economy, and the slow progress in structural adjustments, dependence on the strong stimulus of easing monetary policies may not be a sustainable option in the long run.

Fourth, some emerging market economies face short-term downside risks. Domestically, in response to the global financial crisis, some emerging market economies have taken unconventional measures to spur the economy, leading to rapid credit expansions and higher leveraging. Internally, there is a lack of endogenous drivers to support economic growth. Externally, uncertainties in the diverging monetary policy of major advanced economies and investor concerns about the outlook of emerging markets may have negative impacts on exchange rates, financial markets, and capital flows in some of the emerging markets.

Moreover, geopolitical risks and other factors have aggravated market uncertainties. The tensions between Russia and Ukraine, the mutual sanctions between Russia on the one hand, the U.S. and European countries, on the other, and the potential panic in the spread of the Ebola epidemic might take its toll on market confidence and have adverse effects on trade and financing activities.

II. Analysis of China's macroeconomic performance

The Chinese economy continued to perform within a reasonable range. Consumption registered stable growth, and exports and imports improved quarter by quarter. Investment and price levels grew at a more moderate pace, while structural adjustments made accelerated progress. In the first three quarters of 2014, China's Gross Domestic Product (GDP) stood at RMB42.0 trillion yuan, increasing by 7.4 percent year on year. Specifically GDP grew by 7.4 percent, 7.5 percent, and 7.3 percent year on year respectively in the first, second, and third quarters, and by 1.5 percent, 2.0 percent, and 1.9 percent quarter on quarter. The Consumer Price Index (CPI) rose 2.1 percent year on year. The trade surplus posted USD231.6 billion.

1. Consumption registered stable growth, and exports and imports improved quarter by quarter

The income of urban and rural residents continued to rise. In general, consumption growth was stable, while online and other new types of consumption registered more rapid growth. In the first three quarters of 2014, the per capita disposable income of urban residents stood at RMB22,044 yuan, increasing by 9.3 percent year on year in nominal terms and 6.9 percent in real terms. The per capita cash income of rural residents posted RMB8,527 yuan, growing by 11.8 percent in nominal terms and 9.7 percent in real terms. As indicated by the third quarter Urban Depositors' Survey conducted by the People's Bank of China, the current income sentiment of urban residents registered 49.2 percent, which was 0.9 percentage point higher than that in the previous quarter. Consumption sentiment remained basically stable, with residents inclined to consume more accounting for 18 percent, which was 0.4 percentage point lower than that in the second quarter. Sentiment for automobile purchases for the next three months registered 16.7 percent, increasing by 0.8 percentage point quarter on quarter. Sentiment for buying big-ticket items (electronic appliances, furniture, high-order goods, etc.) posted 26.4 percent, rising by 1.6 percentage points compared with the previous quarter. In the first three quarters, retail sales of consumer goods totaled RMB18.9 trillion yuan, up 12.0 percent year on year in nominal terms and 10.8 percent in real terms. Specifically, retail sales of consumer goods in urban areas was RMB16.3 trillion yuan, increasing by 11.9 percent, while retail sales of consumer goods in rural areas stood at RMB2.6 trillion yuan, growing by 13 percent year on year. Online retail sales in China registered RMB1.8 trillion yuan, up by 49.9 percent year on year.

Growth of fixed-asset investments slowed down. In the first three quarters, fixed-asset investments (excluding by rural residents) reached RMB35.8 trillion yuan, growing by 16.1 percent in nominal terms and 15.3 percent in real terms, which was 1.2 percentage points slower than growth during the first half of the year. Broken down by industries, investment in the primary, secondary, and tertiary industries registered rapid, basically stable, and slower growth respectively, with year-on-year growth rates of 27.7 percent, 13.7 percent, and 17.4 percent. Planned investments for on-going construction projects totaled RMB85.5 trillion yuan, up by 12.5 percent year on year, while planned investments for new projects rose 14.4 percent, reaching RMB30.4 trillion yuan.

Imports and exports rebounded quarter by quarter. In the first three quarters of this year, imports and exports totaled USD3.2 trillion, up 3.3 percent year on year, an acceleration of 2.1 percentage points from the first two quarters. In RMB terms, exports and imports totaled RMB19.4 trillion yuan in the first three quarters, increasing by 1.8 percent year on year. Among this total, exports declined by 6.1 percent in the first quarter, but rebounded by 3.4 percent and 12.8 percent respectively in the second and third quarters. Imports dropped by 1.2 percent in the first quarter, while they remained flat and grew by 0.9 percent respectively in the second and third quarters. As a result of the plummet in the price of commodities in international markets, imports of energy and resources grew in volume but declined in value. In the first three quarters, the average import price of iron ore, crude oil, soybeans, and copper declined by 17.9 percent, 1.4 percent, 4.6 percent, and 6.3 percent respectively, while the volume of imports grew by 16.5 percent, 8.3 percent, 15.3 percent, and 10.5 percent respectively. The trade structure continued to improve. In the first three quarters, general trade grew in a stable manner while processing trade increased slightly. Foreign trade in the central and western regions maintained a robust momentum of growth. In the first three quarters of 2014, actually utilized foreign direct investments declined by 1.4 percent year on year to USD87.36 billion; domestic investors invested in 4,475 overseas enterprises in 152 countries and regions, and cumulative non-financial outbound direct investments rose 21.6 percent to reach USD74.96 billion.

Box 4 Regional Economic Development in China

As China has a vast territory, the different regions vary in terms of their economic development. Since the 1980s, the CPC Central Committee and the State Council have launched development strategies targeting the different regions, namely strategies for prioritized development in the eastern coastal region, development of the western region, revitalization of the old industrial base in the northeastern region and a rising strategy in the central region. In terms of gross output, the gaps among the different regions have been narrowing in the recent decade. Economic growth in the eastern region has remained relatively stable, accounting for more than one-half of gross output, but its share has been on the decline; the central and western regions registered faster growth, accounting for a larger share of national output, reaching more than 40 percent by end

Figure 3 Growth and Shares of Gross Production in the Various Regions

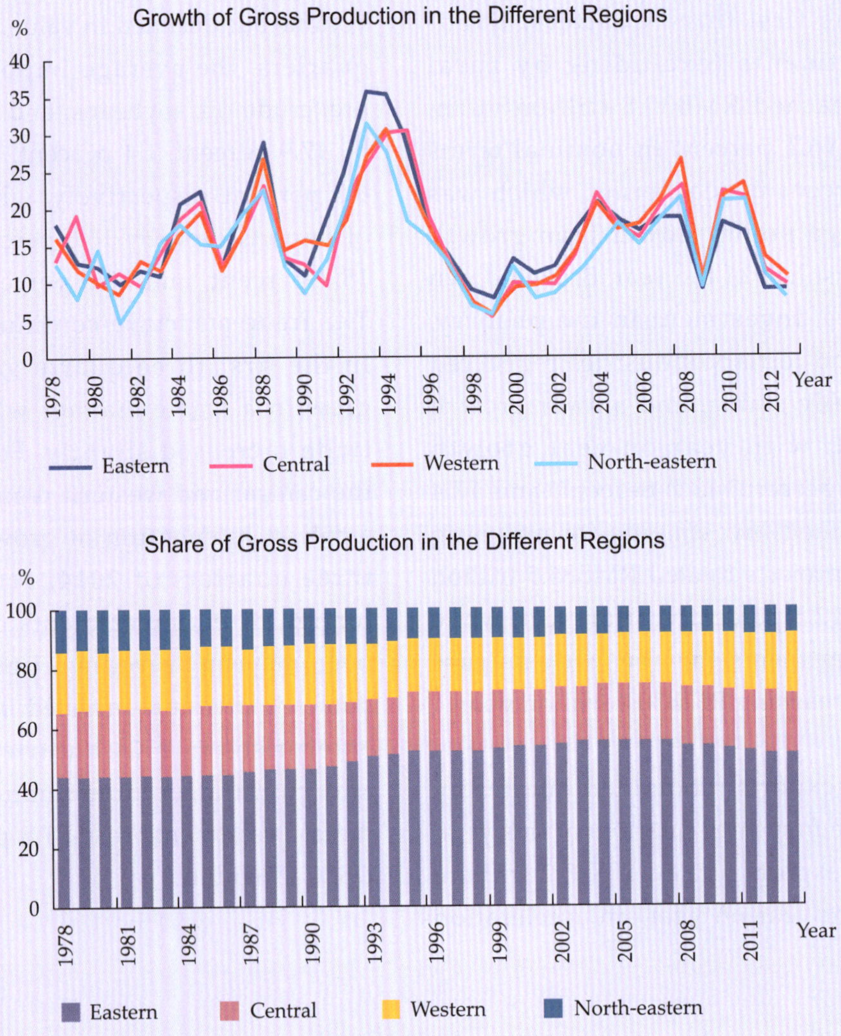

Source: CEIC, the PBC staff calculations.

of 2013; output in the northeastern region was relatively small, with the growth rate and its share of GDP both decline by a small margin (see Figure 3).β convergence and σ convergence study based on data from the different provinces reveals that economic growth in the different regions has converged in recent years, indicating more balanced development.

As the forerunner in development, the eastern region is more resilient and thus has been playing a leading role in restructuring. In the 1980s and 1990s, the eastern region grew rapidly, driven by high investment. In addition, the eastern region was the first to begin a structural transformation, with the growth of investment, particularly investment in secondary industry, much lower than that of the other regions since 2004. In addition, the share of secondary industry registered a steady decline, while tertiary industry posted faster growth to reach 47 percent by the end of 2013, exceeding the share of secondary industry for the first time in history. The economy in the eastern region is more market-based and more resilient. Though negatively impacted by this round of the global financial crisis as a result of its high degree of openness, the eastern region pursued adjustment policies ahead of the other regions by shifting away from processing and compensation trade and labor-intensive industries, and by promoting rapid development of the service industry and the hi-tech industry. The various economic indicators were stable. From 2008 to 2013, the coefficient of variation (a measure of dispersion, which is defined as the ratio of the standard deviation to the mean of a data series) in the value and growth of fixed-asset investments in the eastern region was significantly lower than that in the other regions; final consumption of the household sector in the eastern region accounted for more than 50 percent of the total and remained stable; the structure of foreign trade improved, with the share of general trade increasing while that of processing trade declining in the recent two years in a number of provinces. In the process of eliminating overcapacity, developing the emerging industries, and reallocating resources, the eastern region could be exposed to considerable economic and financial risks, which should be viewed from a long-term perspective in a rational manner.

Tapping on their latecomer advantage, the central and western regions were the destination of the industrial relocation from the eastern region and picked up their pace of development. Since 2004, investment growth in the central and western regions has been higher than that in the eastern region, and the share of secondary industry in gross output has registered stable growth, reaching about 50 percent by the end of 2013 (see Figure 4). With greater growth potential and less exposure to the shock of the global financial crisis, and benefiting from the stimulus measures designed to mitigate the impact of the crisis, the central and western regions witnessed faster growth than the national average in terms of the major economic indicators. As the recipients of processing trade and labor-intensive industries transferred from the eastern region due to lower costs, the central and western regions surpassed the eastern region in terms of growth of imports and exports. However, the central and western regions rely on an extensive investment-driven growth model. More easily affected by

Figure 4 Shares of Investment in Secondary Industry in the Various Regions

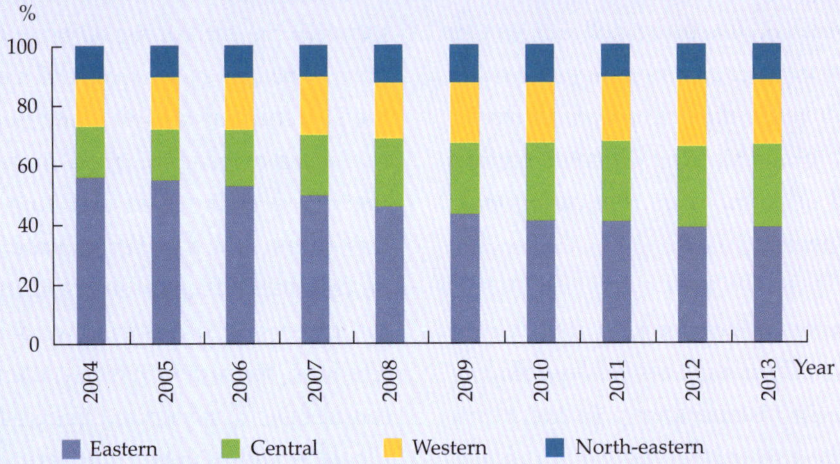

Source: CEIC, the PBC staff calculations.

government policies, the economic indicators in the western region reveal more fluctuations. There remains much to be done in order to improve the growth pattern in the western region.

The northeastern region maintained its strength in agricultural production, but it had difficulties in promoting structural adjustments and it suffered from weaker performance of the major economic indicators. At the end of 2013, the weighted average fixed-asset investments in the northeastern region decreased by approximately 19 percentage points from that in 2006 and remained in a negative range since the beginning of 2014. Meanwhile, export growth was not satisfactory and remained in a negative range since the beginning of 2014. Compared with the central and western regions, per capita income in the northeastern region was higher and the income gap between urban and rural residents was narrower, contributing to the maintenance of stable consumption growth.

Looking at development trends in China over the past decade and more, the adjustment of the industrial structure has been a dynamic process whereby industries have been moving to regions that have a comparative advantage for development, and the gap between the different regions has been narrowing. According to industry relocation theory, such a relocation from developed to developing regions promotes the development of the entire economy. The economies of the different regions in China are complementary and there is large space for inter-regional relocation, indicating a great growth potential for the national economy. However, when shifting to a higher gear of development, the eastern, central, and western regions have all relied heavily on investment and have developed in a way that imposes greater pressures on resources and on the environment. A resource-efficient and environmentally friendly growth model should be adopted to enhance both the quality and quantity of development. At present, China's structural adjustment has reached a critical stage in which the focus should be on adjusting the economic structure, promoting reform, and upgrading the growth model to further release the reform dividend and the development potential. In this process, the various regions should deepen cooperation based on their comparative advantages and local circumstances so as to promote balanced and sustainable development of the Chinese economy.

2. Agricultural production was in good shape, and performance of the industrial sector was stable

The value-added growth of the tertiary industry outpaced that of the secondary industry. The value-added of the tertiary industry during the first three quarters of the year posted RMB3.8 trillion yuan, RMB18.6 trillion yuan. and RMB19.6 trillion yuan respectively, up 4.2 percent, 7.4 percent, and 7.9 percent respectively year on year. The value-added of the three industries accounted for 9.0 percent, 44.2 percent, and 46.7 percent of total GDP respectively, with the share of the tertiary industry rising by 1.2 percentage points from the same period of the last year, and 2.5 percentage points higher than that of the secondary industry.

Agricultural output was in good shape, supported by a bumper harvest of summer grain. Total output of summer grain rose 3.6 percent year on year to 137 million tons. In addition, a big crop is expected this autumn. In the first three quarters of this year, combined output of pork, beef, mutton, and poultry increased by 2.0 percent year on year to 59.75 million tons, among which pork production climbed up by 3.3 percent to reach 39.72 million tons.

Industrial production remained stable. In the first three quarters of 2014, the value-added of statistically large enterprises, if calculated at comparable prices, grew by 8.5 percent year on year but decelerated by 0.3 percentage point compared with the first half of the year; specifically, it grew 8.0 percent in September, an acceleration of 1.1 percentage points from August. The sales ratio of products of industrial enterprises was 97.7 percent, increasing by 0.2 percentage point from the first half of the year. In the first three quarters of 2014, statistically large enterprises realized total profits of RMB4.4 trillion yuan, up 7.9 percent year on year. Among the 41 industrial sectors, 33 saw year-on-year growth in profits. Specifically, the manufacturing of computers, communications and other electronic equipments, the production and supply of electricity and heat industry, manufacturing in the automobile industry, and the manufacturing in the electric machinery and equipment industry were the top gainers, growing by 27.5 percent, 21.3 percent, 21.0 percent, and 19.6 percent respectively. Though facing headwinds, enterprises managed to expand trade and enhance their profitability. According to the PBC Survey of 5,000 Industrial Enterprises in the third quarter, the business climate index was 54.9 percent, down 0.5

percentage point from the previous quarter; the profit index edged up by 0.9 percentage point quarter on quarter to 55 percent; the export order index stood at 49.9 percent, up 0.2 percentage point from the previous quarter.

3. Overall price levels remained stable

The growth of consumer prices moderated. In the third quarter, the CPI rose 2.0 percent year on year but narrowed by 0.2 percentage point from the previous quarter. The CPI in July, August, and September climbed by 2.3 percent, 2.0 percent, and 1.6 percent respectively. Both food and non-food items saw smaller price increases. In particular, food prices rose by 3.0 percent year on year, which was 0.4 percentage point less than the increase in the previous quarter and it accounted for about 1.0 percentage point of CPI growth; the price of non-food items increased by 1.5 percent year on year, which was 0.1 percentage point less than the increase in the previous quarter and it accounted for about 1.0 percentage point in the CPI growth. Prices of consumer goods and services experienced moderated growth. The price of consumer goods edged up by 1.8 percent year on year, easing by 0.2 percentage point from the previous quarter; the price of services picked up by 2.4 percent year on year, decelerating by 0.3 percentage point compared with the second quarter.

Producer prices continued to tumble. The year-on-year producer price indices dropped by 0.9 percent, 1.2 percent, and 1.8 percent respectively in July, August and September respectively, averaging 1.3 percent. The average monthly decrease in the third quarter was 0.2 percentage point less than that in the second quarter. Of these, the price of capital goods decreased by 1.8 percent year on year, narrowing by 0.2 percentage point compared with the decline during the previous quarter. The price of consumer goods ticked up by 0.2 percent year on year, accelerating by 0.1 percentage point from the previous quarter. In the third quarter, producer purchasing prices declined by 1.5 percent year on year, moderating by 0.4 percentage point from the previous quarter. The corporate goods price index (CGPI) fell again, down by 1.6 percent year on year and flat with the second quarter. Specifically, the prices of primary commodities slumped and the prices of investment goods fell more than the prices of consumer goods. In the third quarter, the prices of major agricultural products went up by 0.3 percent year on year, which was the same level as that in the previous quarter. The price index of agricultural capital goods decreased by 0.8 percent year on year, but the decline slowed by 0.3 percentage point from the previous quarter.

As a result of the overall slide in commodity prices in international markets, the slump in imported prices expanded further. In the third quarter, the average price of Brent crude oil futures on the Intercontinental Exchange dropped by 5.7 percent quarter on quarter, in contrast with a quarter-on-quarter increase of 1.7 percent in the last quarter. From July to September, import prices dropped by 2.0 percent, 2.0 percent, and 1.0 percent year on year respectively, averaging -1.7 percent, and the average monthly decline expanded by 0.6 percentage point from the last quarter. Export prices grew by -0.8 percent, 0.5 percent, and 2.1 percent year on year respectively in July, August, and September, averaging 0.6 percent, compared with the -0.2 percent year-on-year growth in the previous quarter.

The GDP deflator remained stable. In the first three quarters, the GDP deflator (the ratio of nominal GDP to real GDP) was 1.0 percent, down by 0.6 percentage point from the same period of the last year and the same as that in the first half of the year.

The price reform continued. In a notice released on July 10, the NDRC decided to liberalize four service fees for construction projects that are not invested or commissioned by the government, i.e. fees for preliminary work consulting, engineering survey and design, tender agents, and project supervision of construction projects. These prices will be market-determined. On September 1, the NDRC and the relevant government ministries jointly released a notice on adjusting the surcharges on the emission of flue gas and wastewater. All provinces (regions and municipalities) are required to raise the surcharge on flue gas to above RMB1.2 yuan per pollution equivalent and the surcharge on wastewater emissions to more than RMB1.4 yuan per pollutant before June 30 2015. On October 9, the Ministry of Finance and the relevant agencies announced that an ad valorem coal resource tax would enter into effect on December 1, 2014 on a nationwide basis, while coal-related funds and charges would be cleaned up.

4. The growth of fiscal revenue and expenditures picked up

In the first three quarters of 2014, fiscal revenue posted RMB10.6 trillion yuan, up 8.1 percent year on year, which was 0.5 percentage point less than that during the same period of 2013. Fiscal expenditures reached RMB10.4 trillion yuan, up 13.2 percent year on year, an acceleration of 4.4 percentage points from those during the same period of 2013. Total revenue was RMB272.23 billion yuan more than expenditures, which was RMB413.44 billion yuan less than that during the same period of 2013.

In terms of the structure of fiscal revenue, non-tax revenue registered RMB1.6 trillion yuan, up 12.1 percent year on year, and tax revenue registered RMB9.1 trillion yuan, up 7.4 percent year on year. In terms of the various tax categories, revenue from the domestic value-added tax, the domestic consumption tax, the business tax, the corporate income tax, the value-added tax on imported goods and the excise tax, and the personal income tax rose by 7.5 percent, 6.3 percent, 1.4 percent, 8.1 percent, 6.9 percent, and 12.4 percent respectively. As for the structure of fiscal expenditures, fiscal expenditures for purchases and reserves of grain, affordable housing, and transportation grew relatively rapidly, increasing by 26.5 percent, 22.2 percent, and 21.4 percent respectively.

5. The employment situation was generally stable

In the first three quarters, the newly-employed in the urban areas reached 10.82 million, which was 160,000 more year on year. At the end of the third quarter, the registered unemployment rate in the urban areas posted 4.07 percent. In the third quarter, a statistical analysis by the China Human Resources Market Information Monitoring Center on market demand and supply information regarding public employment service agencies in 102 cities revealed that the overall labor supply and demand was in balance. The ratio of job seekers to job vacancies was 1.09, down 0.02 from the previous quarter and up 0.01 from the same period of the last year. Broken down by industry, demand in sectors such as public management and social organizations, education, finance, and international organizations increased compared with the second quarter, while demand in sectors such as leasing and business services, wholesale and retail trade, services to households and other services, construction and hotels and catering services decreased from the previous quarter. In terms of job seekers, there was a slight increase in the number of fresh college graduates. But the number of job seekers who were not able to find employment upon graduation, job seekers who were out of a job, and local rural residents declined. Market demand for professionals with medium or high skill levels and expertise continued to grow rapidly.

6. International payments and expenditures were generally balanced

Preliminary statistics indicated a current account surplus of USD162 billion, a capital and financial account deficit of USD14.1 billion, and growth of USD148.1 billion in reserve assets in the first three quarters of 2014. As for the third quarter alone, the current account registered a surplus of USD81.5 billion, the capital and financial account saw a deficit of USD81.6billion, and reserve assets decreased by USD430 million.

The total external debt continued to grow. As of end-June 2014, the outstanding external debt posted USD907.2 billion, up 17.5 percent year on year. Among this total, the stock of the registered outstanding external debt posted USD579 billion, an increase of 25.2 percent year on year and accounting for 63.8 percent of the total; the outstanding short-term external debt posted USD715.9 billion, an increase of 19.6 percent year on year and accounting for 78.9 percent of the total.

7. Sectoral analysis

(1) The real estate sector

Nationwide turnover of commercial real estate continued to decline and more cities reported lower real estate prices. The growth of investment in real estate development slowed down, while growth in loans in the real estate sector moderated.

More cities reported lower real estate prices, but some saw smaller declines in prices. In September, the prices of newly-built commercial residential housing dropped in 69 out of 70 large- and medium-sized cities nationwide, 14 more cities than in June, and 8 cities reported a slower pace in price decline drop compared with that in June.

The prices of newly-built commercial residential housing fell year on year in 58 cities, representing an increase of 57 from June. All the cities reported a month-on-month decrease in the prices of pre-owned residential housing. Though 18 more cities reported such a decline than in June, 2 saw smaller fall in prices. Compared with the last year, the prices of pre-owned residential housing declined in 52 cities, compared with 8 cities in June.

Sales of commercial real estate continued to fall. In the first three quarters, the floor area of sold commercial real estate nationwide posted 770 million square meters, down 8.6 percent year on year, which was 2.6 percentage points more than the decline in the first half of the year. The sales value of commercial real estate declined 8.9 percent year on year to RMB4.9 trillion yuan, which was 2.2 percentage points more than the decline during the first half of the year. Among the total, the sold floor area and the sales value of commercial residential housing accounted for 87.7 percent and 82.3 percent respectively of the total sold floor area and the turnover in commercial real estate.

The growth of investment in real estate development decelerated. In the first three quarters of this year, nationwide investment in real estate development totaled RMB6.9 trillion yuan, up 12.5 percent year on year, a deceleration of 1.6 percentage points compared with the first half of the year. In particular, investment in residential housing posted RMB4.7 trillion yuan, registering year-on-year growth of 11.3 percent and accounting for 68 percent of total investment in real estate development. The floor area of newly started real estate projects declined 9.3 percent year on year to 1.31 billion square meters; the margin of the decline was 7.1 percentage points less than that in the first half of the year. The floor area of real estate projects under construction grew 11.5 percent year on year to 6.73 billion square meters, up 11.5 percent year on year, and the growth rate was 0.2 percentage point higher than that in the first half of the year. The floor area of completed real estate projects posted 570 million square meters, representing year-on-year growth of 7.2 percent, and the growth rate was down 0.9 percentage point from the first half of the year.

The growth in real estate loans slowed down. As of end-September, outstanding real estate loans of major financial institutions (including foreign-funded financial institutions) stood at RMB16.7 trillion yuan, up 18.2 percent year on year and down 1.0 percentage point from end-June. Outstanding real estate loans accounted for 21 percent of the total outstanding loans, which was 0.2 percentage point higher than that at the end of June 2014. In particular, outstanding mortgage loans rose 17.6 percent year on year to RMB10.2 trillion yuan, a deceleration of 0.9 percentage point from end-June; outstanding housing development loans gained 24.5 percent year on year to RMB3.2 trillion yuan, a deceleration of 2.4 percentage points from end-June; outstanding land development loans rose 12.7 percent year on year to RMB1.2 trillion yuan, an acceleration of 3 percentage points from end-June. In the first three quarters, new real estate loans registered RMB2,112.7 billion yuan, accounting for 27.5 percent of all types of new loans and accelerating by 0.7 percentage point from the first half of the year.

More credit support was provided for the construction of welfare housing. At end-September 2014, outstanding loans for welfare housing development posted RMB1,044 billion yuan, up 52.1 percent year on year, which was 32.1 percentage points higher than the growth of housing development loans. In the first three quarters, new welfare housing development loans posted RMB314.9 billion yuan, accounting for 48.5 percent of the total new real estate development loans. In addition, the pilot program of using housing provident fund loans to support the construction of affordable housing proceeded steadily. At end-September, 331 welfare housing projects in 79 cities passed loan approvals and received RMB70.9 billion yuan in loan disbursements based on the construction progress, and RMB27.3 billion yuan of the principal was repaid.

(2) Equipment manufacturing sector

The equipment manufacturing sector refers to all industries that provide technologies and equipment for the development of various economic sectors and national security. As the foundation of economic development, especially industrial development, equipment manufacturing is closely connected with other sectors, creates many jobs, and requires intensive technology and capital. It is a guarantee for industrial upgrading and technological advances and is a reflection of national comprehensive strength.

Against the background of stable economic development, deepening structural reform, and an accelerating transformation in the development pattern over the past several years, equipment manufacturing has prospered in China and has formed a sizable industrial system with various industrial categories and a high technical level. In 2013, China's equipment manufacturing realized a total output value of RMB20 trillion yuan, accounting for more than one-third of the global total and ranking first in the world. In the first half of 2014, the value-added of statistically large equipment manufacturing enterprises increased 11.2 percent year on year, up 2 percentage points from the same period of the last year. Total profits of these enterprises surged by 20.3 percent, up 8.9 percentage points from the same period of the last year. The operating margin of the main businesses stood at 6.9 percent, up 0.6 percentage point year on year. Furthermore, sunrise industries in this category made significant breakthroughs. Industries such as advanced rail transportation equipment, aerospace vehicles and equipment, intelligent manufacturing goods, marine equipment, new-energy vehicles and robots boomed and made great progress in terms of original design and core technologies.

However, China's equipment manufacturing industries, especially the high-end ones, were stuck in the situation of being big but not strong and they failed to turn around the tide. Major problems include: first, being the keys for the survival and development of equipment manufacturing, basic machinery parts, basic manufacturing techniques, and basic materials industries still lack a capability for independent innovation, reflected in weak technical skills, the absence of a generic technology research system, and insufficient research in basic and generic technologies; second, the industrial system is not sound and complete, reflected in an overcapacity in medium- and low-end products and an insufficient capacity in high-end products, homogeneous competition, lack of competitive international conglomerates, and few enterprises with expertise and specialty and renowned brands; third, the quality of growth is low. The rate of the current industrial value-added of China's equipment manufacturing is about 26 percent, which is 6 to 8 percentage points lower than the average in the advanced countries.

China is at a critical stage in its structural adjustment and transformation of the growth pattern. We should take advantage of the favorable conditions, seize the strategic opportunity of adjustments in the division of labor in the global economy, and facilitate the shift from Made in China to Created in China. The market should play a decisive role in allocating resources. Fiscal incentives and policy support should be provided to guide private capital and talent to become involved in industrial innovation. Efforts should be made to encourage enterprises, universities, and research institutions to collaborate more closely and to increase input in research and development so as to realize breakthroughs in core technologies.

PART 5 Monetary Policy Stance to be Adopted in the Next Stage

I. Outlook for the Chinese economy

The global economy is undergoing a profound rebalancing after the global financial crisis and this process has not yet been completed. The Chinese economy is changing gears and undergoing structural adjustments while at the same time the effects of the stimulus policy adopted during the previous period are still being absorbed. Thus it is necessary to observe and analyze the performance of the economy based on the trends in economic development and in the context of the new normal. In the short term, the adjustment of the real estate market, the treatment of environmental pollution, and the moderated growth in the manufacturing sector will have some impact on the growth of the economy. However, in the medium to long run, with progress in urbanization and transformation of the growth pattern, the Chinese economy is expected to achieve more sustainable and higher-quality growth. Given the size of the economy and of the domestic market and the risk resilience of the economy, there is plenty of room for coordinated progress in the new type of industrialization, the application of information technology, and urbanization, and modernization of the agricultural sector, and the economy is quite resilient. While investment in infrastructure, real estate, and other sectors has slowed, mobile Internet, electronic information, network marketing, and other new areas have gathered pace, and fixed-asset investments in information technology, technology services, and leasing and business services have maintained relatively high growth of about 40 percent. The service industry has seen continuous rapid growth. Economic performance has displayed the typical features of structural adjustments. In terms of the macroeconomic policy, economic growth will be supported by continued innovation, improvements and accumulation of experience in macroeconomic management, a focus on targeted adjustments, accuracy in the direction and intensity of the adjustment measures within the range of the management framework, as well as a combination of short-term demand management and the adoption of a series of policy measures to promote reform, adjust the economic structure, and improve people's welfare. As the service industry has a strong capacity to create jobs, and demographic changes are leading to a reduction in the working population, the employment elasticity of economic growth has increased. As a result, the employment situation has been relatively stable, and household income has maintained rapid growth. As indicated by the Urban Depositors' Survey conducted by the People's Bank of China in the third quarter, both the current income sentiment index and the future income sentiment index of urban residents went up by 0.9 percentage point from that of the previous quarter, the current employment sentiment index went up by 0.6 percentage point, and the future employment expectation index went up by 0.4 percentage point. In terms of the external environment, the momentum of the world economic recovery has further diverged. However, the global economy is still on the track of a mild recovery, and the external environment is generally stable.

However, the Chinese economy still faces many challenges and risks. Although the economic situation has been complicated and volatile in recent years, some old problems and conflicts remain. The endogenous growth drivers are yet to be strengthened, the high dependence of growth on indebtedness and investment is more prominent, and the resource and environmental constraints have grown more serious. While the structural adjustments are progressing, downward pressures and potential risk exposures may grow in certain periods. Energy-intensive industries may become more prominent in some localities as a result of the pursuit of high growth. In an environment of lax financial discipline and structural imbalances, the role of monetary policy and its transmission channels may be affected. Therefore, we need to take into account and tackle an increasing number of problems. On the one hand, efforts should be made to promote stable performance of the economy, and, on the other hand, we should avoid excessively loose policy measures to perpetuate the structural imbalances and increase inflation and indebtedness. From a global perspective, the macroeconomic policies of the major economies have diverged. As the pace of adjustment of U.S. monetary policy accelerates, international capital flows and capital costs may be affected. These will add to the challenges of macroeconomic management and its implementation. In general, in view of the complicated domestic and external situations, structural adjustments and the transformation of economic growth pattern are more urgent. We should properly manage and coordinate the priorities in the structural adjustments and the short-term demand management policy. It is necessary to maintain an aggregate balance and also to focus on structural optimization. We need to make plans to foster new growth points from a strategic development perspective and to address deep-rooted economic problems by deepening reform, promoting innovation and development, and further stimulating economic vitality and competiveness.

The hike in consumer prices moderated and the price situation was generally stable. Currently, the external environment is relatively stable, while the domestic economic adjustments have a new momentum. The excess capacity in some industries is acute. In particular, due to the increased supply and strengthening of the US dollar, commodity prices in the international market continued to fall. These factors have depressed the hike in the price levels in China. According to the Urban Depositor's Survey conducted by the PBC in the third quarter, the household current price satisfaction index went up by 1.9 percentage points from the last quarter. However, due to supply-side changes, potential upward pressures in labor and service prices, and other factors, prices are generally very sensitive to changes in aggregate demand. It should also be noted that after the rapid rise in prices in earlier periods, the absolute level of prices is not low and the domestic prices of many goods are higher than those in foreign countries. Households still have strong feelings about prices and price expectations are not quite stable. The Urban Depositor's Survey in the third quarter indicated that households expected that the price index would continue to rise. Going forward, trends in price movements need to be closely watched.

II. Monetary policy during the next stage

The PBC will follow the strategic arrangements of the Party Central Committee and the State Council, follow the requirements of seeking progress while maintaining stability, promoting reform and innovation, and maintaining stable macroeconomic policies while adopting flexible micro policies, strike a balance among preserving growth, promoting reform, adjusting the economic structure, improving people's welfare, and preventing risks, continue the sound monetary policy, maintain policy stability and continuity, and continue the stance of keeping aggregates at stable levels and optimizing the structure. We will remain focused on the objectives of macroeconomic management, take initiatives as called for, conduct fine-tunings and preemptive adjustments when necessary in response to developments in the fundamentals, and make adjustment measures more flexible, targeted, and effective, in order to provide a stable monetary and financial environment for structural adjustments, transformation, and the upgrading of the economic structure, and to promote sustainable economic development. Moreover, the reform measures will be integrated with the macroeconomic management policies so that monetary policy will work closely with the reform measures to further tap into the decisive role of the market in resource allocations. In view of the financial deepening and innovation in the financial markets, the conduct of monetary policy will be improved, including its transmission. Supplies will be increased and competition will be enhanced to improve the quality of financial services, the efficiency of the financial sector, and the capacity of the financial sector to provide services to the real sector.

First of all, a combination of quantitative, price, and other monetary policy instruments will be used, the macro-prudential policy framework will be improved, and the combination of policy measures will be diversified and optimized to keep liquidity at a reasonable volume and to realize the proper growth of money, credit, and all-system financing aggregates. In view of the changes in the economic and financial situations and the impact of financial innovation on liquidity in the banking system, a mix of instruments, including open market operations, will be used flexibly, and the central bank collateral management framework will be improved to properly manage aggregate liquidity and to maintain a stable money market. Moreover, commercial banks will be guided to enhance liquidity and asset and liability management, to make good arrangements for liquidity at various time-points, to properly manage asset and liability aggregates and the term structure, and to improve the quality of liquidity risk management. The macro-prudential policy will continue to play a counter-cyclical adjustment role. The various parameters of the macro-prudential policy framework will be adjusted when necessary based on changes in economic performance, the soundness of the financial institutions, and implementation of the credit policy to guide financial institutions to support development of the real sector in a more targeted way.

Second, the stock of credit assets will be revitalized and the use of new loans will be optimized to support the structural adjustments, transformation, and upgrading of the economy. Measures will be taken to optimize the direction and structure of the provision of liquidity, properly implement the targeted reduction in the deposit reserve requirement ratio, tap the role of credit policy in supporting central bank lending and the central bank discount policy, and guide financial institutions to optimize the credit structure. Measures will be taken to encourage financial institutions to make innovations in their organizational structure, institutional arrangements, and product and service models, and to support the economies of scale in agricultural activities and the development of new types of agricultural entities. The effects of credit guidance assessments will be improved to better mobilize the stock of credit assets and to channel a larger share of new loans to small and micro enterprises. The role of the financial sector will be enhanced to provide better financial services and to promote the reform and development of the railway, shipbuilding, and other key industries. In addition, there will be enhanced support to science and technology, culture, information consumption, the strategic emerging industries, and other key areas in the national economy. Implementation of the credit policy will be continuously improved to beef up financial services and to provide support for poverty alleviation, job creation, students in need, ethnic minorities, rural migrant workers, college graduates who become village officials, and other welfare-enhancing areas. Reasonable demands for funds will be satisfied from ongoing and follow-up projects and welfare projects. Lending to high energy-consuming and highly polluting industries and industries burdened with an overcapacity will be strictly controlled to promote the removal of excess capacity. A green credit mechanism will be established and improved to provide better financial services for energy conservation, a circular economy, reduction in air pollution, and so forth, and to enhance credit support for technological upgrading in relevant fields. A differentiated housing mortgage policy will be implemented to support the building of welfare housing and common commercial housing with small and medium floor area plans and reasonable home purchase for households, and to contain the demand for speculative purchases. Development finance will continue to play a role in the reconstruction of shanty towns. A number of measures will be taken to reduce the costs of financing in the entire economy, such as maintaining the reasonable growth of money and credit, improving the corporate governance of banks, cleaning up the unreasonable financial service charges, improving a multi-tier capital market, increasing the supply of financial services, deepening reform and structural adjustments, and so forth.

Third, the market-based interest-rate reform and the RMB exchange-rate regime reform will be deepened to improve efficiency in the allocation of financial resources and to improve the monetary policy framework. The self-regulatory market interest-rate pricing mechanism will be improved to build the independent pricing capacity of financial institutions. The issuance and trading of inter-bank certificates of deposit will be promoted and we will explore issuing certificates of deposit to corporate and individual customers and to gradually increase the range of liability products for market pricing. Efforts will be made to develop the Shibor and Loan Prime Rate to build a fairly complete market interest-rate system. The central bank interest-rate adjustment framework will be improved to strengthen price-based adjustments and the transmission mechanism. The RMB exchange-rate regime will be further improved to allow market demand and supply to play a greater role, to enhance two-way flexibility of the RMB exchange rate, and to keep the exchange rate basically stable at an adaptive and equilibrium level. Development of the foreign exchange market will be accelerated to adhere to the principle of financials serving the real economy, and to provide exchange-rate risk management services to importers and exporters based on actual demand. Measures will be taken to support the use of RMB in cross-border trade and investment activities, and more channels will be made available for the inflow and outflow of RMB funds. Direct trading of the RMB against other currencies will be promoted to provide better services for RMB settlements of cross-border trade activities. The impact of the changing international situation on capital flows will be carefully watched and effective monitoring of cross-border capital movements will be strengthened.

Fourth, there will be continued efforts to improve the system of financial markets, to support the role of financial markets in preserving stable economic growth, supporting economic structural adjustments and transformation, deepening reform and opening up, and preventing financial risks. The financial infrastructure and the institutional arrangements will be strengthened to provide a more efficient investment and financing market for economic structural adjustments and upgrading. Market innovations will be encouraged to diversify the products and layers in the bond market and to better meet investor demands. The market-making mechanism will be improved to enhance liquidity in the bond market and to lay a solid foundation for an effective yield curve. Market participants will be diversified, the diversity of financial markets, financial products, the investor base, and financing intermediaries will be further promoted, and risk-sharing and market-discipline mechanisms will be strengthened. We will implement measures to promote direct financing and the development of a multi-tier capital market. Market supervision and the role of the corporate debenture bond joint ministerial coordination mechanism will be enhanced, while regulatory coordination will be strengthened to regulate the transaction behavior of market participants, to prevent financial risks, and to promote the efficient operation and sound development of the financial markets.

Fifth, the reform of financial institutions

will be deepened to improve financial services by increasing supply and enhancing competition. The reform of large commercial banks and other large financial institutions will be furthered so as to continue to improve corporate governance, build effective mechanisms for decision making, execution, and checks and balances, and to translate the principle of corporate governance into daily operations and risk control behavior. The pilot reform program of the Rural Finance Business Division of the Agricultural Bank of China will be advanced to explore a sustainable model for market-based financial services to the agricultural sector, rural areas, and farmers, and to customers in the counties. The reform of the Export-Import Bank of China and the Agricultural Development Bank of China will be accelerated by better defining their policy functions, requiring separate book-keeping and management of policy-based business and proprietary business, establishing a sound regulatory capital requirement mechanism, and improving the governance structure and the fiscal and financial support policy for the purpose of creating a favorable policy environment and developing policy financial institutions with Chinese characteristics that operate on a sustainable basis to provide good services to support economic development. The reform of the China Development Bank will be deepened to further tap the role of development finance in priority areas and the weak links in the economy and at critical periods. The shift to market-based operations of asset management companies will be further promoted. Under the precondition of stronger supervision, the development of various kinds of financial institutions, financial service organizations, and intermediary agencies will be encouraged to build a financial eco-environment for fair competition with participation by all kinds of market participants. The standards and rules for internet finance will be further improved to level the playing field, to enhance industry self-regulation, to build the capacity for risk management, to safeguard the rights and interests of investors, and to promote the sound development of Internet finance.

Sixth, effective measures will be adopted to mitigate systemic financial risks and to preserve stability in the financial system. Macro-prudential regulation will be enhanced to guide financial institutions to operate on a sound basis and to encourage them to strengthen liquidity, internal controls, and risk management. While supporting financial innovations, monitoring and prevention of potential risks in the wealth management and inter-bank business will be enhanced. Continued monitoring of local government debt and of the debt service capacity will be strengthened to manage and prevent risks, and we will explore using market mechanisms to address the problem of local government indebtedness. The systemic financial risk early-warning and assessment mechanism will be improved, and monitoring and analysis of local government financing vehicles, shadow banking businesses, and mutual guarantees and joint peer guarantees of enterprises will be enhanced to identify potential risks on a continual basis and to urge financial institutions to draft response plans for various scenarios. The Financial

Regulatory Coordination Joint Ministerial Conference will play a role in enhancing risk monitoring and in regulatory coordination of cross-sector and cross-market products, in coordinating development of various financial markets and instruments, and in establishing a system of comprehensive financial statistics and an information-sharing mechanism. Efforts will be made to accelerate the establishment of a deposit insurance regime and to improve the market exit mechanism for financial institutions. A comprehensive set of measures will be taken to preserve financial stability and to safeguard the bottom line in preventing systemic and regional financial risks.

附录一 2014年第三季度中国货币政策大事记

7月1日，为进一步完善人民币汇率市场化形成机制，中国人民银行发布《关于银行间外汇市场交易汇价和银行挂牌汇价管理有关事项的通知》（银发[2014]188号）。

7月2日，中国人民银行货币政策委员会召开2014年第二季度例会。

7月3日，中国人民银行与韩国银行签署了在首尔建立人民币清算安排的合作备忘录。

7月15日，中国人民银行向全国人大财经委员会汇报2014年上半年货币政策执行情况。

7月18日，中国人民银行与阿根廷中央银行续签了双边本币互换协议，互换规模为700亿元人民币/900亿阿根廷比索，有效期三年，经双方同意可以展期。

7月21日，中国人民银行与瑞士国家银行签署了双边本币互换协议，互换规模为1 500亿元人民币/210亿瑞士法郎，有效期三年，经双方同意可以展期。

8月1日，发布《2014年第二季度中国货币政策执行报告》。

8月21日，中国人民银行与蒙古银行续签了双边本币互换协议，互换规模扩大为150亿元人民币/4.5万亿蒙古图格里克，有效期三年，经双方同意可以展期。

8月27日，为贯彻落实国务院常务会议关于“加大支农、支小再贷款和再贴现力度”的要求，提高金融服务“三农”等国民经济薄弱环节的能力，中国人民银行对部分分支行增加支农再贷款额度200亿元，引导农村金融机构扩大涉农信贷投放，促进降低“三农”融资成本。

9月，中国人民银行创设中期借贷便利（Medium-term Lending Facility，MLF），对符合宏观审慎管理要求的金融机构提供中期基础货币，中期借贷便利利率发挥中期政策利率的作用，促进降低社会融资成本。

9月16日，中国人民银行与斯里兰卡中央银行签署了双边本币互换协议，互换规模为100亿元人民币/2 250亿斯里兰卡卢比，有效期三年，经双方同意可以展期。

9月28日，为促进贸易投资便利化，中国人民银行办公厅发布《关于境外机构在境内发行人民币债务融资工具跨境人民币结算有关事宜的通知》（银办发[2014]221号）。

9月29日，为促进中国与欧元区成员国之间的双边贸易和投资，便利人民币和欧元在贸易投资结算中的使用，满足经济主体降低汇兑成本的需要，经人民银行授权，中国外汇交易中心宣布在银行间外汇市场完善人民币对欧元的交易方式，开展人民币对欧元直接交易。

9月30日，中国人民银行货币政策委员会召开2014年第三季度例会。

9月30日，为进一步改进对保障性安居工程建设的金融服务，继续支持居民家庭合理的住房消费，促进房地产市场持续健康发展，中国人民银行和银监会联合发布《关于进一步做好住房金融服务工作的通知》（银发[2014]287号）。

Appendix 1 Highlights of China's Monetary Policy in the Third Quarter of 2014

On July 1, the PBC issued the *Notice on Trading Prices in the Inter-bank Foreign Exchange Market and the Banks' Exchange Rate Quotations* (PBC Document [2014] No.188) to further improve the market-based RMB exchange-rate regime.

On July 2, the Monetary Policy Committee of the PBC convened its second regular quarterly meeting in 2014.

On July 3, the PBC and the Bank of Korea signed a Memorandum of Understanding in Seoul on establishing RMB clearing arrangements.

On July 15, the PBC reported to the Finance and Economy Committee of the National People's Congress on the conduct of monetary policy in the first half of 2014.

On July 18, the PBC and the Central Bank of Argentina renewed the bilateral local currency swap agreement. The size of the swap facility is RMB70 billion yuan/90 Argentina pesos. The agreement is valid for three years and can be extended upon mutual consent.

On July 21, the PBC and the Swiss National Bank signed a bilateral local currency swap agreement. The size of the swap facility is RMB150 billion yuan/21 billion Swiss francs. The agreement is valid for three years and can be extended upon mutual consent.

On August 1, the *China Monetary Policy Report for Q2 2014* was released.

On August 21, the PBC and the Bank of Mongolia renewed a bilateral local currency swap agreement. The size of the swap facility is RMB15 billion yuan/4.5 trillion Mongolian tugrik. The agreement is valid for three years and can be extended upon mutual consent.

On August 27, in order to implement the decision adopted at the Executive Meeting of the State Council on increasing agro-supporting and small and micro enterprise supporting central bank lending and discounts, and to build the financial sector's capacity to provide services to the agricultural sector, rural areas, farmers, and other weak links in the economy, the PBC decided to increase the agro-supporting central bank lending quota of selected branch offices by RMB20 billion yuan to guide rural financial institutions to increase agro-lending and to reduce the financing costs for the agricultural sector, rural areas, and farmers.

In September, the PBC launched the Medium-term Lending Facility (MLF), which was designated to inject medium-term base money to financial institutions that have complied with the requirements of macro-prudential management. The interest rates of the MLF will serve as the medium-term policy rate, and the MLF is expected to play a role in reducing financing costs in the real sector.

On September 16, the PBC and the Central Bank of Sri Lanka signed a bilateral local currency swap agreement. The size of the swap facility is RMB10 billion yuan/LKR 225 billion. The agreement is valid for three years and can be extended upon mutual consent.

On September 28, the General Administration Department of the PBC released the *Notice on Cross-border RMB Settlement of Debt-financing Instruments Issued by Overseas Institutions in China* (PBC General Administration Department Document [2014] No.221) to promote trade and investment facilitation.

On September 29, with the authorization of the PBC, the China Foreign Exchange Trade System (CFETS) announced the launch of direct trading between the RMB and the euro on the inter-bank foreign exchange market. This will help strengthen bilateral economic and trade ties between China and the euro zone member states, facilitate the use of the RMB and the euro in bilateral trade and investment, and lower currency conversion costs for economic entities.

On September 30, the Monetary Policy Committee of the PBC convened its third regular quarterly meeting in 2014.

On September 30, the PBC and the CBRC jointly released the *Notice on Further Improving Financial Services for the Real Estate Sector* (PBC Document [2014] No. 287) in order to further improve financial services to government-subsidized housing projects, continue to support reasonable demands for home purchases by the household sector, and promote the sustainable development of the real estate market.

附录二　2014年第三季度主要经济体中央银行货币政策

一、美联储

美联储公开市场委员会（FOMC）在7月30日和9月17日例会后进一步缩减资产购买规模各100亿美元，自2014年10月起，抵押贷款支持证券和长期国债的每月购买规模分别降至50亿美元和100亿美元。同时，维持现有再投资政策，把所持机构债及机构抵押贷款支持证券（MBS）回笼的本金再投资于机构MBS，并将继续对到期国债进行展期操作。此外，FOMC在9月17日的声明中指出，如果劳动力市场持续改善、通胀走势符合长期目标，将在10月例会上结束资产购买计划。同时，FOMC继续将联邦基金利率维持在0～0.25%的目标区间，并重申在资产购买结束后的“相当长时间内”将利率维持在目前水平可能仍是合适的。

二、欧洲中央银行

欧洲中央银行在7月3日、8月7日两次例会后均宣布继续维持主要再融资利率、边际贷款便利利率和存款便利利率分别为0.15%、0.40%和-0.10%。9月4日例会后，欧央行进一步放宽货币政策，将主要再融资利率、边际贷款便利利率和存款便利利率分别调降10个基点至0.05%、0.30%和-0.20%，同时启动对非金融私人部门的资产购买计划，宣布自2014年10月起开始购买资产抵押证券（ABS）和担保债券（covered bond）。欧央行行长德拉吉9月4日表示，新措施的推出旨在改善货币政策传导机制、支持对实体经济的信贷供给，如果低通胀风险持续时间过长，欧央行理事会将在必要时进一步采取非常规措施。9月18日，欧央行启动定向长期再融资操作（TLTRO），首批规模为826亿欧元。

三、日本银行

日本银行7月15日、8月8日和9月4日例会均决定继续实施“量化和质化宽松货币政策”，将基础货币作为货币政策操作的目标，以每年60万亿～70万亿日元的速度增加基础货币，以期实现2%的通胀目标。日本银行表示，将继续购买政府债券（JGBs）、交易所交易基金（ETFs）和日本房地产投资信托基金（J-REITs），以保持其年增幅分别达到50万亿、1万亿和300亿日元；同时，将商业票据（CP）和公司债券的余额分别维持在2.2万亿和3.2万亿日元。

四、英格兰银行

英格兰银行在7月10日、8月7日和9月4日三次例会上均决定，继续维持0.5%的基准利率和3 750亿英镑的资产购买规模不变。

Appendix 2 Monetary Policies of the Central Banks of the Major Economies in the Third Quarter of 2014

I. U.S. Federal Reserve

The Federal Open Market Committee (FOMC) reduced the pace of asset purchases by USD10 billion respectively after each of its regular meeting on July 30 and September 17. Beginning in October 2014, the FOMC decided to scale back monthly purchases of mortgage-backed securities and long-term government bonds to USD5 billion and USD10 billion respectively. In the meantime, the FOMC maintained its existing policy of reinvesting principal payments from its holdings of agency debt and agency mortgage-backed securities and of rolling over maturing treasury securities at auctions. In addition, the FOMC pointed out that if incoming information broadly supported the Committee's expectations of ongoing improvements in labor market conditions and of inflation moving back toward its longer-run objective, the Committee would end its current program of asset purchases at its next meeting in October. In addition, the FOMC decided to keep the target range for the federal funds rate unchanged at 0 to 0.25 percent, and stated that it likely would be appropriate to maintain the current target range for the federal funds rate for a considerable time after the asset purchase program ends.

II. European Central Bank

At its two regular meetings on July 3 and August 7, the European Central Bank (ECB) announced that the interest rate on the main refinancing operations, the marginal interest rate on the lending facility, and the marginal interest rate on the deposit facility, would remain unchanged at 0.15 percent, 0.40 percent, and -0.10 percent respectively. The ECB further relaxed its monetary policies after its regular meeting on September 4, announcing it would lower the interest rate on the main refinancing operations, the marginal lending facility, and the deposit facility by 10 basis points respectively to 0.05 percent, 0.30 percent, and -0.20 percent, and it would launch an asset-purchase plan by starting to buy asset-backed securities (ABS) and covered bonds starting from October 2014. On September 4, President of the ECB, Mr. Draghi pointed out that the new measures aimed to improve the transmission mechanism of monetary policy and to support credit extensions to the real sector; and if the risk of low inflation persisted for too long, the Governing Council of the ECB would take further unconventional measures as necessary. On September 18, the ECB launched the Targeted Long-term Refinancing Operation (TLTRO), with an initial scale of 82.6 billion euros.

III. Bank of Japan

At its regular meetings on July 15, August 8, and September 4, the Bank of Japan (BOJ) decided to continue to implement a "quantitative and qualitative easing monetary policy," to use the monetary base as the operational target of monetary policy, and to increase the monetary base by 60 trillion to 70 trillion yen per year in order to achieve the inflation target of 2 percent within two years. In addition, the BOJ indicated that it would continue to purchase Japanese government bonds (JGBs), exchange-traded funds (ETFs), and Japan real estate investment trusts (J-REITs), with their amounts increasing at an annual pace of 50 trillion yen, 1 trillion yen, and 30 billion yen respectively, and it would maintain the outstanding amounts of commercial papers and corporate bonds at about 2.2 trillion yen and 3.2 trillion yen respectively.

IV. Bank of England

At its three regular meetings on July 10, August 7, and September 4, the Bank of England decided to maintain the benchmark rate at 0.5 percent and the size of the Asset Purchase Program at 375 billion pounds.

附录三 中国主要经济和金融指标

Appendix 3 China's Major Economic and Financial Indicators

一、经济增长与经济发展水平

1. Economic Growth

1978年以来中国经济增长与宏观经济政策

China's economic growth and macroeconomic policies since 1978

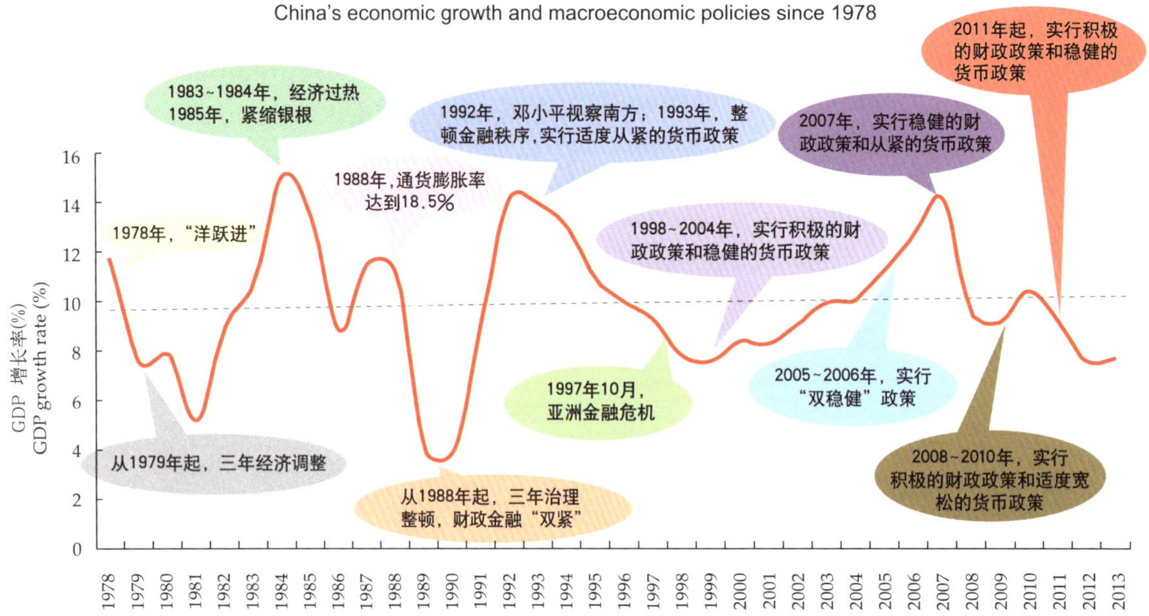

- "Great leap forward" in 1978
- 3-year economic adjustment between 1979 and 1981
- Over-heated economy between 1983 and 1984, tight monetary policy in 1985
- Inflation of 18.5% in 1988
- 3-year rectification from 1988 to 1991, "double tightening" of fiscal and monetary policy
- Deng Xiaoping's remarks on economic reform during his 1992 trip to South China, rectification of financial order and adoption of appropriately tight monetary policy in 1993
- Asian financial crisis of October 1997
- Proactive fiscal policy and sound monetary policy from 1998 to 2004
- "Double sound" fiscal and monetary policy in 2005 and 2006
- Sound fiscal policy and tight monetary policy in 2007
- Proactive financial policy and moderately loose monetary policy in 2008 to 2010
- Proactive financial policy and sound monetary policy since 2011

人均国内生产总值

Per capita GDP

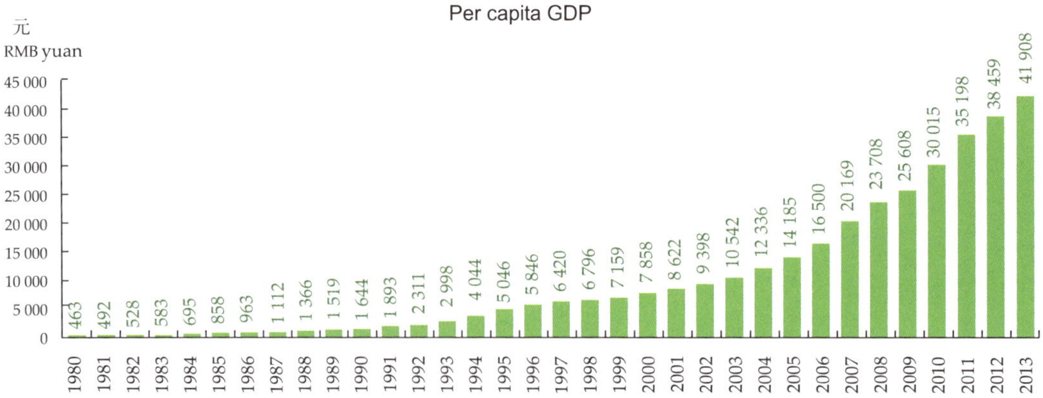

注：图中数据根据国家统计局最新数据修订。

Note: Data are revised by National Bureau of Statistics of China.

GDP总量：据世界银行按汇率折算法测算，2013年中国GDP总量为9.24万亿美元，占世界GDP总量74.90万亿美元的12.3%，位居第二，排在美国之后。根据《2014年世界发展指标》，按购买力平价法估算，2013年中国GDP总量为16.16万亿美元，占世界GDP总量101.89万亿美元的15.9%，位居第二，排在美国之后。

人均GDP：2013年，中国人均GDP为41 908元人民币，按年末汇率折算为6 874美元。

人均国民收入：据世界银行按汇率折算法测算，2013年世界人均国民收入为10 564美元，中国人均国民收入为6 560美元，位居世界213个经济体由高向低排列的第109位。按购买力平价法估算，2013年中国人均国民收入为11 850美元，相当于世界人均国民收入14 211美元的83.4%，位居世界213个经济体由高向低排列的第109位。

Gross Domestic Product (GDP): The World Bank estimated that the world total GDP and China's GDP in 2013 were USD74.90 trillion and USD9.24 trillion respectively based on Atlas methodology. Accounting for 12.3 percent of the world total, China's GDP ranked 2nd in the world after U.S.. The World Bank estimated that the world total GDP and China's GDP in 2013 were USD101.89 trillion and USD16.16 trillion respectively based on a PPP basis, according to the *World Development Indicators 2014*. Accounting for 15.9 percent of the world total, China's GDP ranked 2nd in the world, after the U.S..

GDP per capita: In 2013, China's GDP per capita reached RMB41,908 yuan, or USD6,874 based on the exchange rate at the end of 2013.

Gross National Income (GNI) per capita: The World Bank estimated that in 2013 the GNI per capita for the world as a whole was USD10,564 based on Atlas methodology. The GNI per capita in China was USD6,560, ranking 109th among 213 worldwide economies. In PPP terms, the GNI per capita in China in 2013 was USD11,850, equivalent to 83.4 percent of the world figure which was USD14,211, thus ranking 109th among the 213 worldwide economies.

2013年世界银行按汇率折算法测算的GDP总量前10名排序

Top ten economies in terms of GDP based on atlas methodology in 2013 (World Bank estimation)

排名 Rank	国家 Country		GDP(万亿美元) GDP (USD trillion)	占世界GDP总量的比重(%) As a percent of the world total (%)
1	美国	U.S.	16.80	22.4
2	**中国**	**China**	**9.24**	**12.3**
3	日本	Japan	4.90	6.5
4	德国	Germany	3.63	4.9
5	法国	France	2.73	3.7
6	英国	U.K.	2.52	3.4
7	巴西	Brazil	2.25	3.0
8	俄罗斯	Russia	2.10	2.8
9	意大利	Italy	2.07	2.8
10	印度	India	1.88	2.5
	世界	**World total**	74.90	100

2013年世界银行按购买力平价方法估算的GDP总量前10名排序

Top ten economies in terms of GDP based on PPP in 2013 (World Bank estimation)

排名 Rank	国家 Country		GDP(万亿美元) GDP (USD trillion)	占世界GDP总量的比重(%) As a percent of the world total (%)
1	美国	U.S.	16.80	16.5
2	**中国**	**China**	**16.16**	**15.9**
3	印度	India	6.77	6.6
4	日本	Japan	4.62	4.5
5	俄罗斯	Russia	3.49	3.4
6	德国	Germany	3.46	3.4
7	法国	France	3.01	3.0
8	巴西	Brazil	2.44	2.4
9	英国	U.K.	2.39	2.3
10	墨西哥	Mexico	2.32	2.3
	世界	**World total**	101.89	100

世界银行估算的2013年人均国民收入

National income per capita in 2013 (estimated by the World Bank)

单位：美元　Unit: USD

	世界平均 Global average	低收入国家 Low-income countries	中等收入国家 Middle-income countries	较低收入组 Lower-middle-income countries	较高收入组 Upper-middle-income countries	高收入国家 High-income countries
汇率折算法 On atlas methodology	10 564	664	4 721	2 068	7 540	39 312
购买力平价法 On a PPP basis	14 211	1 780	9 517	5 970	13 318	40 324

国内生产总值
Gross domestic product

年/季 Year /Quarter		国内生产总值 GDP		第一产业 Primary industry		第二产业 Secondary industry		第三产业 Tertiary industry	
		绝对值(亿元) Absolute value (RMB 100 million yuan)	增长(%) Growth(%)	绝对值(亿元) Absolute value (RMB 100 million yuan)	增长(%) Growth(%)	绝对值(亿元) Absolute value (RMB 100 million yuan)	增长(%) Growth(%)	绝对值(亿元) Absolute value (RMB 100 million yuan)	增长(%) Growth(%)
2007	I	53 058	13.0	3 654	4.4	26 465	14.6	22 940	12.7
	I～II	112 458	13.4	9 283	4.0	57 615	15.0	45 561	13.5
	I～III	174 428	13.4	17 937	4.3	86 405	14.8	70 086	14.0
	I～IV	257 306	13.0	28 627	3.7	124 799	14.7	103 880	13.8
2008	I	66 284	11.3	4 679	2.8	31 658	11.5	27 097	10.9
	I～II	140 478	11.0	11 697	3.4	70 543	11.3	53 596	10.7
	I～III	217 026	10.6	21 869	4.4	105 889	11.2	81 989	11.2
	I～IV	314 045	9.6	33 702	5.4	149 003	9.9	131 340	10.4
2009	I	69 817	6.6	4 627	3.5	32 658	5.8	32 531	7.9
	I～II	148 204	7.5	11 831	3.8	71 703	7.1	64 670	8.5
	I～III	231 303	8.2	22 142	4.0	109 101	8.1	100 060	9.3
	I～IV	340 903	9.1	35 226	4.2	157 639	9.9	148 038	9.3
2010	I	82 613	12.1	5 144	3.8	39 436	14.5	38 034	10.5
	I～II	174 879	11.2	13 379	3.6	86 261	13.3	75 239	9.9
	I～III	272 627	10.7	25 623	4.0	129 947	12.6	117 056	9.7
	I～IV	401 513	9.8	40 534	4.3	187 383	12.3	173 596	9.8
2011	I	97 480	9.8	5 952	3.3	46 944	10.8	44 584	9.7
	I～II	206 488	9.5	15 626	3.0	102 527	10.6	88 336	9.7
	I～III	322 345	9.2	30 196	3.6	154 552	10.6	137 596	9.5
	I～IV	473 104	8.9	47 486	4.3	220 413	10.3	205 205	9.4
2012	I	108 486	8.1	6 922	3.8	51 413	9.1	50 151	7.5
	I～II	228 035	7.8	17 471	4.3	110 864	8.3	99 700	7.8
	I～III	353 724	7.7	33 088	4.2	165 429	8.1	155 207	7.9
	I～IV	518 942	7.7	52 377	4.5	235 319	8.1	231 626	8.1
2013	I	118 855	7.7	7 427	3.4	54 569	7.8	56 859	8.3
	I～II	248 009	7.6	18 622	3.0	117 037	7.6	112 350	8.3
	I～III	386 762	7.8	35 669	3.4	175 118	7.8	175 975	8.4
	I～IV	568 845	7.7	56 957	4.0	249 684	7.8	262 204	8.3
2014	I	128 213	7.4	7 776	3.5	57 587	7.3	62 850	7.8
	I～II	269 044	7.4	19 812	3.9	123 871	7.4	125 361	8.0
	I～III	419 908	7.4	37 996	4.2	185 787	7.4	196 125	7.9

注：① 表中绝对数按当年价格计算，“比上年同期增长”按不变价格计算。
② 表中数据根据国家统计局最新数据修订。

Notes: 1. Absolute figures in this table are calculated at current prices, and the year-on-year growth rates are calculated at constant prices.
2. Data are revised by National Bureau of Statistics of China.

1978年以来GDP及其增长率
GDP and its annual growth rate since 1978

年 Year	GDP(万亿元) GDP(RMB trillion yuan)	GDP增长率(%) GDP growth rate(%)
1978	0.4	11.7
1979	0.4	7.6
1980	0.5	7.8
1981	0.5	5.3
1982	0.5	9.0
1983	0.6	10.9
1984	0.7	15.2
1985	0.9	13.5
1986	1.0	8.9
1987	1.2	11.6
1988	1.5	11.3
1989	1.7	4.1
1990	1.9	3.8
1991	2.2	9.2
1992	2.7	14.2
1993	3.5	14.0
1994	4.8	13.1
1995	6.1	10.9
1996	7.1	10.0
1997	7.9	9.3
1998	8.4	7.8
1999	9.0	7.6
2000	9.9	8.4
2001	11.0	8.3
2002	12.0	9.1
2003	13.6	10.0
2004	16.0	10.1
2005	18.3	10.4
2006	21.2	11.6
2007	25.7	13.0
2008	31.4	9.6
2009	34.1	9.2
2010	40.2	10.4
2011	47.3	9.3
2012	51.9	7.7
2013	56.9	7.7

注：表中数据根据国家统计局最新数据修订。
Note: Data are revised by National Bureau of Statistics of China.

GDP及其增长率
GDP and its annual growth rate

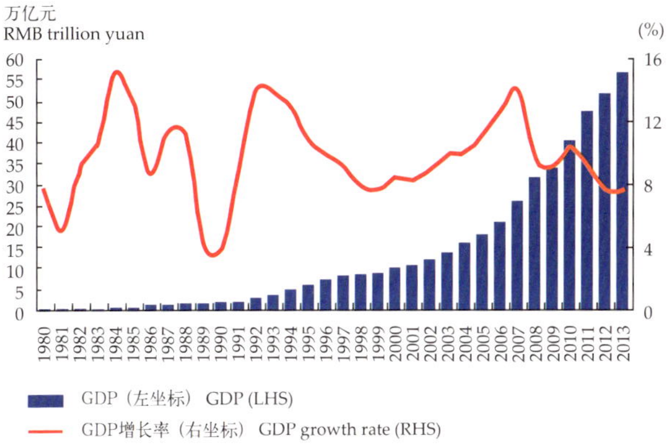

2007年以来GDP季度累计增长率
Quarterly accumulated GDP growth rates since 2007

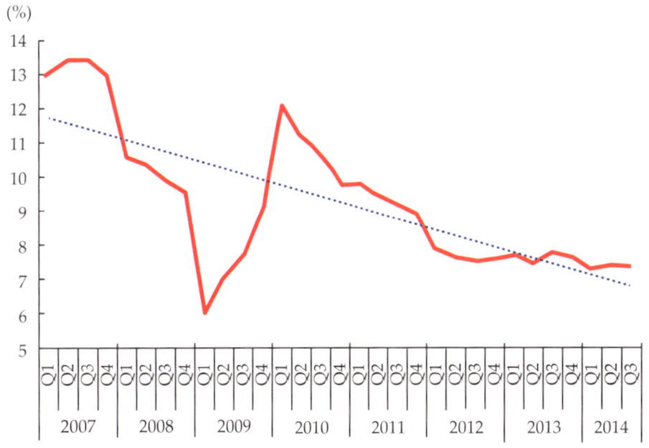

季度GDP三次产业所占的比重与增长率变化
Shares of industries in GDP and their growth rates on a quarterly basis

单位：% Unit: %

年/季 Year/Quarter	第一产业所占的比重 Share of primary industry	第二产业所占的比重 Share of secondary industry	第三产业所占的比重 Share of tertiary industry	第一产业同比累计增长 YOY accumulated growth of primary industry	第二产业同比累计增长 YOY accumulated growth of secondary industry	第三产业同比累计增长 YOY accumulated growth of tertiary industry
2008Q1	7.4	49.9	42.7	2.8	11.5	10.9
2008Q2	8.8	51.5	39.8	3.5	11.3	10.7
2008Q3	10.6	50.0	39.4	4.5	10.6	10.5
2008Q4	10.7	47.4	41.8	5.5	9.3	9.5
2009Q1	7.1	48.6	44.2	3.5	5.3	7.4
2009Q2	8.6	50.1	41.3	3.8	6.6	8.3
2009Q3	10.3	48.9	40.8	4.0	7.5	8.8
2009Q4	10.3	46.2	43.4	4.2	9.9	9.3
2010Q1	6.2	47.7	46.0	3.8	14.5	10.5
2010Q2	7.7	49.3	43.0	3.6	13.3	9.9
2010Q3	9.4	47.7	42.9	4.0	12.6	9.7
2010Q4	10.1	46.7	43.2	4.3	12.3	9.8
2011Q1	6.1	48.2	45.7	3.3	10.8	9.6
2011Q2	7.6	49.7	42.7	3.0	10.6	9.6
2011Q3	9.4	48.0	42.6	3.6	10.6	9.5
2011Q4	10.0	46.6	43.3	4.3	10.3	9.4
2012Q1	6.4	47.4	46.2	3.8	9.1	7.5
2012Q2	7.7	48.6	43.7	4.3	8.3	7.7
2012Q3	9.4	46.8	43.8	4.2	8.1	7.9
2012Q4	10.1	45.3	44.6	4.5	7.9	8.1
2013Q1	6.2	45.9	47.8	3.4	7.8	8.3
2013Q2	7.5	47.2	45.3	3.0	7.6	8.3
2013Q3	9.2	45.3	45.5	3.4	7.8	8.4
2013Q4	10.0	43.9	46.1	4.0	7.8	8.3
2014Q1	6.1	44.9	49.0	3.5	7.3	7.8
2014Q2	7.4	46.0	46.6	3.9	7.4	8.0
2014Q3	9.0	44.2	46.7	4.2	7.4	7.9

注：表中数据根据国家统计局最新数据修订。
Note: Data are revised by National Bureau of Statistics of China.

季度GDP三次产业所占的比重与增长率变化
Shares of industries in GDP and their growth rates on a quarterly basis

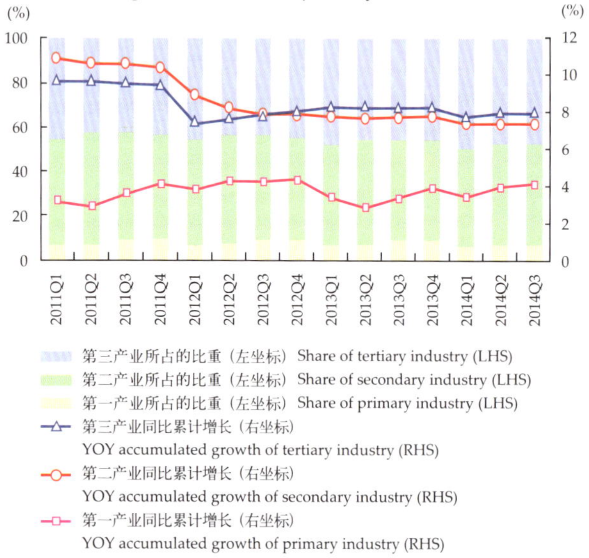

2003年以来年度GDP中三大产业比重
Shares of industries in GDP since 2003

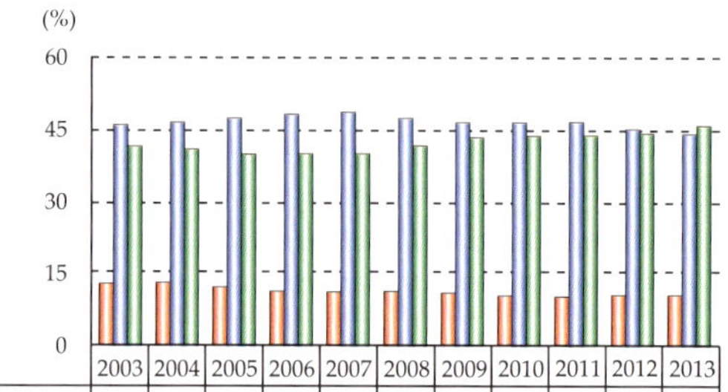

	2003	2004	2005	2006	2007	2008	2009	2010	2011	2012	2013
第一产业 Primary industry	12.6	13.1	12.2	11.1	11.1	10.7	10.3	10.1	10.0	10.1	10.0
第二产业 Secondary industry	46.0	46.2	47.7	47.9	48.5	47.4	46.2	46.7	46.6	45.3	43.9
第三产业 Tertiary industry	41.4	40.7	40.1	40.0	40.4	41.8	43.4	43.2	43.4	44.5	46.1

注：图中数据根据国家统计局最新数据修订。
Note: Data are revised by National Bureau of Statistics of China.

工业增加值增长速度
Growth rate of value added of industry

单位：%　Unit: %

年/月 Year/Month		工业增加值 Value added	采矿业 Mining	制造业 Manufacturing	电力、热力、燃气及水生产和供应业 Electricity, Gas & Water Production and Supply	国有及国有控股企业 State-owned and state-holding enterprises	集体企业 Collectively-owned enterprises	股份制企业 Joint-stock enterprises	外商及港澳台投资企业 Enterprises with foreign, HongKong, Macau, and Taiwan investment
比上年同期增长(%)　Year-on-year growth rate(%)									
2007		18.5				13.8	11.5	20.6	17.5
2008		12.9				9.1	8.1	15.0	9.9
2009		11.0				6.9	10.2	10.3	6.2
2010		15.7				13.7	9.4	16.8	14.5
2011		13.9				9.9	9.3	15.8	10.4
2012		10.0				6.4	7.1	11.8	6.3
2013	1	—				—	—	—	—
	2	—				—	—	—	—
	3	8.9				4.3	5.8	11.0	6.1
	4	9.3				4.3	5.7	10.9	7.4
	5	9.2				4.4	4.0	10.7	8.1
	6	8.9	5.8	9.6	6.6	6.3	1.7	10.5	7.8
	7	9.7	5.5	10.5	8.6	8.1	3.6	11.1	7.9
	8	10.4	5.8	10.9	12.5	9.5	2.9	11.7	8.7
	9	10.2	4.9	11.1	9.3	7.8	3.8	11.1	9.4
	10	10.3	4.3	11.4	7.6	8.4	5.4	11.1	9.6
	11	10.0	5.6	11.0	6.9	9.1	2.4	11.1	9.5
	12	9.7	5.4	10.7	6.0	8.3	3.4	10.8	8.9
2014	1	—	—	—	—	—	—	—	—
	2	—	—	—	—	—	—	—	—
	3	8.8	2.9	9.9	5.4	4.6	1.7	10.1	7.8
	4	8.7	4.5	9.8	3.4	5.7	1.7	10.3	7.0
	5	8.8	4.3	9.9	4.6	6.1	5.0	10.3	6.5
	6	9.2	7.9	9.8	4.7	7.3	3.3	10.8	7.4
	7	9.0	6.2	10.0	1.9	5.8	4.4	10.2	6.3
	8	6.9	4.2	8.0	-0.6	4.0	1.2	8.7	3.8
	9	8.0	3.9	9.1	2.8	4.8	-1.0	9.3	6.4
2013	1～2	9.9				5.8	6.5	11.4	7.7
	1～3	9.5				5.2	6.7	11.3	6.9
	1～4	9.4				4.9	6.5	11.1	7.1
	1～5	9.4				4.9	5.7	11.0	7.3
	1～6	9.3	7.3	10.0	5.0	5.2	5.0	10.9	7.4
	1～7	9.4	7.1	10.1	5.5	5.6	4.8	10.9	7.5
	1～8	9.5	6.9	10.2	6.5	6.1	4.6	11.0	7.7
	1～9	9.6	6.7	10.3	6.8	6.3	4.5	11.0	7.9
	1～10	9.7	6.5	10.4	6.9	6.5	4.6	11.0	8.1
	1～11	9.7	6.4	10.5	6.9	6.8	4.4	11.0	8.2
	1～12	9.7	6.4	10.5	6.8	6.9	4.3	11.0	8.3
2014	1～2	8.6	3.5	9.8	4.0	4.4	3.9	9.9	7.8
	1～3	8.7	3.3	9.9	4.5	4.5	3.1	10.0	7.8
	1～4	8.7	3.6	9.9	4.2	4.8	2.7	10.1	7.6
	1～5	8.7	3.8	9.9	4.3	5.1	3.2	10.1	7.4
	1～6	8.8	4.6	9.9	4.4	5.5	3.2	10.2	7.4
	1～7	8.8	5.0	9.9	3.7	5.5	3.4	10.2	7.1
	1～8	8.5	4.9	9.7	3.1	5.3	3.1	10.0	6.7
	1～9	8.5	4.8	9.6	3.1	5.2	2.6	9.9	6.7

注：①自2011年起，工业统计范围调整为年主营收入2 000万元及以上的工业企业。
②本表中"比上年同期增长"按可比价格计算。

Notes: 1. Since 2011, the statistical coverage of industry has been adjusted to industrial enterprises with the annual sales income from main business of RMB20 million yuan and above.
2. The year-on-year changes in this table are calculated at comparable prices.

工业增加值增长速度及工业产品销售率
Growth rate of industrial value added and ratio of sales to output of industrial products

单位：% Unit: %

年/月 Year/Month		当月工业增加值同比增长 YOY growth of monthly industrial value added	工业增加值月度累计同比增长 YOY growth of monthly accumulated industrial value added	当月销售率 Monthly ratio of sales to output
2013	1	—	—	98.5
	2	—	9.9	97.3
	3	8.9	9.5	96.8
	4	9.3	9.4	98.5
	5	9.2	9.4	97.8
	6	8.9	9.3	97.5
	7	9.7	9.4	98.4
	8	10.4	9.5	98.3
	9	10.2	9.6	98.0
	10	10.3	9.7	97.9
	11	10.0	9.7	97.6
	12	9.7	9.7	99.1
2014	1	—	—	—
	2	—	8.6	—
	3	8.8	8.7	96.9
	4	8.7	8.7	97.9
	5	8.8	8.7	97.8
	6	9.2	8.8	97.5
	7	9.0	8.8	97.9
	8	6.9	8.5	98.2
	9	8.0	8.5	98.0

工业增加值增长速度及工业产品销售率
Growth rate of industrial value added and ratio of sales to output of industrial products

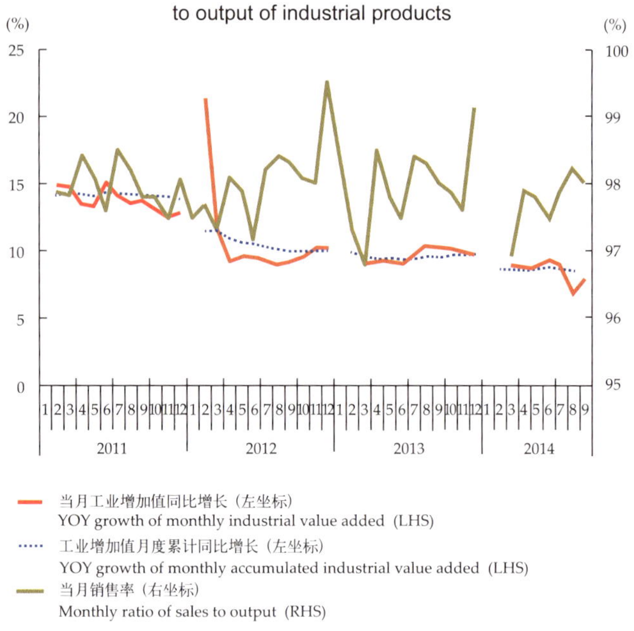

二、价格走势
2. Price Development

1.各种价格指数一览
(1) Overview of price indices

各种价格指数变动表
Changes in price indices

单位：% Unit: %

年/月 Year/Month		居民消费价格指数 Comsumer price indices			农业生产资料价格指数 Price indices of mean of agricutural production		工业生产者购进价格指数 Purchasing price index for industrial producers		工业生产者出厂价格指数 Producer price index for manufactured goods		固定资产投资价格指数 Price indices of investment in fixed assets		进出口同比价格指数 Import-export price index (YOY)		
		月环比 MOM	当月同比 YOY	累计同比 Accu-mulated YOY	当月同比 YOY	累计同比 Accu-mulated YOY	当月同比 YOY	累计同比 Accu-mulated YOY	当月同比 YOY	累计同比 Accu-mulated YOY	当季同比 YOY	累计同比 Accu-mulated YOY	出口 Exports	进口 Imports	贸易条件 Terms of trade
2012	1	1.5	4.5	4.5	9.8	9.8	2.0	2.0	0.7	0.7			6.9	7.0	99.9
	2	-0.1	3.2	3.9	9.3	9.5	1.0	1.5	0.0	0.4			5.1	5.4	99.7
	3	0.2	3.6	3.8	8.0	9.0	0.1	1.0	-0.3	0.1	2.3	2.3	2.1	0.0	102.1
	4	-0.1	3.4	3.7	7.7	8.7	-0.8	0.6	-0.7	-0.1			4.8	-0.2	105.0
	5	-0.3	3.0	3.5	7.1	8.4	-1.6	0.1	-1.4	-0.3			2.9	-1.1	104.0
	6	-0.6	2.2	3.3	5.2	7.8	-2.5	-0.3	-2.1	-0.6	1.6	2.0	2.9	-0.7	103.6
	7	0.1	1.8	3.1	3.7	7.2	-3.4	-0.8	-2.9	-1.0			1.1	-3.8	105.1
	8	0.6	2.0	2.9	3.1	6.7	-4.1	-1.2	-3.5	-1.3			1.3	-4.2	105.7
	9	0.3	1.9	2.8	2.9	6.2	-4.1	-1.5	-3.6	-1.5	0.2	1.4	-1.0	-1.7	100.7
	10	-0.1	1.7	2.7	3.2	5.9	-3.3	-1.7	-2.8	-1.6			-0.7	-1.9	101.2
	11	0.1	2.0	2.7	3.7	5.7	-2.8	-1.8	-2.2	-1.7			-0.5	-2.6	102.2
	12	0.8	2.5	2.6	3.9	5.6	-2.4	-1.8	-1.9	-1.7	0.3	1.1	1.8	-2.4	104.3
2013	1	1.0	2.0	2.0	4.1	4.1	-1.9	-1.9	-1.6	-1.6			0.7	-5.0	106.0
	2	1.1	3.2	2.6	3.6	3.8	-1.9	-1.9	-1.6	-1.6			-0.2	-1.7	101.5
	3	-0.9	2.1	2.4	2.9	3.5	-2.0	-2.0	-1.9	-1.7	0.2	0.2	-0.9	1.3	97.8
	4	0.2	2.4	2.4	1.6	3.0	-2.7	-2.1	-2.6	-2.0			-0.1	-2.5	102.5
	5	-0.6	2.1	2.4	0.9	2.6	-3.0	-2.3	-2.9	-2.1			-0.9	-4.5	103.8
	6	0.0	2.7	2.4	1.1	2.3	-2.7	-2.4	-2.7	-2.2	-0.1	0.0	-0.7	-1.8	101.1
	7	0.1	2.7	2.4	1.1	2.2	-2.2	-2.3	-2.3	-2.2			-2.3	-0.9	98.6
	8	0.5	2.6	2.5	1.0	2.0	-1.6	-2.3	-1.6	-2.2			-2.1	-1.4	99.3
	9	0.8	3.1	2.5	0.4	1.8	-1.6	-2.2	-1.3	-2.1	0.1	0.0	0.7	-1.1	101.8
	10	0.1	3.2	2.6	0.2	1.7	-1.6	-2.1	-1.5	-2.0			0.1	-1.8	101.9
	11	-0.1	3.0	2.6	0.3	1.5	-1.5	-2.1	-1.4	-2.0			-2.2	-1.3	99.1
	12	0.3	2.5	2.6	0.4	1.4	-1.4	-2.0	-1.4	-1.9	0.9	0.3	0.1	-1.4	101.5
2014	1	1.0	2.5	2.5	-0.1	-0.1	-1.7	-1.7	-1.6	-1.6			-1.3	-2.6	101.3
	2	0.5	2.0	2.2	-0.6	-0.3	-2.1	-1.9	-2.0	-1.8			-0.8	-6.8	106.4
	3	-0.5	2.4	2.3	-1.2	-0.6	-2.5	-2.1	-2.3	-2.0	1.1	1.1	-3.4	-6.0	102.8
	4	-0.3	1.8	2.2	-1.2	-0.8	-2.3	-2.2	-2.0	-2.0			-3.3	-0.6	97.3
	5	0.1	2.5	2.3	-1.0	-0.8	-1.8	-2.1	-1.4	-1.9			-1.2	1.3	97.5
	6	-0.1	2.3	2.3	-1.1	-0.9	-1.5	-2.0	-1.1	-1.8	0.6	0.9	-1.5	-4.1	102.7
	7	0.1	2.3	2.3	-1.0	-0.9	-1.1	-1.9	-0.9	-1.6			-0.8	-2.0	101.2
	8	0.2	2.0	2.2	-0.8	-0.9	-1.4	-1.8	-1.2	-1.6			0.5	-2.0	102.6
	9	0.5	1.6	2.1	-0.6	-0.8	-1.9	-1.8	-1.8	-1.6	0.4	0.7	2.1	-1.0	103.1

注：国家统计局从2011年1月开始实施新的工业生产者价格统计调查制度方法。将"工业品价格统计"改称为"工业生产者价格统计"，相应地将"原材料、燃料、动力购进价格指数"改称为"工业生产者购进价格指数"，将"工业品出厂价格指数"改称为"工业生产者出厂价格指数"。

Note: Since January 2011, NBS begins to conduct new statistical system and survey methods on PPI. "Prices statistics on industrial goods" is renamed to "prices statistics on industrial producers". Accordingly, "purchasing prices for raw material,fuels and power" is renamed to "purchasing price for industrial producers", "producer price index of industrial products" is renamed to "producer price index for manufactured goods".

居民消费价格月环比指数变动
Change in CPI (month-on-month)

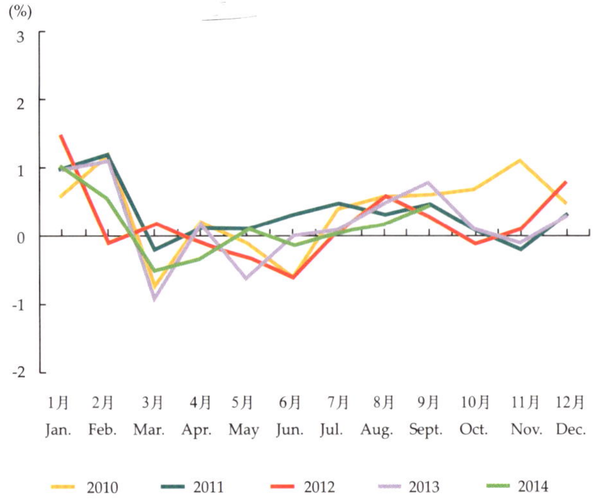

居民消费价格同比指数变动
Change in CPI (year-on-year)

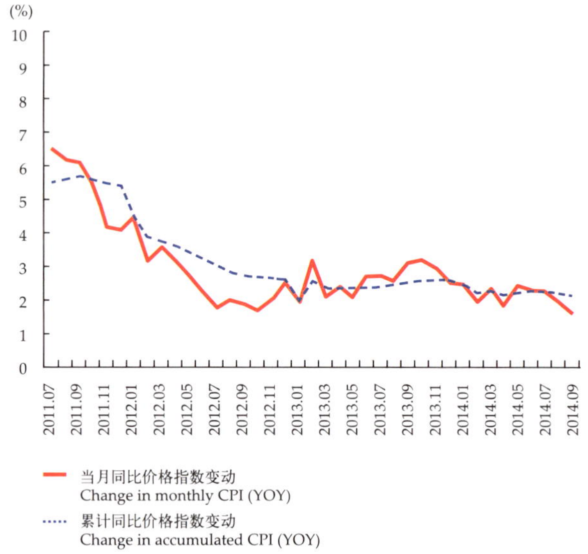

居民消费价格指数与生产价格指数的比较
Comparison between changes in CPI and PPI

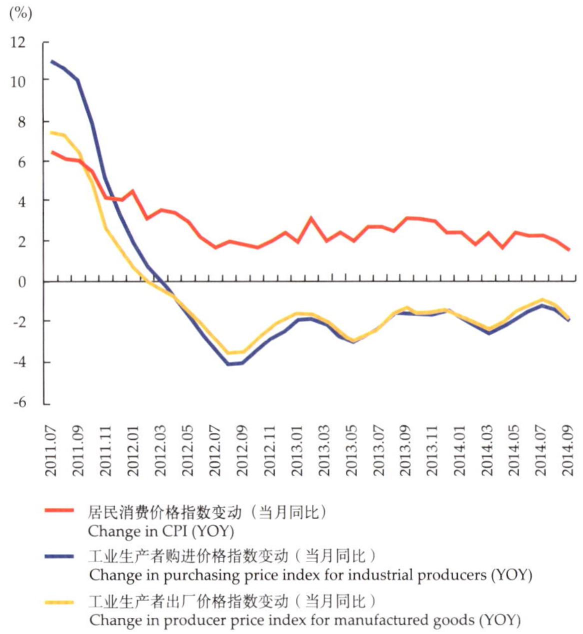

进出口价格指数和贸易条件
Import-export price index and terms of trade

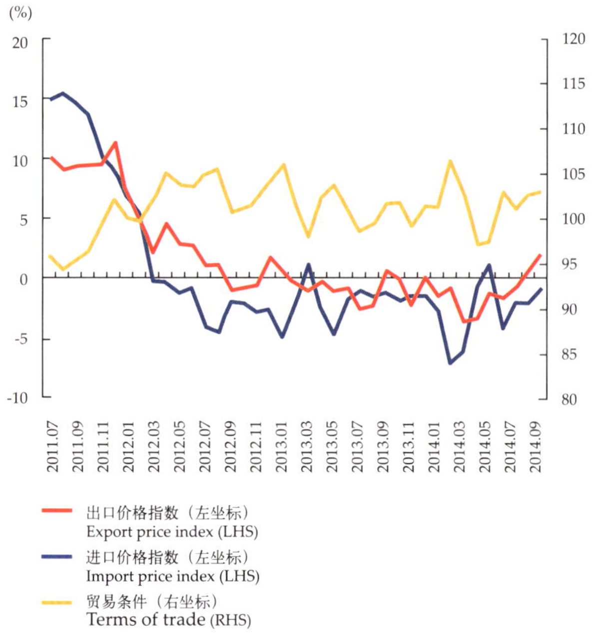

2. 分类指数
(2) Breakdown of indices

居民消费价格当月同比分类指数变动
Breakdown of changes in CPI (YOY)

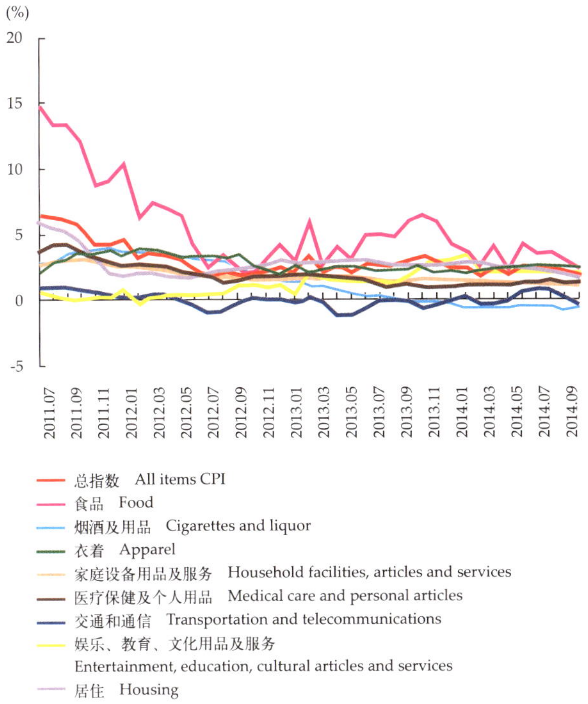

工业生产者出厂价格当月同比指数变动按生产资料和生活资料分类
Breakdown of changes in producer price index (PPI) for manufactured goods by means of production and means of consumer goods (YOY)

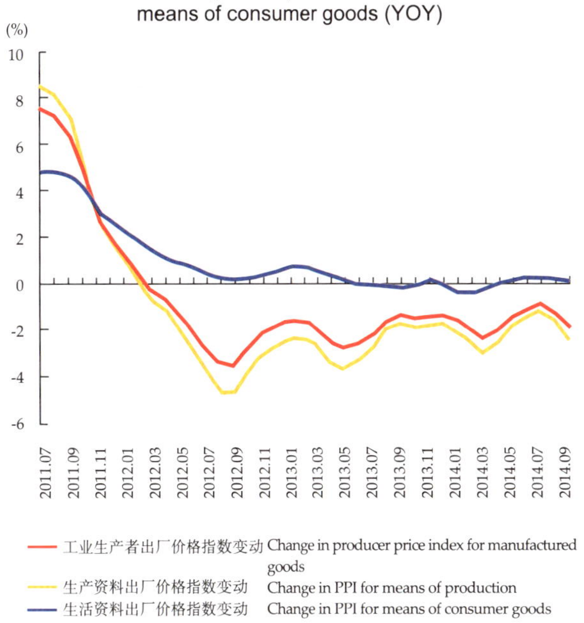

生活资料出厂价格当月同比分类指数变动
Breakdown of changes in PPI for means of consumer goods (YOY)

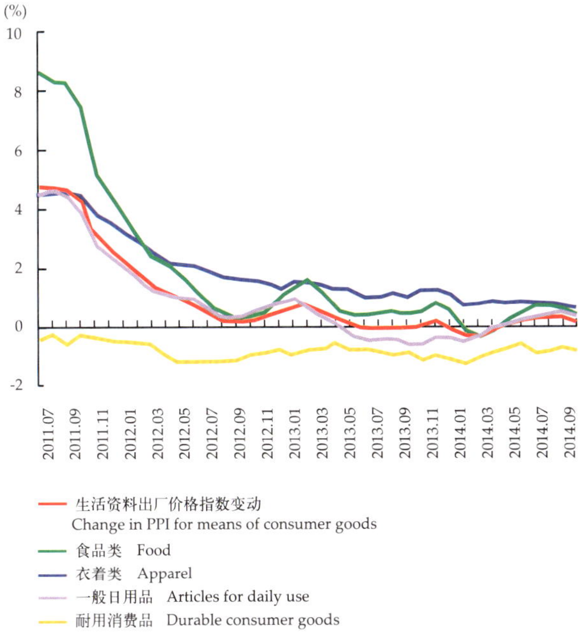

生产资料出厂价格当月同比分类指数变动
Breakdown of changes in PPI for means of production (YOY)

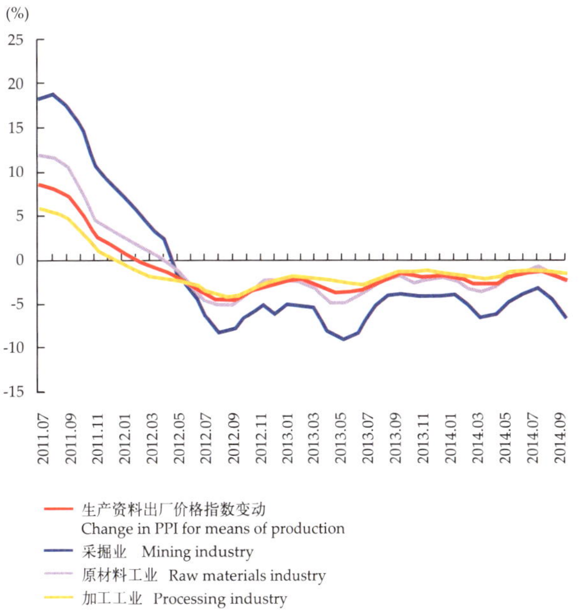

三、就业、失业与收入
3. Employment, Unemployment and Income

人口与就业基本情况
Population and employment

年 Year	年底总人口（亿人） Population at the end of the year (100 million people)	城镇 Urban	比重(%) Share (%)	乡村 Rural	比重(%) Share (%)	15~64岁人口数(亿人) Population between 15~64 years of age (100 million people)	就业人员(亿人) Employment (100 million people)
2004	13.0	5.4	42	7.6	58	9.2	7.4
2005	13.1	5.6	43	7.5	57	9.4	7.5
2006	13.1	5.8	44	7.3	56	9.5	7.5
2007	13.2	6.1	46	7.1	54	9.6	7.5
2008	13.3	6.2	47	7.0	53	9.7	7.6
2009	13.3	6.5	48	6.9	52	9.7	7.6
2010	13.4	6.7	50	6.7	50	10.0	7.6
2011	13.5	6.9	51	6.6	49	10.0	7.6
2012	13.5	7.1	53	6.4	47	10.0	7.7
2013	13.6	7.3	54	6.3	46	9.9	7.7

注：表中数据根据第六次人口普查数据重新修订。
Note:Data are revised according to the 6th National Population Census.

就业人员按城乡和产业分类
Employment in urban and rural areas and in industries

年 Year	就业人员(亿人) Employment (100 million people)	按城乡分 Urban & rural: 城镇 Urban	比重(%) Share (%)	乡村 Rural	比重(%) Share (%)	按产业分 Industries: 第一产业 Primary industry	比重(%) Share (%)	第二产业 Secondary industry	比重(%) Share (%)	第三产业 Tertiary industry	比重(%) Share (%)
2004	7.43	2.73	36.8	4.70	63.2	3.48	46.9	1.67	22.5	2.27	30.6
2005	7.46	2.84	38.0	4.63	62.0	3.34	44.8	1.78	23.8	2.34	31.4
2006	7.50	2.96	39.5	4.53	60.5	3.19	42.6	1.89	25.2	2.41	32.2
2007	7.53	3.10	41.1	4.44	58.9	3.07	40.8	2.02	26.8	2.44	32.4
2008	7.56	3.21	42.5	4.35	57.5	2.99	39.6	2.06	27.2	2.51	33.2
2009	7.58	3.33	43.9	4.25	56.1	2.89	38.1	2.11	27.8	2.59	34.1
2010	7.61	3.47	45.6	4.14	54.4	2.79	36.7	2.18	28.7	2.63	34.6
2011	7.64	3.59	47.0	4.05	53.0	2.66	34.8	2.25	29.5	2.73	35.7
2012	7.67	3.71	48.4	3.96	51.6	2.58	33.6	2.32	30.3	2.77	36.1
2013	7.70	3.82	49.7	3.87	50.3	2.42	31.4	2.32	30.1	2.96	38.5

注：表中数据根据第六次人口普查数据重新修订。
Note:Data are revised according to the 6th National Population Census.

城乡居民家庭人均收入
Urban and rural household income (per capita)

年/季 Year/Quarter		农村居民家庭人均现金收入 Rural household cash income (per capita): 绝对值(元) Absolute value (RMB yuan)	同比实际增长(%) Growth in real terms (YOY) (%)	城镇居民家庭人均可支配收入 Urban household disposable income (per capita): 绝对值(元) Absolute value (RMB yuan)	同比实际增长(%) Growth in real terms (YOY) (%)
2011	I	2 187	14.3	5 963	7.1
	I~II	3 706	13.7	11 041	7.6
	I~III	5 875	13.6	16 301	7.8
	I~IV	8 639	—	21 810	8.4
2012	I	2 560	12.7	6 796	9.8
	I~II	4 304	12.4	12 509	9.7
	I~III	6 778	12.3	18 427	9.8
	I~IV	9 787	—	24 565	9.6
2013	I	2 871	9.3	7 427	6.7
	I~II	4 817	9.2	13 649	6.5
	I~III	7 627	9.6	20 169	6.8
	I~IV	10 983	—	26 955	7.0
2014	I	3 224	10.1	8 155	7.2
	I~II	5 396	9.8	14 959	7.1
	I~III	8 527	9.7	22 044	6.9

城镇失业人数和失业率
Unemployed urban population and unemployment rate

年/季度末 Year/End of quarter		城镇登记失业人数(万人) Registered unemployment in urban areas (10 000 people)	城镇登记失业率(%) Registered unemployment rate in urban areas(%)
2011	I	909	4.1
	II	908	4.1
	III	911	4.1
	IV	922	4.1
2012	I	907	4.1
	II	918	4.1
	III	926	4.1
	IV	917	4.1
2013	I	926	4.1
	II	923	4.1
	III	921	4.0
	IV	926	4.1
2014	I	940	4.1
	II	949	4.1
	III	947	4.1

四、国内需求
4. Domestic Demand

1.按支出法计算的国内生产总值
(1) Expenditure-based GDP

按支出法计算的国内生产总值及其构成
Expenditure-based GDP and its composition

年 Year	按支出法计算的国内生产总值(亿元) Expenditure-based GDP (RMB100 million yuan)	最终消费 Final consumption	居民消费 Household consumption	城镇居民 Urban	农村居民 Rural	政府消费 Government consumption	资本形成总额 Total capital formation	固定资本形成 Fixed capital formation	存货增加 Increased inventory	货物和服务净出口 Net exports of goods and services
	绝对值(亿元) Absolute value (RMB100 million yuan)									
2001	109 028	66 934	49 436	33 645	15 791	17 498	39 769	37 755	2 015	2 325
2002	120 476	71 817	53 057	36 785	16 272	18 760	45 565	43 632	1 933	3 094
2003	136 613	77 686	57 650	41 344	16 306	20 036	55 963	53 491	2 472	2 965
2004	160 957	87 553	65 219	47 529	17 690	22 334	69 168	65 118	4 051	4 236
2005	187 424	99 358	72 959	53 000	19 958	26 399	77 857	74 233	3 624	10 209
2006	222 713	113 104	82 576	60 790	21 786	30 528	92 954	87 954	5 000	16 655
2007	266 599	132 233	96 333	72 127	24 206	35 900	110 943	103 949	6 995	23 423
2008	315 975	153 423	111 670	83 993	27 677	41 752	138 325	128 084	10 241	24 227
2009	348 775	169 275	123 585	94 579	29 005	45 690	164 463	156 680	7 783	15 037
2010	402 817	194 115	140 759	108 784	31 975	53 356	193 604	183 615	9 989	15 098
2011	472 619	232 112	168 957	129 987	38 970	63 155	225 007	215 682	12 662	12 163
2012	529 399	261 994	190 585	148 113	42 310	79 978	252 773	241 757	11 016	14 632
2013	586 673	292 166	212 188	165 074	47 114	79 978	280 356	269 075	11 281	14 151
	构成(%) Composition (%)									
2001	100	61.4	45.3	30.9	14.5	16.0	36.5	34.6	1.8	2.1
2002	100	59.6	44.0	30.5	13.5	15.6	37.8	36.2	1.6	2.6
2003	100	56.9	42.2	30.3	11.9	14.7	41.0	39.2	1.8	2.2
2004	100	54.4	40.5	29.5	11.0	13.9	43.0	40.5	2.5	2.6
2005	100	53.0	38.9	28.3	10.6	14.1	41.5	39.6	1.9	5.4
2006	100	50.8	37.1	27.3	9.8	13.7	41.7	39.5	2.2	7.5
2007	100	49.6	36.1	27.1	9.1	13.5	41.6	39.0	2.6	8.8
2008	100	48.6	35.3	26.6	8.8	13.2	43.8	40.5	3.2	7.7
2009	100	48.5	35.4	27.1	8.3	13.1	47.2	44.9	2.2	4.3
2010	100	48.2	34.9	27.0	7.9	13.2	48.1	45.6	2.5	3.7
2011	100	49.1	35.7	27.5	8.2	13.4	47.6	45.6	2.7	2.6
2012	100	49.5	36.0	28.0	8.0	15.1	47.7	45.7	2.1	2.8
2013	101	49.8	36.2	28.1	8.0	13.6	47.8	45.9	1.9	2.4

注：表中数据根据国家统计局最新数据修订。
Note: Data are revised by National Bureau of Statistics of China.

按支出法计算的国内生产总值构成变化
Changes in the composition of GDP (based on expenditures)

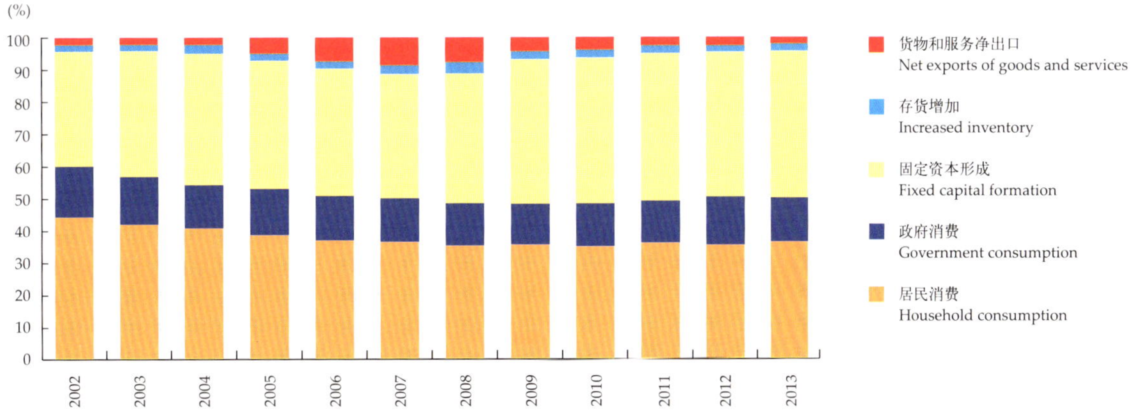

投资率和消费率
Investment ratio and consumption ratio

单位：% Unit: %

年 Year	资本形成率(投资率) Capital formation ratio (investment ratio)	最终消费率(消费率) Final consumption ratio (consumption ratio)
1986	37.5	64.9
1987	36.3	63.6
1988	37.0	63.9
1989	36.6	64.5
1990	34.9	62.5
1991	34.8	62.4
1992	36.6	62.4
1993	42.6	59.3
1994	40.5	58.2
1995	40.3	58.1
1996	38.8	59.2
1997	36.7	59.0
1998	36.2	59.6
1999	36.2	61.1
2000	35.3	62.3
2001	36.5	61.4
2002	37.8	59.6
2003	41.0	56.9
2004	43.0	54.4
2005	41.5	53.0
2006	41.7	50.8
2007	41.6	49.6
2008	43.8	48.6
2009	47.2	48.5
2010	48.1	48.2
2011	48.3	49.1
2012	47.7	49.5
2013	47.8	49.8

注：表中数据根据国家统计局最新数据修订。
Note: Data are revised by National Bureau of Statistics of China.

生产法现价GDP与支出法现价GDP及其增长率比较
Comparison between production-based GDP and expenditure-based GDP at current price

年 Year	(1)生产法GDP Production-based GDP		(2)支出法GDP Expenditure-based GDP		(1)−(2)	
	绝对量(亿元) Absolute value (RMB100 million yuan)	现价增速(%) Growth rate at current price(%)	绝对量(亿元) Absolute value (RMB100 million yuan)	现价增速(%) Growth rate at current price(%)	绝对量(亿元) Absolute value (RMB100 million yuan)	现价增速(%) Growth rate at current price(%)
1990	18 668	9.9	19 348	11.8	-680	-1.90
1991	21 781	16.7	22 577	16.7	-796	-0.01
1992	26 923	23.6	27 565	22.1	-642	1.52
1993	35 334	31.2	36 938	34.0	-1 604	-2.76
1994	48 198	36.4	50 217	36.0	-2 020	0.46
1995	60 794	26.1	63 217	25.9	-2 423	0.24
1996	71 177	17.1	74 164	17.3	-2 987	-0.24
1997	78 973	11.0	81 659	10.1	-2 685	0.84
1998	84 402	6.9	86 532	6.0	-2 129	0.90
1999	89 677	6.2	91 125	5.3	-1 448	0.94
2000	99 215	10.6	98 749	8.4	466	2.27
2001	109 655	10.5	109 028	10.4	627	0.11
2002	120 333	9.7	120 476	10.5	-143	-0.76
2003	135 823	12.9	136 613	13.4	-791	-0.52
2004	159 878	17.7	160 957	17.8	-1 078	-0.11
2005	184 937	15.7	187 424	16.4	-2 486	-0.77
2006	216 314	17.0	222 713	18.8	-6 398	-1.86
2007	265 810	22.9	266 599	19.7	-789	3.18
2008	314 045	18.1	315 975	18.5	-1 929	-0.37
2009	340 903	8.6	348 775	10.4	-7 872	-1.83
2010	401 513	17.8	402 816	15.5	-1 304	2.28
2011	473 104	17.8	472 619	17.3	485	0.50
2012	518 942	9.7	529 399	12.0	-10 457	-2.33
2013	568 845	9.6	586 673	10.8	-17 828	-1.20

注：表中数据根据国家统计局最新数据修订。
Note: Data are revised by National Bureau of Statistics of China.

投资率和消费率
Investment ratio and consumption ratio

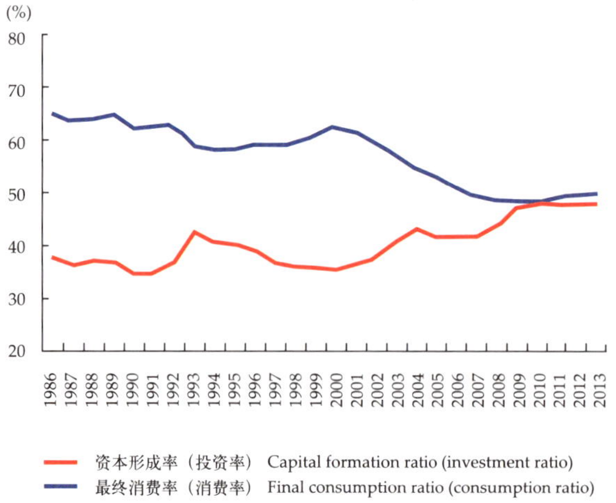

生产法现价GDP与支出法现价GDP增速比较
Comparison of growth rate at current prices between production-based GDP and expenditure-based GDP

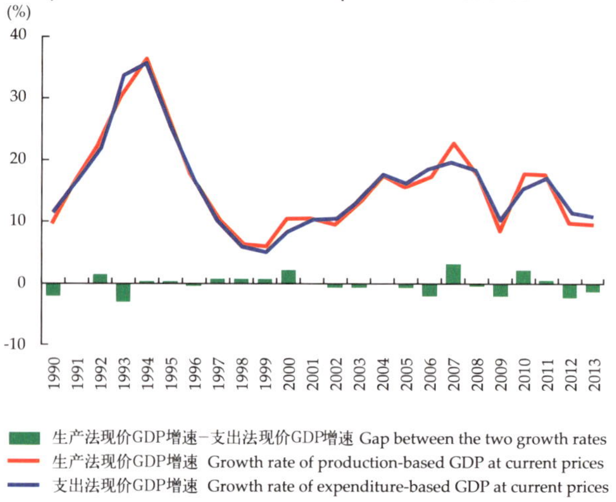

2.社会消费品零售额

(2) Retail sales of consumer goods

社会消费品零售总额
Retail sales of consumer goods

单位：亿元
Unit: RMB 100 million yuan

年/月 Year/Month	当月社会消费品零售总额 Monthly retail sales of consumer goods	当月同比增长率(%) Monthly growth rate (YOY)(%)	社会消费品零售总额累计 Accumulative retail sales of consumer goods	累计同比增长率(%) Accumulative growth rate (YOY)(%)
2013.01	—	—	—	—
2013.02	—	—	37 810	12.3
2013.03	17 641	12.6	55 451	12.4
2013.04	17 600	12.8	73 051	12.5
2013.05	18 886	12.9	91 938	12.6
2013.06	18 827	13.3	110 764	12.7
2013.07	18 513	13.2	129 278	12.8
2013.08	18 886	13.4	148 164	12.8
2013.09	20 653	13.3	168 817	12.9
2013.10	21 491	13.3	190 308	13.0
2013.11	21 012	13.7	211 320	13.0
2013.12	23 060	13.6	234 380	13.1
2014.01	—	—	—	—
2014.02	—	—	42 281	11.8
2014.03	19 801	12.2	62 081	12.0
2014.04	19 701	11.9	81 782	11.9
2014.05	21 250	12.5	103 032	12.5
2014.06	21 166	12.4	124 199	12.4
2014.07	20 776	12.2	144 975	12.2
2014.08	21 134	11.9	166 108	11.9
2014.09	23 042	11.6	189 151	11.6

注：为消除春节日期不固定因素带来的影响，增强数据的可比性，按照国家统计制度，历年1～2月数据一起调查、一起发布。
Note: In order to eliminate the impact of the different date of "Spring Festival" of each year,and enchance the comparability of data, in accordance with the national statistical system,the data in January and Februry was investigated and released together.

社会消费品零售总额与最终消费增长率的比较
Comparison of growth rate at current prices between retail sales of consumer goods and final consumption expenditure

单位：万亿元
Unit: RMB trillion yuan

年 Year	社会消费品零售总额 Retail sales of consumer goods	最终消费 Final consumption	社会消费品零售总额现价增长率(%) Growth rate at current prices of retail sales of consumer goods(%)	最终消费现价增长率(%) Growth rate at current prices of final consumption expenditure(%)
1991	0.94	1.41	13.4	16.6
1992	1.10	1.72	16.8	22.1
1993	1.43	2.19	29.8	27.3
1994	1.86	2.92	30.5	33.5
1995	2.36	3.67	26.8	25.7
1996	2.84	4.39	20.1	19.5
1997	3.13	4.81	10.2	9.6
1998	3.34	5.16	6.8	7.2
1999	3.56	5.56	6.8	7.8
2000	3.91	6.15	9.7	10.6
2001	4.31	6.69	10.1	8.8
2002	4.81	7.18	11.8	7.3
2003	5.25	7.77	9.1	8.2
2004	5.95	8.76	13.3	12.7
2005	6.84	9.94	14.9	13.5
2006	7.91	11.31	15.8	13.8
2007	9.36	13.22	18.2	16.9
2008	11.48	15.34	22.7	16.0
2009	13.27	16.93	15.5	10.3
2010	15.70	19.41	18.3	14.7
2011	18.39	22.86	17.1	17.7
2012	21.03	25.96	14.3	11.8
2013	23.44	29.22	15.3	11.5

注：表中数据根据国家统计局最新数据修订。
Note: Data are revised by National Bureau of Statistics of China.

累计社会消费品零售总额及其增长率
Accumulative retail sales and growth rates of consumer goods

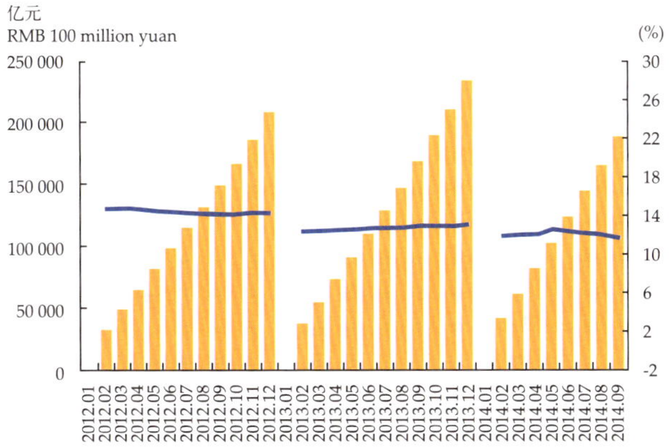

社会消费品零售总额累计（左坐标）
Accumulative retail sales of consumer goods (LHS)
累计同比增长率（右坐标）
Accumulative growth rates (YOY)(RHS)

社会消费品零售总额及最终消费增长趋势
Growth trend of retail sales of consumer goods and final consumption expenditure

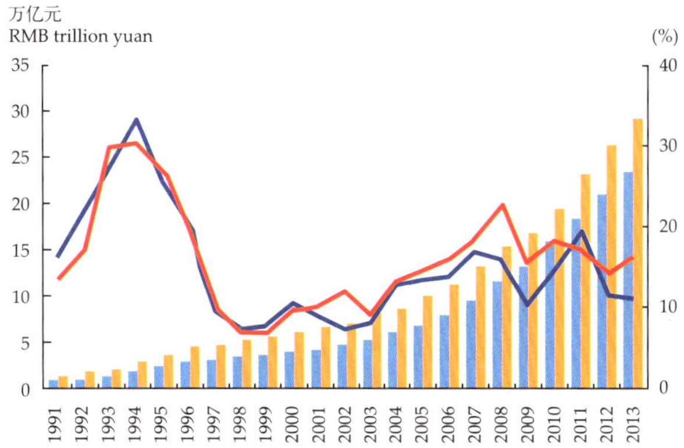

社会消费品零售总额（左坐标）Retail sales of consumer goods (LHS)
最终消费（左坐标）Final consumption (LHS)
社会消费品零售总额现价增长率（右坐标）
Growth rate at current prices of retail sales of consumer goods (RHS)
最终消费现价增长率（右坐标）
Growth rate at current prices of final consumption expenditure (RHS)

3.固定资产投资完成额
(3) Completed fixed-asset investment

固定资产投资（不含农户）完成额
Completed investment in fixed assets (excluding rural households)

单位：亿元
Unit: RMB 100 million yuan

年/月 Year/Month	投资完成额 Investment completed	增长率(%) Growth rate (%)
2013 1~2	25 675.9	21.2
1~3	58 092.3	20.9
1~4	91 319.2	20.6
1~5	131 210.6	20.4
1~6	181 317.6	20.1
1~7	221 722.2	20.1
1~8	262 578.1	20.3
1~9	309 207.6	20.2
1~10	351 669.2	20.1
1~11	391 282.5	19.9
1~12	436 527.7	19.6
2014 1~2	30 283.0	17.9
1~3	68 321.7	17.6
1~4	107 077.8	17.3
1~5	153 716.5	17.2
1~6	212 770.4	17.3
1~7	259 492.9	17.0
1~8	305 786.5	16.5
1~9	357 787.2	16.1

注：自2011年起，投资项目统计起点标准由原来的50万元调整为500万元，"固定资产投资（不含农户）"等于原口径的城镇固定资产投资加上农村企事业组织项目投资。

Notes: Since 2011, investment indicators are calculated using new threshold criteria of RMB5 million yuan instead of RMB500 thousand yuan in the past."Investment in fixed assets (excluding rural households)" equals to "investment in fixed assets in urban area" under the old criteria plus "investment of rural enterprises and institutions".

固定资产投资完成额和固定资本形成总额的比较
Comparison of completed fixed-asset investment and gross capital formation

单位：万亿元
Unit: RMB trillion yuan

年 Year	全社会固定资产投资完成额 Total completed fixed-asset investment	固定资本形成总额 Gross capital formation	全社会固定资产投资现价增长率(%) Growth rate of total fixed-asset investment at current prices(%)	固定资本形成总额现价增长率(%) Growth rate of gross capital formation at current prices(%)
1992	0.81	0.85	44.4	40.3
1993	1.31	1.33	61.8	56.3
1994	1.70	1.73	30.4	30.1
1995	2.00	2.09	17.5	20.6
1996	2.29	2.40	14.8	15.1
1997	2.49	2.60	8.8	8.0
1998	2.84	2.86	13.9	10.0
1999	2.99	3.30	5.1	6.9
2000	3.29	3.48	10.3	5.7
2001	3.72	3.98	13.0	14.1
2002	4.35	4.56	16.9	14.6
2003	5.56	5.60	27.7	22.8
2004	7.05	6.92	26.8	23.6
2005	8.88	7.79	26.0	12.6
2006	11.00	9.30	23.9	19.4
2007	13.73	11.09	24.8	19.4
2008	17.28	13.83	25.9	24.7
2009	22.46	16.45	30.0	18.9
2010	27.81	19.36	23.8	17.7
2011	31.10	22.50	11.8	16.2
2012	37.47	25.28	20.5	12.3
2013	44.71	28.04	19.3	10.9

注：表中数据根据国家统计局最新数据修订。
Note: Data are revised by National Bureau of Statistics of China.

固定资产投资（不含农户）完成额
Completed investment in fixed assets (excluding rural households)

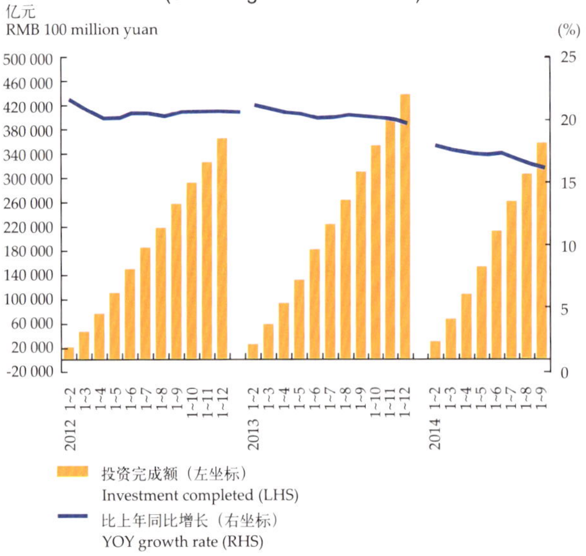

固定资产投资完成额和固定资本形成总额
Completed fixed-asset investment and gross capital formation

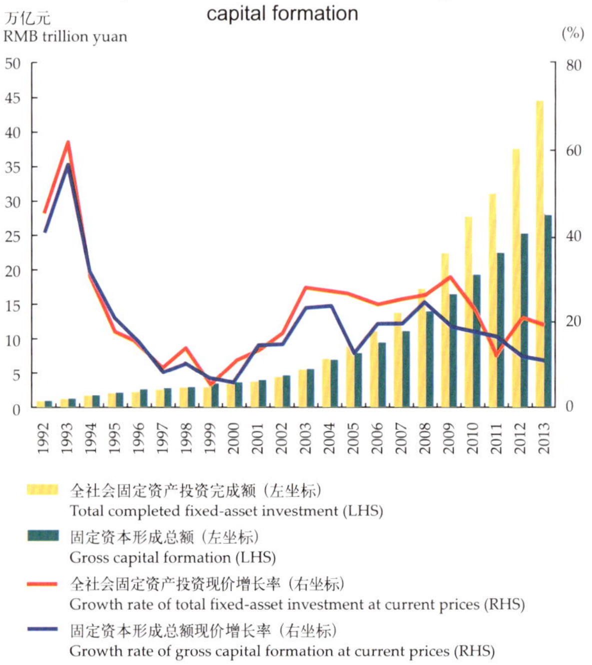

按建设性质分固定资产投资（不含农户）累计完成额及增长率

Completed investment in fixed assets (excluding rural households) and growth rate by type of construction

年/月 Year/Month	绝对值(亿元) Absolute value (RMB 100 million yuan)			增长率(%) Growth rate (%)		
	新建 New construction	扩建 Expansion	改建 Transformation	新建 New construction	扩建 Expansion	改建 Transformation
2013 1~2	12 190.2	2 914.0	2 993.5	22.7	9.6	27.2
1~3	28 180.7	7 017.4	7 574.4	22.6	12.7	26.2
1~4	45 180.4	11 542.3	11 986.5	21.2	15.4	25.9
1~5	65 777.9	16 612.3	17 051.5	21.9	13.9	23.1
1~6	91 035.7	22 674.7	23 816.6	22.1	12.4	24.3
1~7	111 718.5	27 824.4	29 439.2	22.2	12.4	24.4
1~8	132 199.0	33 232.0	34 998.7	22.9	13.6	23.9
1~9	155 768.3	39 080.6	41 297.7	22.3	14.3	23.5
1~10	177 229.9	44 670.0	47 390.7	22.3	14.6	23.2
1~11	195 821.3	49 241.5	53 459.9	22.0	13.4	23.5
1~12	217 544.7	54 228.8	61 544.2	21.4	13.0	17.4
2014 1~2	14 361.0	3 393.9	3 633.5	17.8	16.5	21.4
1~3	33 810.4	8 083.7	8 836.4	20.0	15.2	16.7
1~4	54 381.7	12 762.4	13 935.2	20.4	10.6	16.3
1~5	79 119.6	18 317.9	20 120.4	20.3	10.3	18.0
1~6	110 118.3	25 106.5	27 812.1	21.0	10.7	16.8
1~7	134 257.8	31 194.3	34 142.2	20.2	12.1	16.0
1~8	158 385.9	36 719.1	40 296.7	19.8	10.5	15.1
1~9	186 107.4	42 756.9	46 976.2	19.9	9.7	14.2

注：按建设性质分组的投资不含房地产投资。
Note: Investment grouped by type of construction does not include real estate investment.

按建筑性质分固定资产投资（不含农户）完成额构成变化

Completed investment in fixed assets (excluding rural households) by type of construction

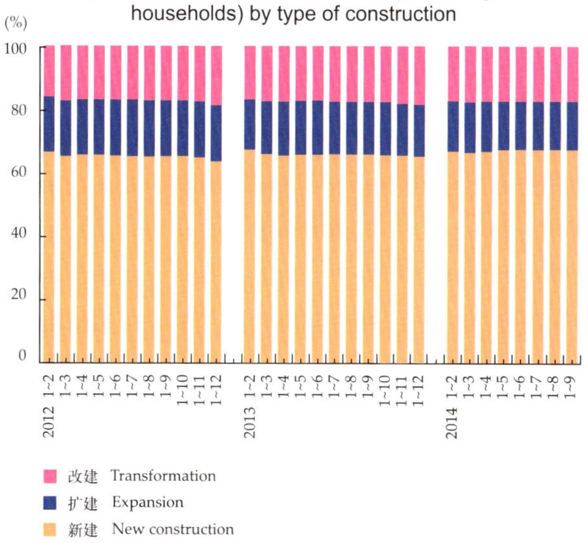

按建筑性质分固定资产投资（不含农户）完成额增长趋势

Growth of monthly accumulated completed investment in fixed assets (excluding rural households) by type of construction

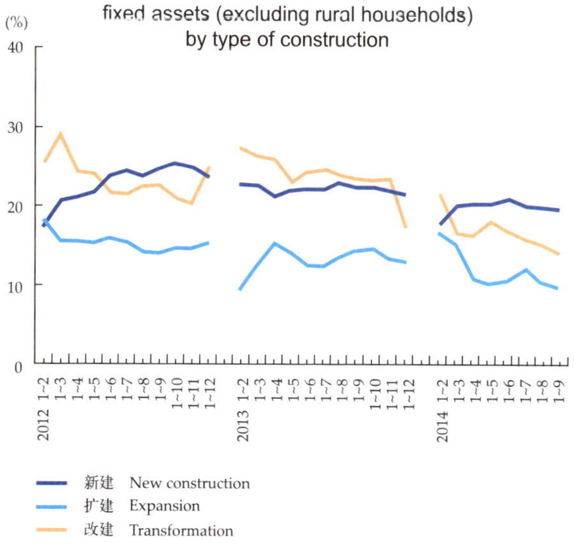

按隶属关系分固定资产投资（不含农户）累计完成额及增长率
Composition of monthly accumulated completed investment in fixed assets (excluding rural households) and growth rate by administrative relationship

年/月 Year/Month	绝对值(亿元) Absolute value (RMB 100 million yuan)		增长率(%) Growth rate (%)	
	中央项目 Central government projects	地方项目 Local government projects	中央项目 Central government projects	地方项目 Local government projects
2013 1~2	1 331	24 345	4.4	22.3
1~3	2 687	55 406	11.6	21.4
1~4	4 444	86 875	8.5	21.3
1~5	6 110	125 101	7.1	21.1
1~6	8 338	172 980	9.7	20.7
1~7	10 550	211 173	12.4	20.5
1~8	12 628	249 950	10.8	20.8
1~9	15 020	294 188	10.4	20.7
1~10	17 646	334 023	8.1	20.8
1~11	20 632	370 650	13.4	20.2
1~12	24 785	411 742	12.4	20.1
2014 1~2	1 489	28 794	11.9	18.3
1~3	2 989	65 332	11.3	17.9
1~4	4 623	102 454	5.7	17.8
1~5	6 641	147 076	8.7	17.6
1~6	9 554	203 217	14.6	17.5
1~7	11 689	247 804	10.8	17.3
1~8	14 054	291 732	11.3	16.7
1~9	16 773	341 014	12.2	16.2

按隶属关系分固定资产投资（不含农户）完成额
Completed investment in fixed assets (excluding rural households) by administrative relationship

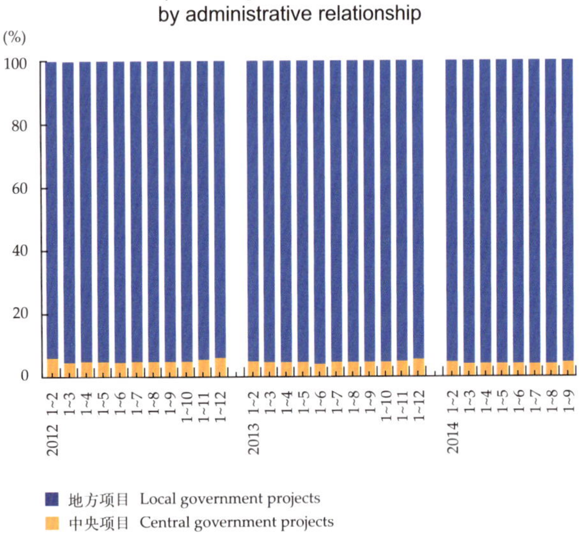

按隶属关系分固定资产投资（不含农户）完成额增长趋势
Growth of monthly accumulated completed investment in fixed assets (excluding rural households) by administrative relationship

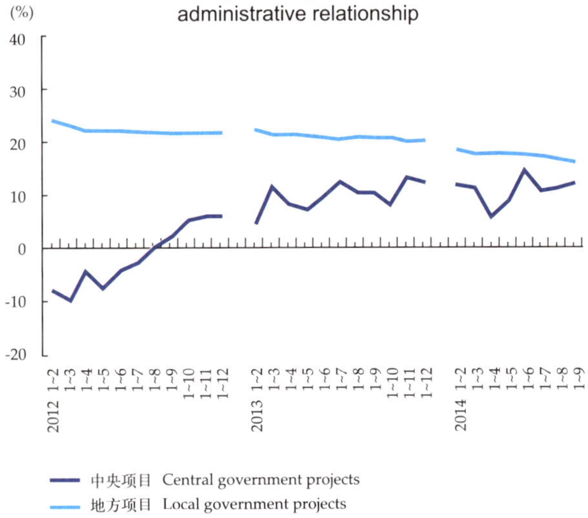

固定资产投资月度累计新开工项目数
Number of monthly accumulated urban newly started projects of fixed-asset investment

单位：万个 Unit: 10 000

	2010	2011	2012	2013	2014
1月 Jan.	—	—	—	—	—
2月 Feb.	1.85	1.72	2.16	2.43	2.69
3月 Mar.	5.88	5.33	6.18	6.77	7.09
4月 Apr.	8.52	8.73	9.87	10.74	10.97
5月 May	11.81	12.46	13.93	15.24	15.45
6月 Jun.	17.52	16.71	17.47	19.98	21.03
7月 Jul.	20.48	19.80	20.46	23.03	24.34
8月 Aug.	23.23	22.71	24.32	26.29	28.22
9月 Sept.	25.68	25.69	27.63	30.15	32.11
10月 Oct.	28.03	28.77	30.49	33.51	
11月 Nov.	30.19	31.37	33.12	36.50	
12月 Dec.	33.00	33.29	35.63	38.93	

注：自2011年起，固定资产投资等于原口径的城镇固定资产投资加上农村企事业组织项目投资（不含农户）。

Note: Since 2011, "investment in fixed assets" equals to "investment in fixed assets in urban area" under the old criteria plus "investment of rural enterprises and institutions(excluding rural households)".

固定资产投资月度累计施工项目数
Number of monthly accumulated urban under-construction projects of fixed-asset investment

单位：万个 Unit: 10 000

	2010	2011	2012	2013	2014
1月 Jan.	—	—	—	—	—
2月 Feb.	9.28	9.81	10.88	12.12	13.43
3月 Mar.	15.37	16.06	17.29	19.11	20.58
4月 Apr.	18.99	20.70	22.20	24.55	25.84
5月 May	23.48	25.21	27.08	29.89	31.15
6月 Jun.	29.93	30.17	31.26	35.27	37.48
7月 Jul.	33.78	33.64	34.55	38.58	41.09
8月 Aug.	36.27	36.80	38.38	42.05	45.66
9月 Sept.	38.95	39.98	41.95	46.15	49.93
10月 Oct.	41.52	43.33	45.03	49.65	
11月 Nov.	43.98	46.10	47.79	52.76	
12月 Dec.	47.19	48.32	50.54	55.47	

固定资产投资月度累计新开工项目数
Number of monthly accumulated newly started projects of fixed-asset investment

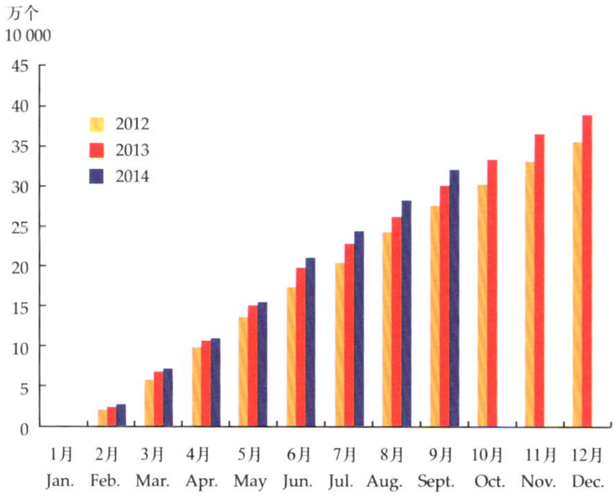

固定资产投资月度累计施工项目数
Number of monthly accumulated under-construction projects of fixed-asset investment

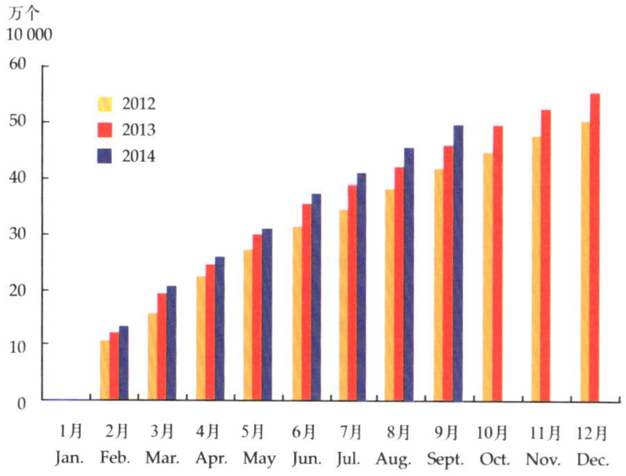

2014年前三个季度分省固定资产投资（不含农户）完成额及增长率

Accumulated completed investment in fixed assets (excluding rural households) and growth rate by province in the first three quarters of 2014

单位：亿元　Unit: RMB100 million yuan

	固定资产投资（不含农户）累计完成额 Accumulated completed investment in fixed assets (excluding rural households)	增长率(%) Growth rate (%)
Inner Mongolia 内蒙古	14 333.8	27.9
Tibet 西藏	774.4	24.1
Guizhou 贵州	5 314.6	23.7
Xinjiang 新疆	5 970.9	23.5
Qinghai 青海	2 262.1	23.4
Hainan 海南	2 119.0	22.2
Gansu 甘肃	6 106.7	21.7
Ningxia 宁夏	2 221.3	20.2
Fujian 福建	12 754.9	20.1
Hunan 湖南	13 803.7	19.9
Hubei 湖北	16 037.0	19.8
Henan 河南	21 284.6	19.7
Chongqing 重庆	8 235.4	18.0
Guangdong 广东	16 759.5	17.8
Shaanxi 陕西	7 912.2	17.7
Jiangxi 江西	10 875.8	17.5
Shanxi 山西	12 004.0	17.0
Anhui 安徽	15 433.4	16.9
Tianjin 天津	8 550.1	16.5
Guangxi 广西	9 025.6	16.4
Yunnan 云南	7 715.7	16.3
Hebei 河北	19 242.6	16.1
Sichuan 四川	16 988.7	16.1
Zhejiang 浙江	17 139.1	16.0
Jiangsu 江苏	29 130.9	16.0
Shandong 山东	29 107.8	16.0
Beijing 北京	4 667.5	5.8
Shanghai 上海	3 914.3	4.3
Jilin 吉林	8 597.8	1.1
Liaoning 辽宁	21 163.3	0.7
Heilongjiang 黑龙江	5 646.9	-12.3

2014年前三个季度分省固定资产投资完成额（不含农户）及增长率

Accumulated completed investment in fixed assets (excluding rural households) and growth rate by province in the first three quarters of 2014

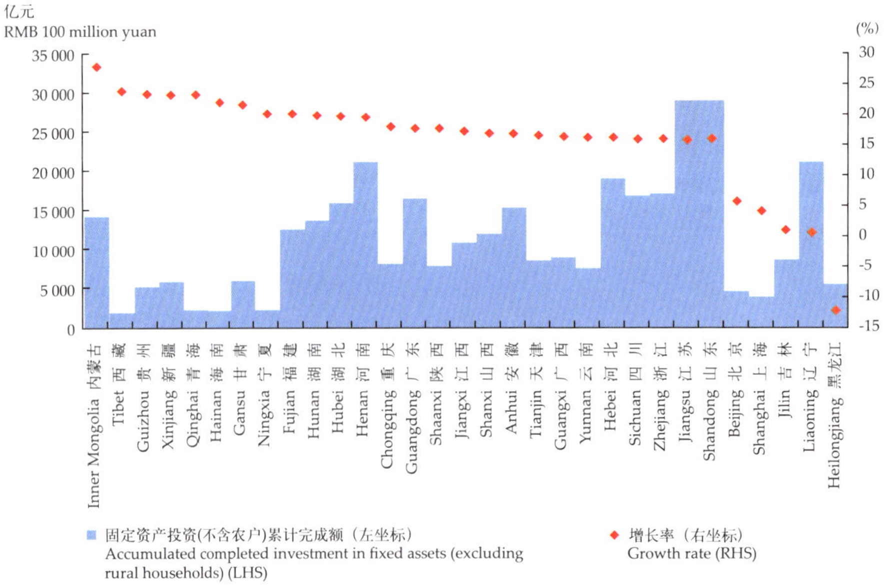

4.房地产
(4) Real estate development

房地产开发投资按工程用途分的完成额及增长率
Real estate development investment completed and growth rate by purpose of engineering

单位：亿元　Unit: RMB100 million yuan

年/月 Year/Month	房地产开发投资完成额 Real estate development investment completed		按工程用途分 By purpose of engineering							
			住宅投资 Residential building investment		办公楼投资 Office building investment		商业用房投资 Commercial and business building investment		其他投资 Other investment	
	绝对值 Absolute value	增长率(%) Growth rate (%)	绝对值 Absolute value	增长率(%) Growth rate (%)	绝对值 Absolute value	增长率(%) Growth rate (%)	绝对值 Absolute value	增长率(%) Growth rate (%)	绝对值 Absolute value	增长率(%) Growth rate (%)
2013.01	—	—	—	—	—	—	—	—	—	—
2013.02	6 670	22.8	4 583	23.4	388	53.3	884	22.4	814	9.7
2013.03	13 133	20.2	9 013	21.1	747	44.1	1 721	21.2	1 652	6.9
2013.04	19 180	21.1	13 121	21.3	1 102	48.6	2 547	22.7	2 411	9.6
2013.05	26 798	20.6	18 363	21.6	1 526	41.0	3 582	24.1	3 326	5.7
2013.06	36 828	20.3	25 227	20.8	2 011	42.8	5 010	26.1	4 579	5.3
2013.07	44 302	20.5	30 318	20.2	2 412	40.2	6 094	29.5	5 478	7.0
2013.08	52 120	19.3	35 738	19.2	2 851	40.0	7 168	26.5	6 362	6.1
2013.09	61 120	19.7	41 979	19.5	3 262	37.6	8 425	27.9	7 453	7.1
2013.10	68 693	19.2	47 222	18.9	3 649	36.9	9 468	26.9	8 354	7.1
2013.11	77 412	19.5	53 112	19.1	4 113	36.0	10 739	27.6	9 448	8.3
2013.12	86 013	19.8	58 951	19.4	4 652	38.2	11 945	28.3	10 465	7.3
2014.01	—	—	—	—	—	—	—	—	—	—
2014.02	7 956	19.3	5 426	18.4	494	27.1	1 117	26.4	919	12.8
2014.03	15 339	16.8	10 530	16.8	902	20.8	2 160	25.5	1 746	5.7
2014.04	22 322	16.4	15 299	16.6	1 309	18.9	3 194	25.4	2 519	4.5
2014.05	30 739	14.7	21 043	14.6	1 773	16.2	4 427	23.6	3 496	5.1
2014.06	42 019	14.1	28 689	13.7	2 394	19.0	6 172	23.2	4 763	4.0
2014.07	50 381	13.7	34 365	13.3	2 876	19.3	7 453	22.3	5 686	3.8
2014.08	58 975	13.2	40 159	12.4	3 384	18.7	8 813	22.9	6 619	4.0
2014.09	68 751	12.5	46 725	11.3	4 008	22.8	10 342	22.8	7 677	3.0

房地产开发投资按工程用途分的构成变化
Change in composition of real estate development investment by purpose of engineering

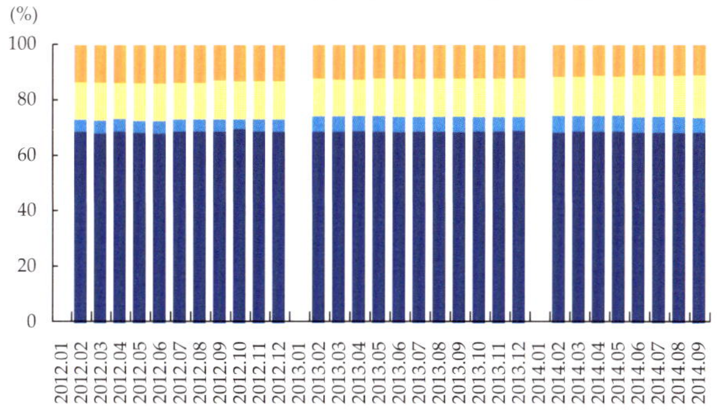

■ 其他投资　Other investment
■ 商业用房投资　Commercial and business building investment
■ 办公楼投资　Office building investment
■ 住宅投资　Residential building investment

房地产开发投资按工程用途分的增长趋势
Growth of composition of real estate development investment by purpose of engineering

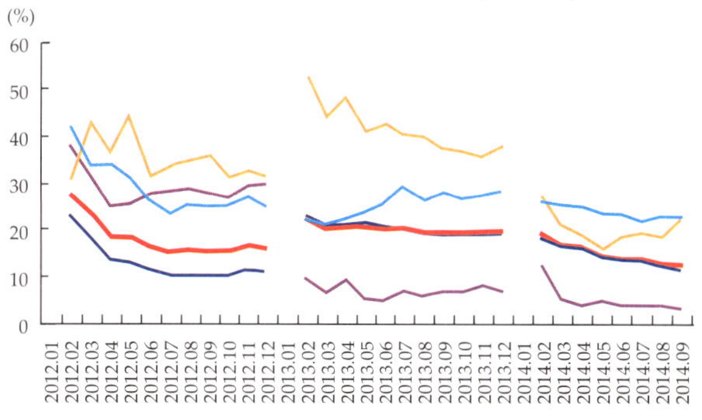

— 房地产开发投资完成额　Real estate development investment completed
— 住宅投资　Residential building investment
— 办公楼投资　Office building investment
— 商业用房投资　Commercial and business building investment
— 其他投资　Other investment

房地产开发投资按地区分的完成额及增长率
Real estate development investment completed and growth rate by region

单位：亿元 Unit: RMB 100 million yuan

年/月 Year/Month	东部地区投资 Investment in eastern area		中部地区投资 Investment in central area		西部地区投资 Investment in western area	
	绝对值 Absolute value	增长率(%) Growth rate (%)	绝对值 Absolute value	增长率(%) Growth rate (%)	绝对值 Absolute value	增长率(%) Growth rate (%)
2013.01	—	—	—	—	—	—
2013.02	4 024	20.9	1 241	24.6	1 405	26.8
2013.03	7 766	17.8	2 521	21.8	2 845	25.6
2013.04	11 241	20.2	3 804	20.4	4 136	24.5
2013.05	15 518	19.0	5 445	21.8	5 835	24.0
2013.06	21 140	18.7	7 645	20.8	8 043	24.3
2013.07	25 264	18.6	9 298	21.0	9 739	25.0
2013.08	29 498	17.4	11 116	19.4	11 505	24.3
2013.09	34 413	18.0	13 127	20.0	13 580	24.3
2013.10	38 443	17.1	14 890	20.1	15 360	23.8
2013.11	43 068	17.3	17 084	21.7	17 259	23.1
2013.12	47 972	18.3	19 045	20.8	18 997	22.6
2014.01	—	—	—	—	—	—
2014.02	4 792	19.1	1 508	21.5	1 656	17.9
2014.03	9 139	17.7	2 916	15.6	3 285	15.5
2014.04	13 230	17.7	4 268	12.2	4 823	16.6
2014.05	17 995	16.0	6 013	10.4	6 731	15.4
2014.06	24 223	14.6	8 558	11.9	9 237	14.8
2014.07	28 833	14.1	10 380	11.6	11 168	14.7
2014.08	33 525	13.6	12 289	10.6	13 160	14.4
2014.09	38 737	12.6	14 536	10.7	15 479	14.0

房地产开发投资按地区分的构成变化
Change in composition of real estate development investment by region

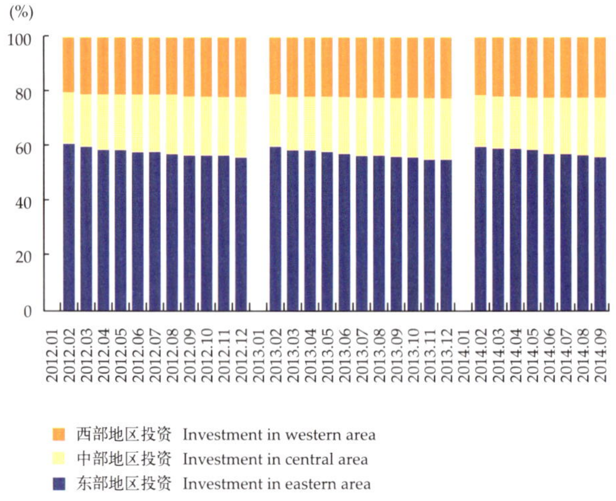

房地产开发投资按地区分的增长趋势
Growth of composition of real estate development investment by region

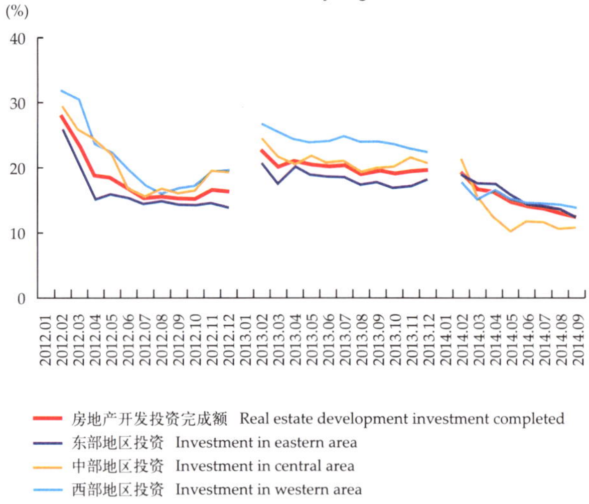

商品房建筑与销售
Construction and sales of commercial buildings

单位：亿平方米、亿元
Unit: 100 million square meters, RMB 100 million yuan

年/月 Year/Month	施工面积 Area under construction	同比增长(%) YOY growth(%)	竣工面积 Area completed	同比增长(%) YOY growth(%)	销售面积 Area sold	同比增长(%) YOY growth(%)	销售面积与竣工面积之比 Ratio of sold to completed areas	月度累计销售额 Monthly accumulated sales volume	增长率(%) Growth rate (%)
2013.01	—	—	—	—	—	—	—	—	—
2013.02	45.5	15.3	1.4	34.0	1.0	49.5	77	7 361	77.6
2013.03	47.9	17.0	1.9	8.9	2.1	37.1	107	13 992	61.3
2013.04	50.1	17.2	2.4	6.6	3.0	38.0	125	19 847	59.8
2013.05	52.3	16.0	2.9	5.3	3.9	35.6	136	25 864	52.8
2013.06	54.9	15.5	3.5	6.3	5.1	28.7	146	33 376	43.2
2013.07	56.9	16.2	4.2	7.9	6.1	25.8	147	39 549	37.8
2013.08	58.6	14.4	4.7	4.6	7.1	23.4	152	45 724	34.4
2013.09	60.4	15.0	5.3	4.2	8.4	23.3	160	54 028	33.9
2013.10	61.6	14.6	5.9	1.8	9.6	21.8	162	61 238	32.3
2013.11	64.6	16.1	6.9	2.5	11.1	20.8	160	69 946	30.7
2013.12	66.6	16.1	10.1	2.0	13.1	17.3	129	81 428	26.3
2014.01	—	—	—	—	—	—	—	—	—
2014.02	53.0	16.3	1.2	-8.2	1.0	-0.1	84	7 090	-3.7
2014.03	54.7	14.2	1.9	-4.9	2.0	-3.8	109	13 263	-5.2
2014.04	56.5	12.8	2.4	-0.3	2.8	-6.9	117	18 307	-7.8
2014.05	58.6	12.0	3.1	6.8	3.6	-7.8	117	23 674	-8.5
2014.06	61.1	11.3	3.8	8.1	4.8	-6.0	127	31 133	-6.7
2014.07	63.3	11.3	4.4	4.5	5.6	-7.6	130	36 315	-8.2
2014.08	65.3	11.5	5.0	6.7	6.5	-8.3	131	41 661	-8.9
2014.09	67.3	11.5	5.7	7.2	7.7	-8.6	137	49 227	-8.9

商品房施工面积、竣工面积与销售面积
Area of commercial housing under construction, completed, and sold

商品房施工面积、竣工面积与销售面积增长趋势
Growth of area of commercial housing under construction, completed, and sold

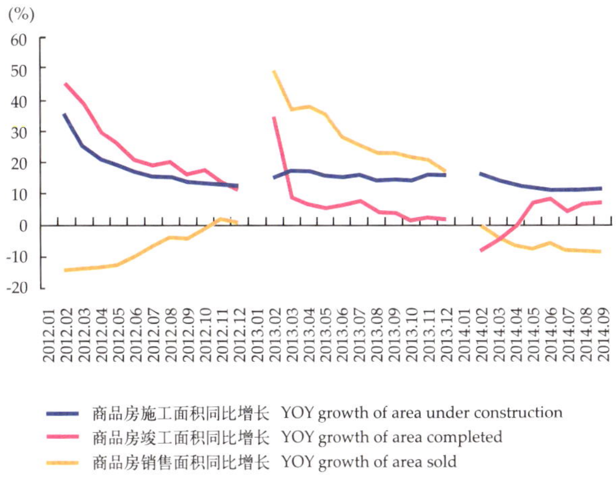

商品房销售额及其增长率
Sales volume of commercial housing and its growth rate

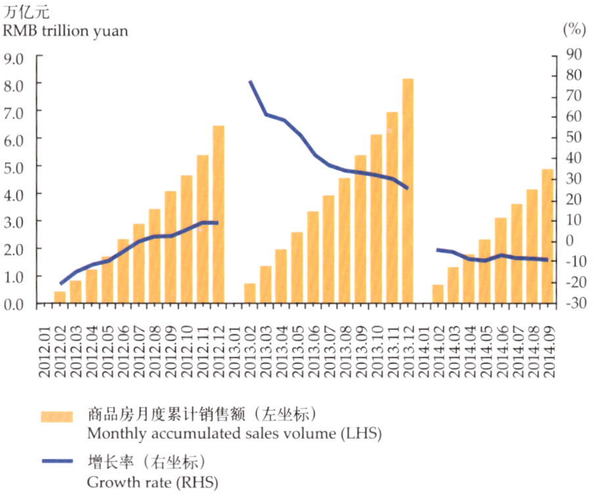

住宅在商品房施工面积、竣工面积与销售面积中所占的比重
Share of residences in commercial housing under construction, completed, and sold

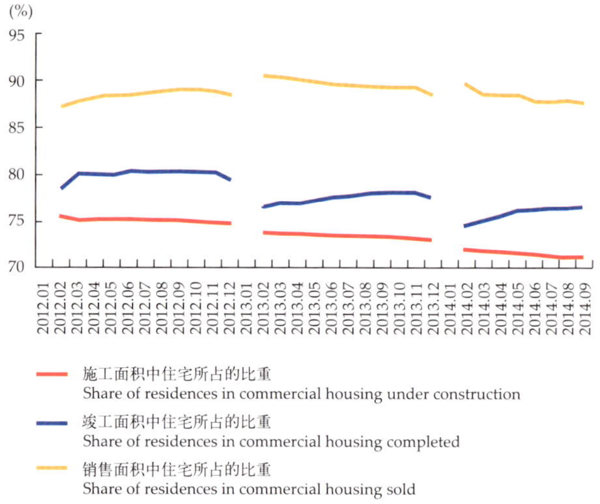

主要经济指标环比增速
MOM growth rates of main economic indicators

年/季 Year/Quarter	国内生产总值 Gross domestic product (%)	年/月 Year/Month		规模以上工业增加值 Value added of industry (%)	固定资产投资（不含农户）Completed investment in fixed assets（excluding rural households）(%)	社会消费品零售总额 Retail sales of consumer goods (%)
2012		2012	1	0.50	1.24	0.19
			2	0.61	1.84	1.01
I	1.4		3	1.24	1.01	1.21
			4	0.36	1.21	0.97
			5	0.89	1.89	1.09
II	2.2		6	0.80	1.87	1.12
			7	0.69	1.32	1.09
			8	0.72	1.27	1.10
III	2		9	0.89	1.99	1.32
			10	0.79	1.56	1.16
			11	0.82	1.52	1.21
IV	1.9		12	0.84	1.59	1.25
2013		2013	1	0.61	1.69	0.14
			2	0.82	1.66	0.96
I	1.6		3	0.72	1.48	1.50
			4	0.79	1.46	0.99
			5	0.67	1.41	0.97
II	1.8		6	0.62	1.28	1.09
			7	0.89	1.55	1.07
			8	0.88	1.66	0.92
III	2.3		9	0.54	1.15	1.02
			10	0.81	0.83	0.98
			11	0.67	1.40	0.99
IV	1.7		12	0.65	1.21	0.98
2014		2014	1	0.55	1.46	0.84
			2	0.56	1.00	0.61
I	1.5		3	0.82	1.20	1.22
			4	0.64	1.07	0.82
			5	0.65	1.25	1.11
II	2		6	0.72	1.37	0.91
			7	0.65	0.75	0.86
			8	0.22	0.96	0.89
III	1.9		9	0.91	0.77	0.85

注：1. 自2011年4月起，国家统计局对外公布国内生产总值、规模以上工业增加值、固定资产投资（不含农户）、社会消费品零售总额四项统计指标的经季节调整的环比数据。
2. 表中数据根据国家统计局最新数据修订。

Notes:1. From April 2011, National Bureau of Statistics began to pubilsh four seasonally-adjusted MOM indices, namely: gross domestic product, value added of industry, completed investment in fixed assets (excluding rural households), retail sales of consumer goods.
2. Data are revised by National Bureau of Statistics of China.

五、对外部门
5. External Sector

1.外贸
(1)Foreign trade

据世界贸易组织统计，2013年，中国货物贸易出口总值为2.2万亿美元，占世界货物贸易出口总值18.816万亿美元的11.7%，比2012年提高0.5个百分点，在全球货物贸易出口排名中位居第一。2013年，中国货物贸易进口总值为1.95万亿美元，占世界货物贸易进口总值18.89万亿美元的10.3%，比2012年提高了0.5个百分点，在全球货物贸易进口中排名第二，位于美国之后。

According to WTO statistics, in 2013, China's export volume of goods totaled USD2,200 billion, accounting for 11.7 percent of the world total of USD18.816 trillion, 0.5 percentage points higher than that in 2012. And China's goods export also ranked 1st in the world. China's import volume of goods reached USD1 950 billion, accounting for 10.3 percent of the world total of USD18.890 trillion, 0.5 percentage point higher than that in 2012. China ranked 2nd in the world after the U.S. in terms of goods imports.

2013年世界货物贸易出口前十位排名
Top ten economies in the world in terms of goods exported in 2013

	出口(10亿美元) Exports (USD billion)	比重(%) Share (%)
世界 World total	**18 816**	**100.0**
1 中 国 China	**2 200**	**11.7**
2 美 国 U.S.	1 580	8.4
3 德 国 Germany	1 453	7.7
4 日 本 Japan	715	3.8
5 荷 兰 Netherlands	672	3.6
6 法 国 France	580	3.1
7 韩 国 Korea	560	3.0
8 英 国 U.K.	542	2.9
9 香 港 HK SAR of China	535	2.8
10 俄罗斯 Russia	523	2.8

2013年世界货物贸易进口前十位排名
Top ten economies in the world in terms of goods imported in 2013

	进口(10亿美元) Imports (USD billion)	比重(%) Share (%)
世界 World total	**18 890**	**100.0**
1 美 国 U.S.	2 329	12.3
2 中 国 China	**1 950**	**10.3**
3 德 国 Germany	1 189	6.3
4 日 本 Japan	833	4.4
5 法 国 France	681	3.6
6 英 国 U.K.	655	3.5
7 香 港 HK SAR of China	622	3.3
8 荷 兰 Netherlands	590	3.1
9 韩 国 Korea	516	2.7
10 意大利 Italy	477	2.5

年度进出口额及其增长率
Annual imports & exports and growth rates

单位：亿美元
Unit: USD 100 million

年 Year	进出口 Imports & Exports		出口 Exports		进口 Imports		进出口差额 Trade balance
	总额 Total value	增长率(%) Growth rate (%)	总额 Total value	增长率(%) Growth rate (%)	总额 Total value	增长率(%) Growth rate (%)	
1991	1 357	17.6	719	15.8	638	19.6	81
1992	1 655	22.0	849	18.1	806	26.3	44
1993	1 957	18.2	917	8.0	1 040	29.0	-122
1994	2 366	20.9	1 210	31.9	1 156	11.2	54
1995	2 809	18.7	1 488	23.0	1 321	14.2	167
1996	2 899	3.2	1 510	1.5	1 388	5.1	122
1997	3 252	12.2	1 828	21.0	1 424	2.5	404
1998	3 239	-0.4	1 837	0.5	1 402	-1.5	435
1999	3 606	11.3	1 949	6.1	1 657	18.2	292
2000	4 743	31.5	2 492	27.8	2 251	35.8	241
2001	5 097	7.5	2 661	6.8	2 436	8.2	225
2002	6 208	21.8	3 256	22.4	2 952	21.2	304
2003	8 510	37.1	4 382	34.6	4 128	39.8	255
2004	11 546	35.7	5 933	35.4	5 612	36.0	321
2005	14 219	23.2	7 620	28.4	6 600	17.6	1 020
2006	17 604	23.8	9 689	27.2	7 915	19.9	1 775
2007	21 766	23.6	12 205	25.9	9 561	20.8	2 643
2008	25 633	17.8	14 307	17.2	11 326	18.5	2 981
2009	22 075	-13.9	12 016	-16.0	10 059	-11.2	1 957
2010	29 740	34.7	15 778	31.3	13 962	38.8	1 815
2011	36 419	22.5	18 986	20.3	17 433	24.9	1 549
2012	38 668	6.2	20 489	7.9	18 178	4.3	2 311
2013	41 600	7.6	22 096	7.8	19 504	7.3	2 592

注：表中数据根据海关总署最新数据修订。
Note: Data are revised by General Administration of Customs of the People's Republic of China.

出口总值与GDP之比
Total exports over GDP

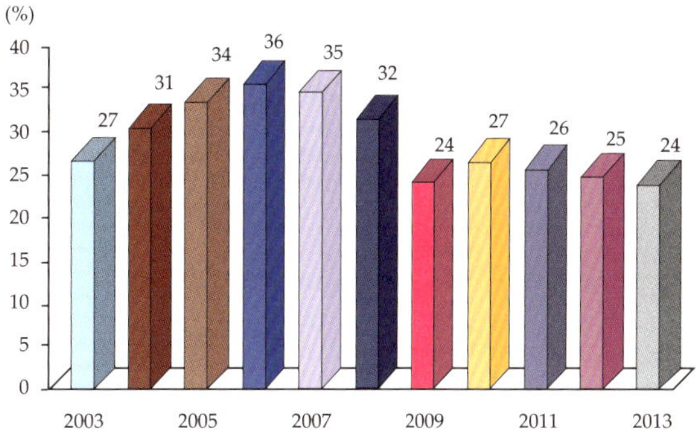

注：图中数据根据国家统计局最新数据修订。
Note: Data are revised by National Bureau of Statistics of China.

贸易差额
Trade balance

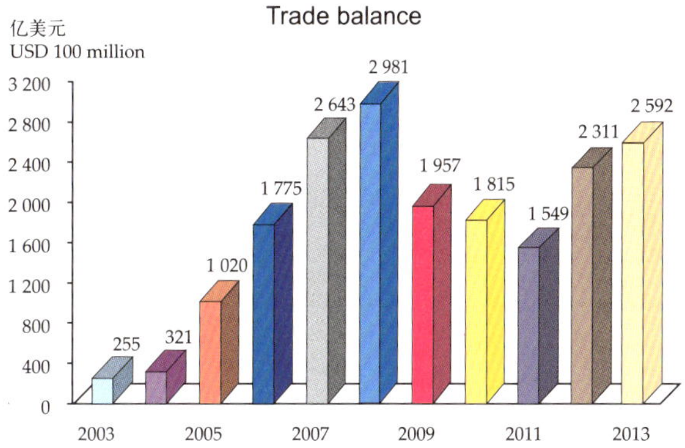

贸易总额及其增长趋势
Total trade volume and growth rates

贸易总额与GDP之比
Total trade volume over GDP

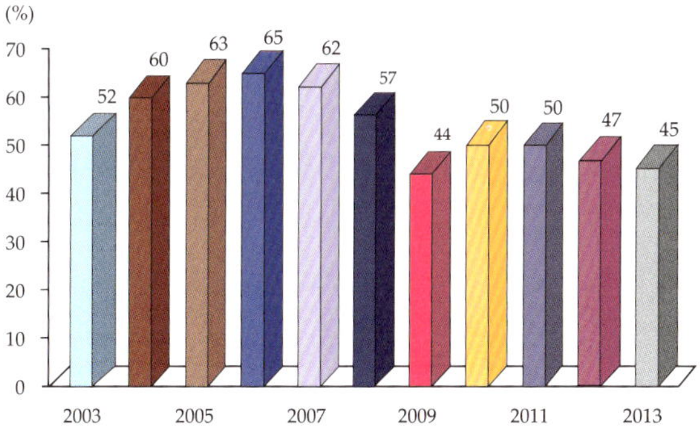

注：图中数据根据国家统计局最新数据修订。
Note: Data are revised by National Bureau of Statistics of China.

当月进出口总值及其增长率
Total monthly imports, exports, and growth rates

单位：亿美元
Unit: USD 100 million

年/月 Year/Month	出口总值 Total exports	进口总值 Total imports	出口同比增长率(%) Growth rate of exports (YOY)(%)	进口同比增长率(%) Growth rate of imports (YOY)(%)	当月差额 Monthly trade balance
2013.01	1 874	1 582	25.0	29.0	291
2013.02	1 394	1 241	21.7	-14.9	152
2013.03	1 822	1 830	10.0	14.2	-8
2013.04	1 871	1 689	14.6	16.6	182
2013.05	1 828	1 623	0.9	-0.1	204
2013.06	1 743	1 472	-3.3	-0.9	271
2013.07	1 860	1 682	5.1	10.8	178
2013.08	1 906	1 621	7.1	7.1	285
2013.09	1 856	1 704	-0.4	7.4	152
2013.10	1 854	1 543	5.6	7.5	311
2013.11	2 022	1 684	12.7	5.4	338
2013.12	2 077	1 821	4.3	8.6	256
2014.01	2 071	1 753	10.5	10.8	319
2014.02	1 141	1 371	-18.1	10.4	-230
2014.03	1 701	1 624	-6.6	-11.3	77
2014.04	1 885	1 701	0.8	0.7	185
2014.05	1 955	1 596	7.0	-1.7	359
2014.06	1 868	1 552	7.2	5.5	316
2014.07	2 129	1 656	14.5	-1.5	473
2014.08	2 085	1 586	9.4	-2.1	498
2014.09	2 137	1 827	15.1	7.2	310

月度累计进出口总值及其增长率
Total accumulated monthly imports,exports, and growth rates

单位：亿美元
Unit: USD 100 million

年/月 Year/Month	累计出口总值 Accumulated total exports	累计进口总值 Accumulated total imports	累计出口同比增长率(%) Growth rate of accumulated exports (YOY) (%)	累计进口同比增长率(%) Growth rate of accumulated imports (YOY) (%)	累计贸易差额 Accumulated trade balance
2013.01	1 874	1 582	25.0	28.8	291
2013.02	3 266	2 829	23.6	5.1	437
2013.03	5 088	4 660	18.4	8.5	428
2013.04	6 957	6 354	17.3	10.7	603
2013.05	8 784	7 977	13.5	8.2	807
2013.06	10 527	9 448	10.4	6.7	1 079
2013.07	12 386	11 129	9.5	7.3	1 257
2013.08	14 292	12 751	9.2	7.3	1 541
2013.09	16 148	14 455	8.0	7.3	1 694
2013.10	18 000	15 998	7.8	7.3	2 002
2013.11	20 022	17 682	8.2	7.1	2 340
2013.12	22 096	19 504	7.8	7.3	2 592
2014.01	2 070	1 751	10.5	10.7	319
2014.02	3 211	3 119	-1.7	10.2	92
2014.03	4 911	4 740	-3.5	1.7	171
2014.04	6 796	6 439	-2.3	1.3	357
2014.05	8 753	8 034	-0.4	0.7	719
2014.06	10 621	9 585	0.9	1.4	1 036
2014.07	12 749	11 241	2.9	1.0	1 508
2014.08	14 833	12 826	3.8	0.6	2 007
2014.09	16 970	14 653	5.1	1.4	2 317

注：表中数据根据海关总署最新数据修订。
Note: Data are revised by General Administration of Customs of the People's Republic of China.

当月进出口总值及其增长率
Total monthly imports, exports, and growth rates

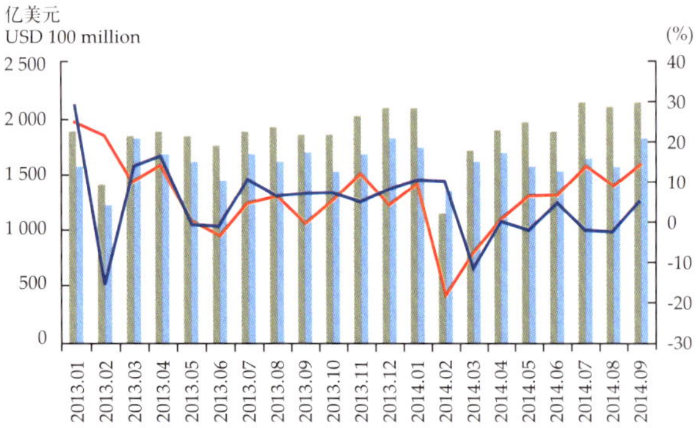

当月出口总值（左坐标） Total monthly exports (LHS)
当月进口总值（左坐标） Total monthly imports (LHS)
出口同比增长率（右坐标） YOY growth rate of exports (RHS)
进口同比增长率（右坐标） YOY growth rate of imports (RHS)

月度累计进出口总值及其增长率
Total accumulated monthly imports, exports, and growth rates

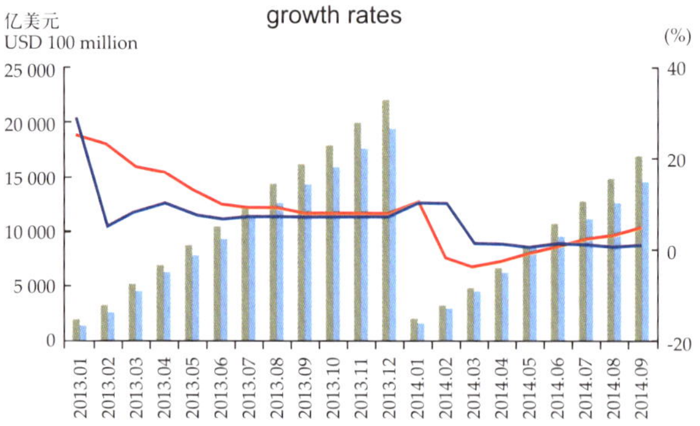

月度累计出口总值（左坐标） Accumulated total monthly exports (LHS)
月度累计进口总值（左坐标） Accumulated total monthly imports (LHS)
累计出口同比增长率（右坐标） YOY growth rate of accumulated exports (RHS)
累计进口同比增长率（右坐标） YOY growth rate of accumulated imports (RHS)

贸易差额月度变动趋势
Movement of monthly trade balance

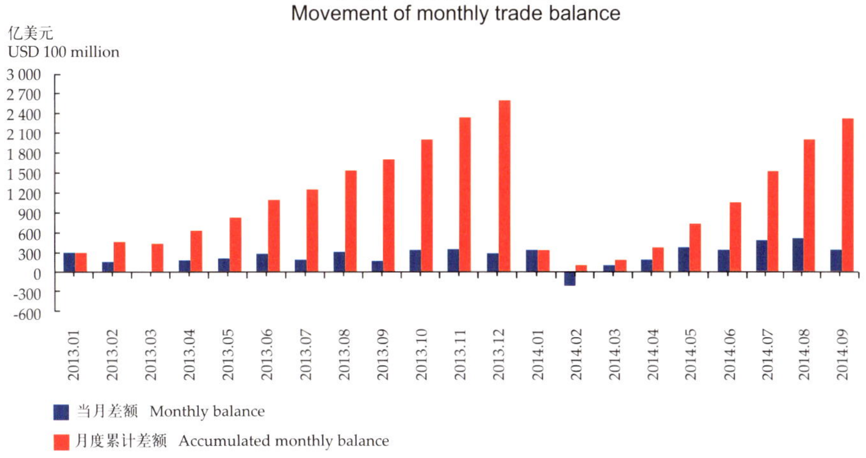

贸易差额构成
Composition of trade balance

单位：亿美元
Unit: USD 100 million

年 Year	贸易差额总计 Total trade balance	一般贸易 General trade	加工贸易 Processing trade	其他贸易 Other trade
1998	435	306	359	-230
1999	292	121	373	-202
2000	241	51	451	-261
2001	225	-16	535	-293
2002	304	71	577	-344
2003	255	-57	789	-477
2004	321	-46	1 063	-697
2005	1 020	354	1 425	-759
2006	1 775	831	1 889	-945
2007	2 643	1 098	2 491	-971
2008	2 981	899	2 968	-912
2009	1 957	-40	2 646	-646
2010	1 815	-473	3 229	-926
2011	1 549	-903	3 656	-1 200
2012	2 311	-338	3 816	-1 171
2013	2 592	-222	3 638	-819

注：“贸易差额总计”根据《海关统计》月报修订。
Note: "Total trade balance" are revised by *China Monthly Exports and Imports.*

月度累计贸易差额按企业性质分
Accumulated monthly trade balance by enterprise

单位：亿美元
Unit: USD 100 million

年/月 Year/Month	国有企业 State-owned enterprises	外资企业 Foreign-funded enterprises	其他企业 Other enterprises
2013.01	-206	160	338
2013.02	-386	297	530
2013.03	-617	433	615
2013.04	-842	558	894
2013.05	-1 038	673	1 174
2013.06	-1 220	823	1 477
2013.07	-1 446	923	1 781
2013.08	-1 631	1 064	2 111
2013.09	-1 817	1 180	2 349
2013.10	-2 032	1 346	2 690
2013.11	-2 252	1 553	3 040
2013.12	-2 500	1 694	3 403
2014.01	-247	157	409
2014.02	-486	169	407
2014.03	-713	284	596
2014.04	-966	383	935
2014.05	-1 148	540	1 322
2014.06	-1 314	646	1 697
2014.07	-1 449	802	2 196
2014.08	-1 668	948	2 726
2014.09	-1 864	1 036	3 145

贸易差额构成

Composition of trade balance

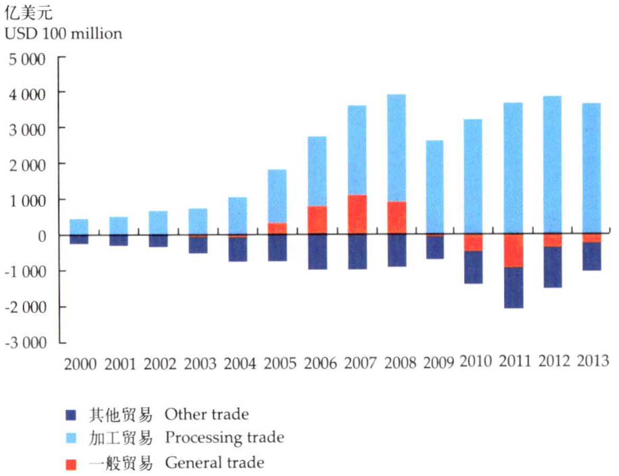

月度累计贸易差额按企业性质分

Accumulated monthly trade balance by enterprise

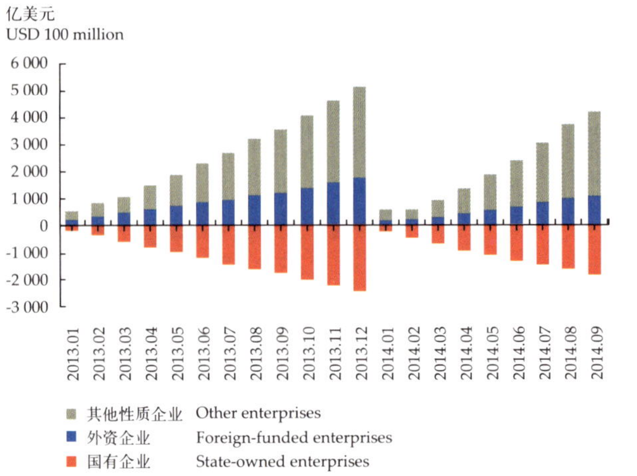

一般贸易累计进出口及其增长率

Accumulated imports and exports under general trade and growth rates

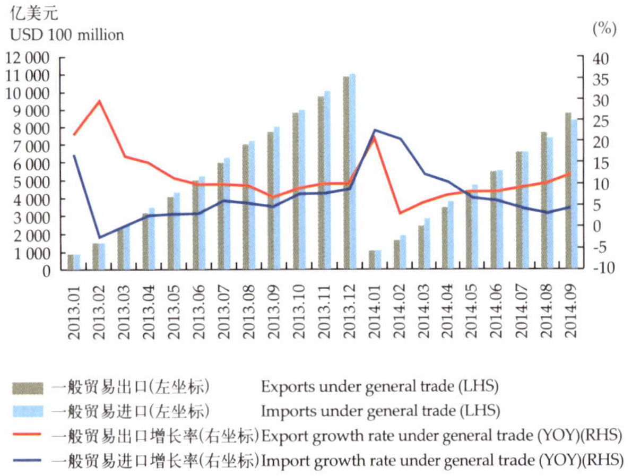

加工贸易累计进出口及其增长率

Accumulated imports and exports under processing trade and growth rates

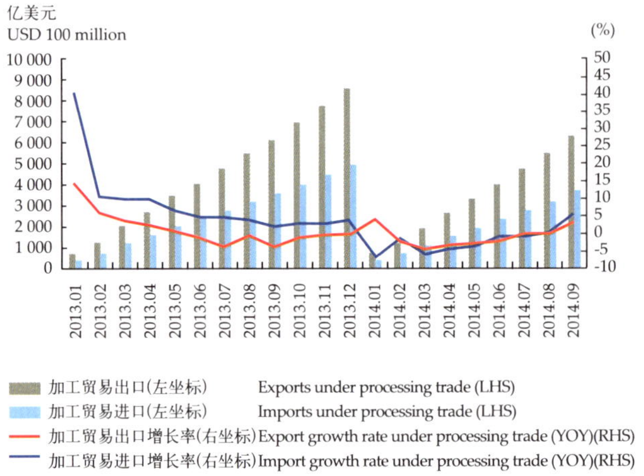

中国大陆对美国进出口及其增长趋势
Mainland China's imports from and exports to the U.S. and their growth

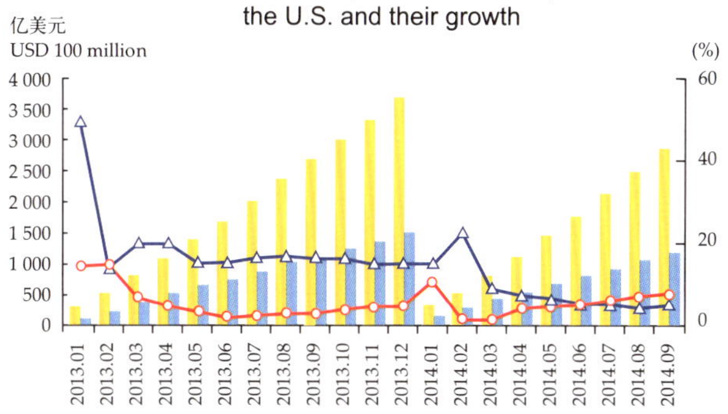

累计出口（左坐标） Accumulated exports (LHS)
累计进口（左坐标） Accumulated imports (LHS)
累计出口同比增长率（右坐标） Growth rate of accumulated exports (YOY)(RHS)
累计进口同比增长率（右坐标） Growth rate of accumulated imports (YOY)(RHS)

中国大陆对美国贸易总额和贸易差额
Mainland China's trade volume and trade balance with the U.S.

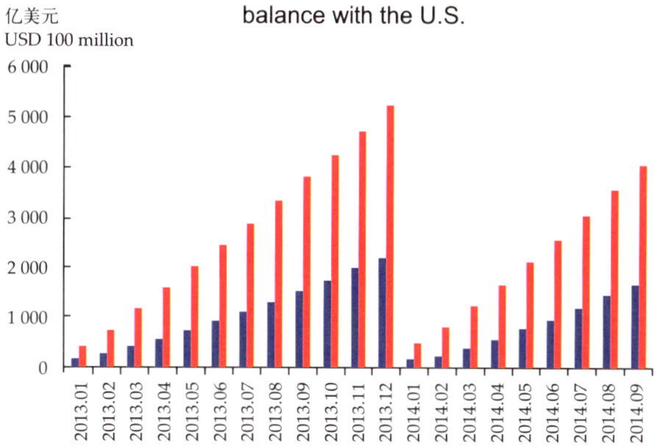

累计贸易差额 Accumulated trade balance
累计贸易总额 Accumulated trade volume

中国大陆对欧盟进出口及其增长趋势
Mainland China's imports from and exports to the EU and their growth

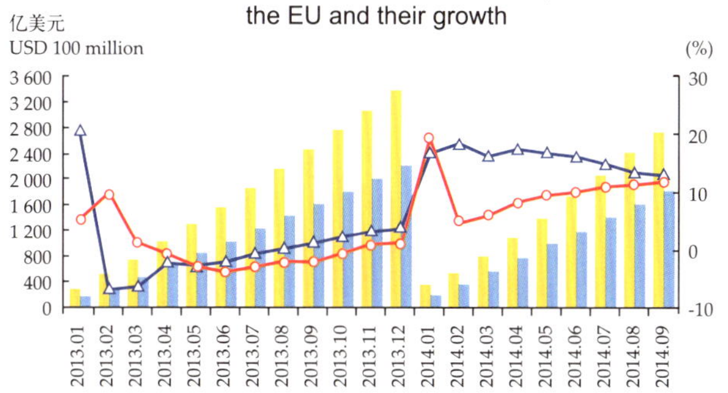

累计出口（左坐标） Accumulated exports (LHS)
累计进口（左坐标） Accumulated imports (LHS)
累计出口同比增长率（右坐标） Growth rate of accumulated exports (YOY)(RHS)
累计进口同比增长率（右坐标） Growth rate of accumulated imports (YOY)(RHS)

中国大陆对欧盟贸易总额和贸易差额
Mainland China's trade volume and trade balance with the EU

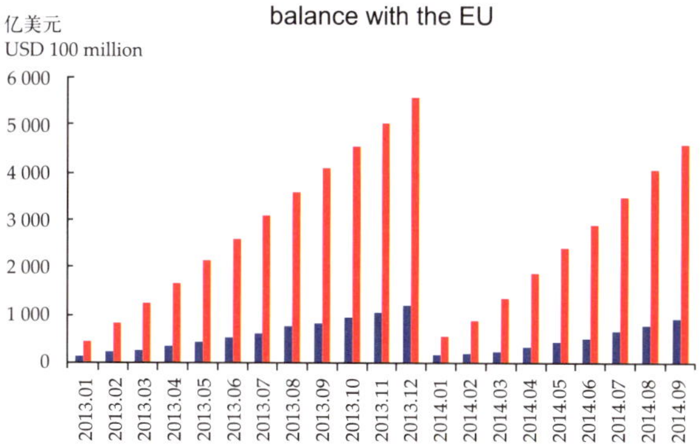

累计贸易差额 Accumulated trade balance
累计贸易总额 Accumulated trade volume

中国大陆对日本进出口及其增长趋势
Mainland China's imports from and exports to Japan and their growth

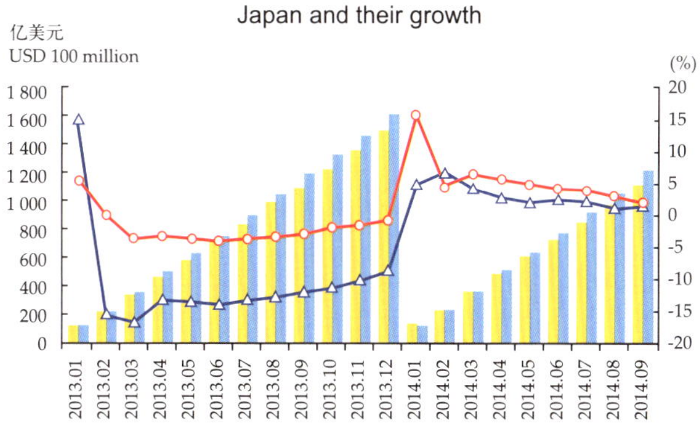

累计出口（左坐标） Accumulated exports (LHS)
累计进口（左坐标） Accumulated imports (LHS)
累计出口同比增长率（右坐标）Growth rate of accumulated exports (YOY)(RHS)
累计进口同比增长率（右坐标）Growth rate of accumulated imports (YOY)(RHS)

中国大陆对日本贸易总额和贸易差额
Mainland China's trade volume and trade balance with Japan

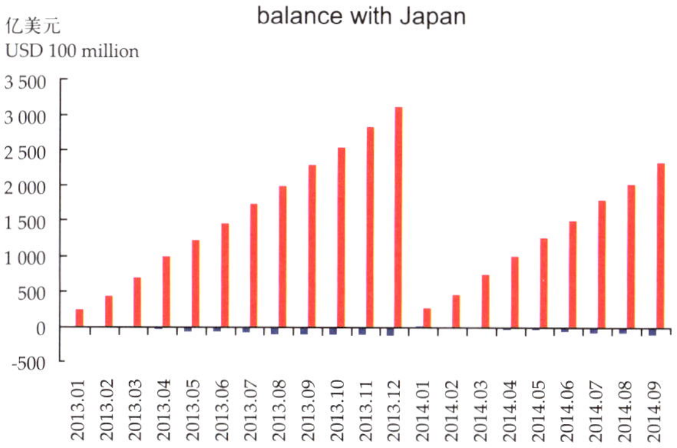

累计贸易差额 Accumulated trade balance
累计贸易总额 Accumulated trade volume

中国大陆对东盟进出口及其增长趋势
Mainland China's imports from and exports to ASEAN and their growth

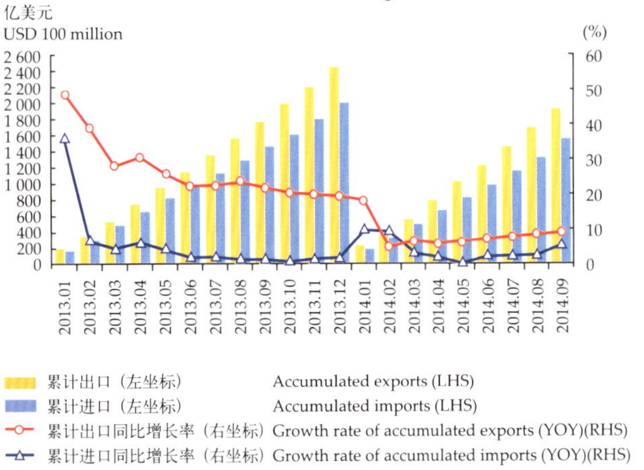

中国大陆对东盟贸易总额和贸易差额
Mainland China's trade volume and trade balance with ASEAN

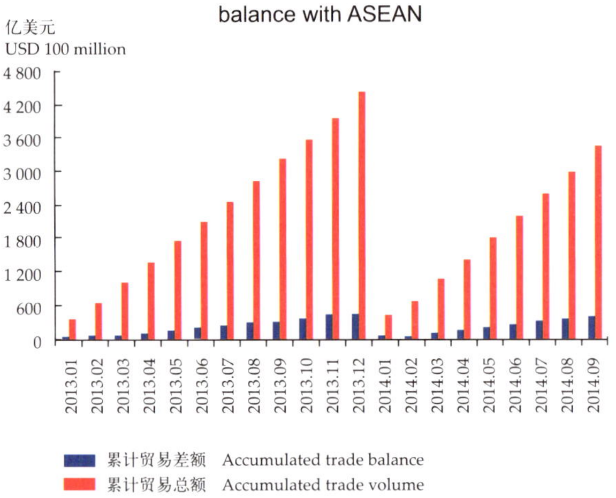

中国大陆对中国香港地区进出口及其增长趋势
Mainland China's imports from and exports to Hong Kong SAR of China and their growth

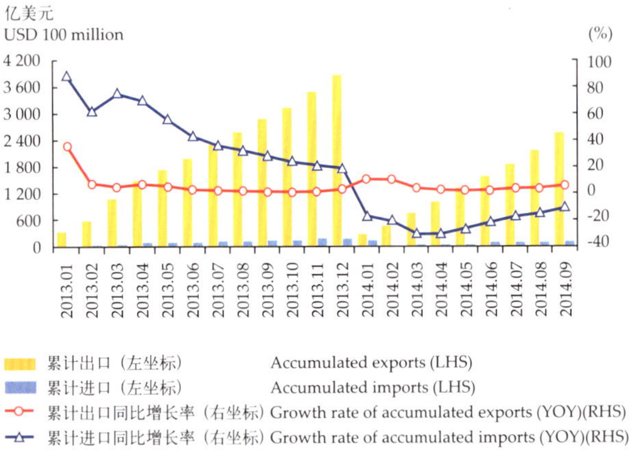

中国大陆对中国香港地区贸易总额和贸易差额
Mainland China's trade volume and trade balance with Hong Kong SAR of China

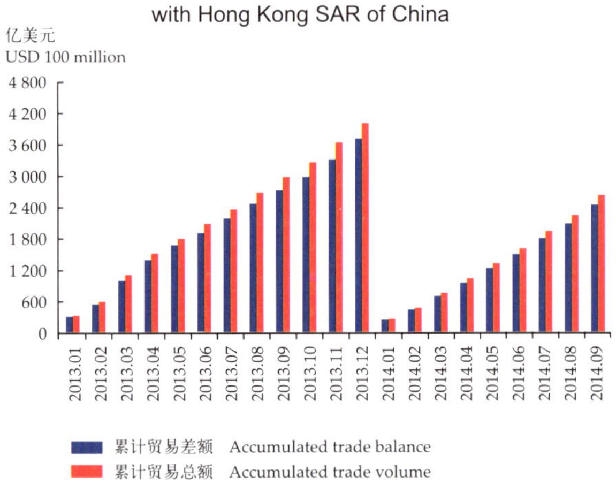

中国大陆对中国台湾地区进出口及其增长趋势
Mainland China's imports from and exports to China Taiwan and their growth

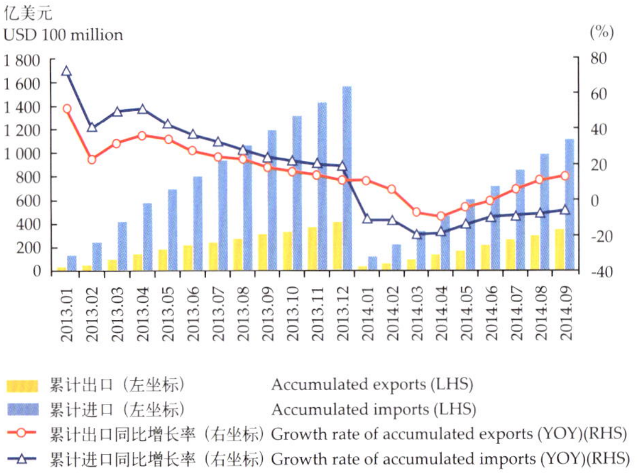

中国大陆对中国台湾地区贸易总额和贸易差额
Mainland China's trade volume and trade balance with China Taiwan

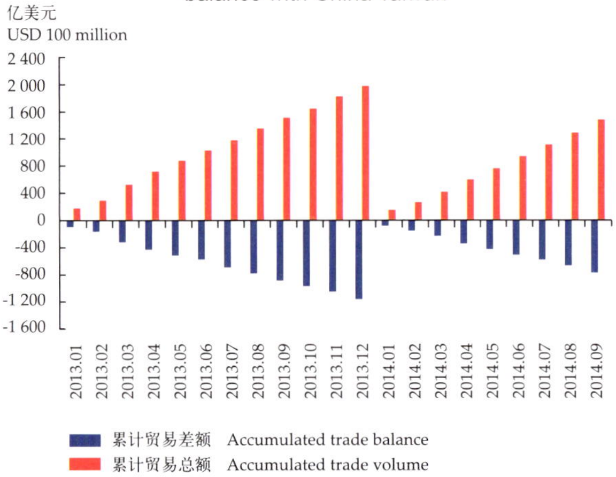

2. 外资
(2) Foreign investment

据联合国贸易与发展会议2014年6月发布的《2014年世界投资报告》，中国以1 239亿美元流入量成为2013年全球发展中国家中第一大外国直接投资接受国，报告指出：2013年全球外国直接投资流入量为1.45万亿美元，较上年增长9%。

另据商务部统计，2013年，新批设立外商投资企业22 773家，实际使用外资金额1 175.9亿美元。

According to the UNCTAD's *World Investment Report 2014* published in June 2014, China became the world's No.1 recipient of foreign direct investment (FDI) among developing countries in 2013, with capital inflows of USD123.9 billion. It is pointed out in the report that global FDI inflows increased by 9% to USD1.45 trillion in 2013.

According to statistics of the Ministry of Commerce, in 2013, 22,773 foreign-invested enterprises were approved for incorporation in China, with actual utilized FDI reaching USD 117.59 billion.

实际利用外商直接投资及其增长趋势

Actual utilized foreign direct investments and growth rates

单位：亿美元
Unit: USD 100 million

年 Year	绝对值 Absolute value	增长率(%) Growth rates (%)
1991	43.7	28.7
1992	110.1	152.1
1993	275.2	150.0
1994	337.7	22.7
1995	375.2	11.1
1996	417.3	11.2
1997	452.6	8.5
1998	454.6	0.5
1999	403.2	-11.3
2000	407.2	1.0
2001	468.5	14.9
2002	527.4	12.6
2003	535.1	1.4
2004	606.3	13.3
2005	603.3	-0.5
2006	630.2	4.5
2007	747.7	13.6
2008	924.0	23.6
2009	900.3	-2.6
2010	1 057.0	17.4
2011	1 160.1	9.7
2012	1 117.2	-3.7
2013	1 175.9	5.3

实际利用外商直接投资及其增长率

Actual utilized foreign direct investments and growth rates

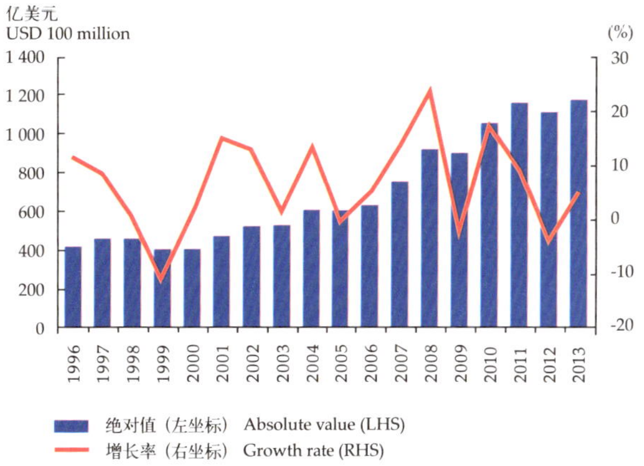

月度累计实际外商直接投资
Accumulated utilized FDI on a monthly basis

单位：亿美元
Unit: USD 100 million

年/月 Year/Month	实际外商直接投资累计金额 Accumulated utilized FDI	实际外商直接投资累计同比增长率(%) Growth rate of accumulated utilized FDI (%)
2013.01	93	-7.3
2013.02	175	-1.4
2013.03	299	1.4
2013.04	383	1.2
2013.05	476	1.0
2013.06	620	4.9
2013.07	714	7.0
2013.08	798	6.3
2013.09	886	6.2
2013.10	970	5.7
2013.11	1 055	5.4
2013.12	1 176	5.3
2014.01	108	16.1
2014.02	193	10.4
2014.03	315	5.5
2014.04	403	5.0
2014.05	489	2.8
2014.06	633	2.2
2014.07	711	-0.4
2014.08	783	-1.8
2014.09	874	-1.4

月度累计实际外商直接投资
Accumulated utilized FDI on a monthly basis

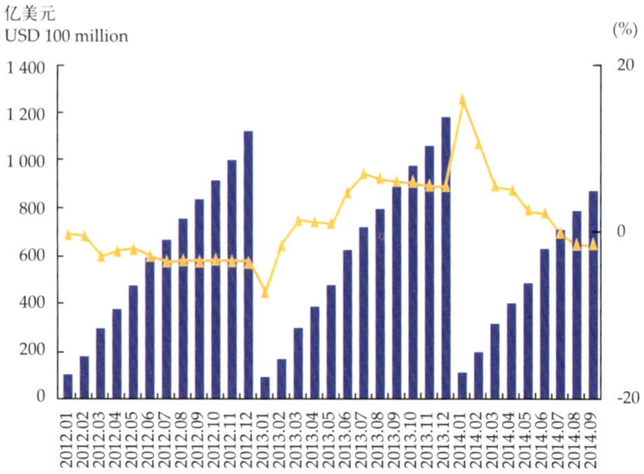

3.国际收支
(3) Balance of payments (BOP)

中国国际收支变化趋势
Movement of China's balance of payments

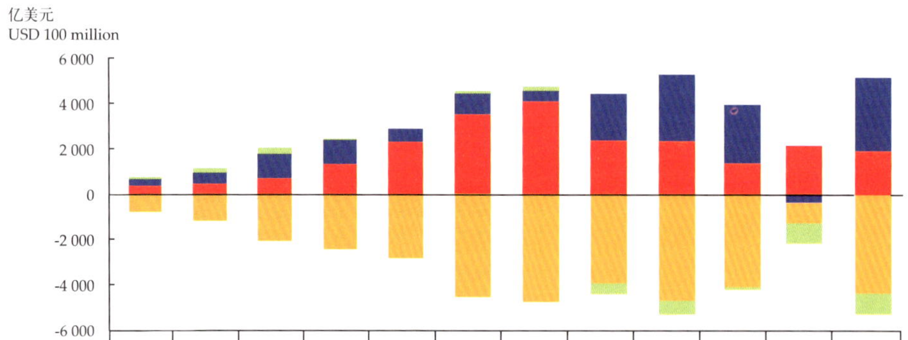

	2002	2003	2004	2005	2006	2007	2008	2009	2010	2011	2012	2013
净误差与遗漏差额 Balance of errors and omissions (net)	78	184	270	155	37	133	188	-434	-530	-138	-870	-776
储备资产差额 Balance of reserve assets	-755	-1 170	-2 064	-2 506	-2 848	-4 607	-4 795	-3 984	-4 717	-3 878	-966	-4 314
资本和金融项目差额 Balance of capital and financial accounts	323	527	1 107	1 010	493	942	401	1 985	2 869	2 655	-318	3 262
经常项目差额 Balance of current account	354	459	687	1 341	2 318	3 532	4 206	2 433	2 378	1 361	2 154	1 828

注：1. 储备资产的增加用负值表示，储备资产的减少用正值表示。
2. 图中数据根据国家外汇管理局最新数据修订。
Notes: 1. The increase in the reserve assets is expressed in a negative figure and the decresae in the reserve assets is expressed in a positive figure.
2. Data are revised by State Administration of Foregn Exchange.

2014年上半年国际收支平衡表简表

BOP sheet in the first half of 2014

单位：亿美元
Unit: USD 100 million

项　目	Items	差额 Balance	贷方 Credit	借方 Debit
一、经常项目	**Current account**	805	13 110	12 305
A．货物和服务	Goods and services	868	11 780	10 912
a.货物	Goods	1 493	10 677	9 148
b.服务	Services	-625	1 103	1 727
B．收益	Yields	55	1 096	1 041
C．经常转移	Current transfers	-118	235	353
二、资本和金融项目	**Capital and financial accounts**	778	12 248	11 471
A．资本项目	Capital account	-4	13	17
B．金融项目	Financial account	782	12 236	11 454
1.直接投资	Direct investment	930	1 838	908
1.1 我国在外直接投资	FDI outflow	-311	238	550
1.2 外国在华直接投资	FDI inflow	1 241	1 599	358
2.证券投资	Portfolio investment	369	665	296
2.1 资产	Assets	25	160	135
2.2 负债	Liabilities	344	505	161
3.其他投资	Other investment	-517	9 733	10 250
三、储备资产	**Reserve assets**	-1 479	8	1 486
3.1 货币黄金	Monetary gold	0	0	0
3.2 特别提款权	SDRs	1	1	1
3.3 在国际货币基金组织的储备头寸	Reserve position in IMF	6	6	0
3.4 外汇	Foreign exchange	-1 486	0	1 486
3.5 其他债权	Other claims	0	0	0
四、净误差与遗漏	**Errors and omissions (net)**	-104	0	104

4.外汇储备
(4) Foreign exchange reserves

外汇储备及其增长率

Foreign exchange reserves and growth rates

单位：亿美元
Unit: USD 100 million

年/月 Year/Month	外汇储备 Foreign exchange reserves	同比增长(%) Growth rate (YOY)(%)
2013.01	34 101	4.8
2013.02	33 954	2.6
2013.03	34 426	4.2
2013.04	35 345	7.1
2013.05	35 148	9.6
2013.06	34 967	7.9
2013.07	35 478	9.5
2013.08	35 530	8.6
2013.09	36 627	11.5
2013.10	37 366	13.7
2013.11	37 895	14.9
2013.12	38 213	15.4
2014.01	38 666	13.4
2014.02	39 137	15.3
2014.03	39 481	14.7
2014.04	39 788	12.6
2014.05	39 839	13.3
2014.06	39 932	14.2
2014.07	39 663	11.8
2014.08	39 688	11.7
2014.09	38 877	6.1

外汇储备及其增长率

Foreign exchange reserves and growth rates

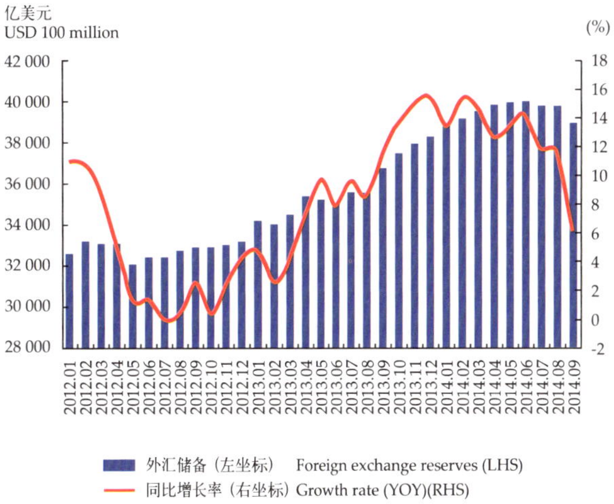

5.外债
(5) External debt

外债余额与外债债务率
Balance and ratio of external debt to foreign exchange income

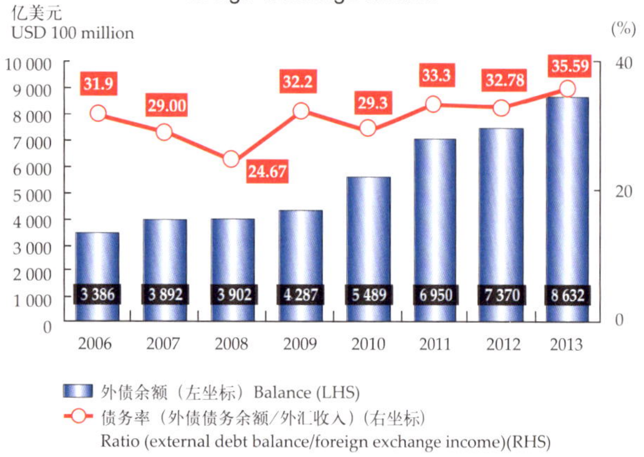

外债余额与外债负债率
Balance and ratio of external debt to GDP

注：图中数据根据国家外汇管理局最新数据修订。
Note: Data are revised by State Administration of Foreign Exchange.

2014年6月末外债数据
External debt balance at the end of June of 2014

单位：亿美元
Unit: USD 100 million

	登记外债 Registered external debt	中资金融机构 Chinese financial institutions	外商投资企业 Foreign investment enterprises	境内外资金融机构 Domestic foreign financial institutions	贸易信贷 Trade credit	合计 Total
外债余额 Debt balance	5 790.35	2 906.40	1 745.25	718.56	3 282.00	9 072.35
比重(%) Share (%)	100	50.19	30.14	12.41	—	—

注：2014年上半年，中国新借入中长期外债254.00亿美元，还本133.13亿美元，付息16.69亿美元。
Note: In the first half of 2014, China borrowed medium and long-term external debts totaling USD25.4 billion, repaid principal in the amount of USD13.313 billion and interest in the amount of USD1.669 billion.

2014年6月末外债结构
External debt structure at the end of June of 2014

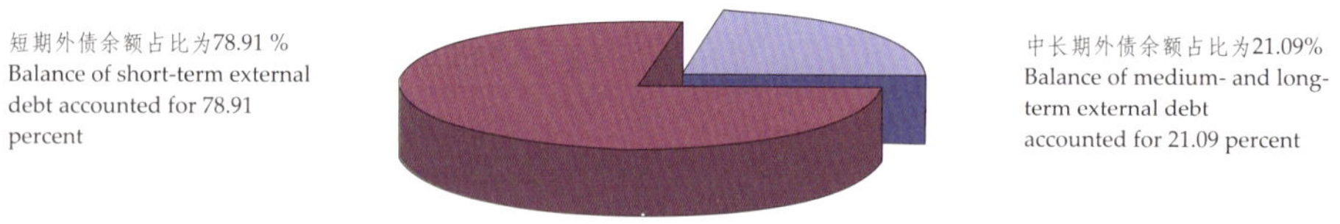

2014年6月末，中国外债余额为9 072.35亿美元，其中，中长期外债余额为1 913.72亿美元，占外债余额的21.09%，短期外债余额为7 158.63亿美元，占外债余额的78.91%。
China's outstanding balance of external debt was USD907.235 billion at the end of June of 2014, among which USD191.372 billion or 21.09 percent was medium- and long-term debt, and USD715.863 billion or 78.91 percent was short-term debt.

六、财政收支与债务
6. Fiscal Revenue, Expenditure and Debt

年度财政收入、财政支出及其增长趋势
Annual budgetary revenue, budgetary expenditure, and their growth

单位：亿元
Unit: RMB 100 million yuan

年 Year	财政收入 Budgetary revenue	财政支出 Budgetary expenditure	财政收入同比增长率(%) Growth rate of budgetary revenue (YOY) (%)	财政支出同比增长率(%) Growth rate of budgetary expenditure (YOY)(%)
1993	4 349	4 642	24.8	24.1
1994	5 218	5 793	20.0	24.8
1995	6 242	6 824	19.6	17.8
1996	7 408	7 938	18.7	16.3
1997	8 651	9 234	16.8	16.3
1998	9 876	10 798	14.2	16.9
1999	11 444	13 188	15.9	22.1
2000	13 395	15 887	17.0	20.5
2001	16 386	18 903	22.3	19.0
2002	18 904	22 053	15.4	16.7
2003	21 715	24 650	14.9	11.8
2004	26 396	28 487	21.6	15.6
2005	31 649	33 930	19.9	19.1
2006	38 760	40 423	22.5	19.1
2007	51 322	49 781	32.4	23.2
2008	61 330	62 593	19.5	25.4
2009	68 518	76 300	11.7	21.9
2010	83 080	89 575	21.3	17.4
2011	103 740	108 930	24.8	21.2
2012	117 210	125 712	12.8	15.1
2013	129 143	139 744	10.2	11.2

注：表中数据根据财政部最新数据修订。
Note: Data are revised by Ministry of Finance People's Republic of China.

月度累计财政收支增长率与收支差额
Monthly growth rate and balance of accumulated fiscal revenue and expenditure

单位：亿元
Unit: RMB 100 million yuan

年/月 Year/Month	财政收入累计同比增长率(%) Growth rate of accumulated fiscal revenue(YOY)(%)	财政支出累计同比增长率(%) Growth rate of accumulated fiscal expenditure(YOY)(%)	累计财政收支总量差额 Balance of accumulated fiscal revenue and expenditure
2013.01	5.8	19.1	5 289
2013.02	7.2	15.7	6 321
2013.03	6.9	12.1	4 997
2013.04	6.7	13.6	7 120
2013.05	6.6	13.2	9 603
2013.06	7.5	10.8	8 877
2013.07	8.0	8.9	11 371
2013.08	8.1	8.6	10 351
2013.09	8.6	8.8	6 857
2013.10	9.4	10.0	8 486
2013.11	9.9	9.3	4 953
2013.12	10.2	11.2	-12 000
2014.01	13.0	21.3	5 281
2014.02	11.1	6.0	7 856
2014.03	9.3	12.6	4 593
2014.04	9.3	9.6	7 665
2014.05	8.8	12.9	8 545
2014.06	8.8	15.8	5 484
2014.07	8.5	15.0	7 889
2014.08	8.3	13.9	6 795
2014.09	8.1	13.2	2 722

注：表中数据根据财政部最新数据修订。
Note: Data are revised by Ministry of Finance People's Republic of China.

年度财政收入、财政支出及其增长趋势
Annual budgetary revenue, budgetary expenditure, and their growth

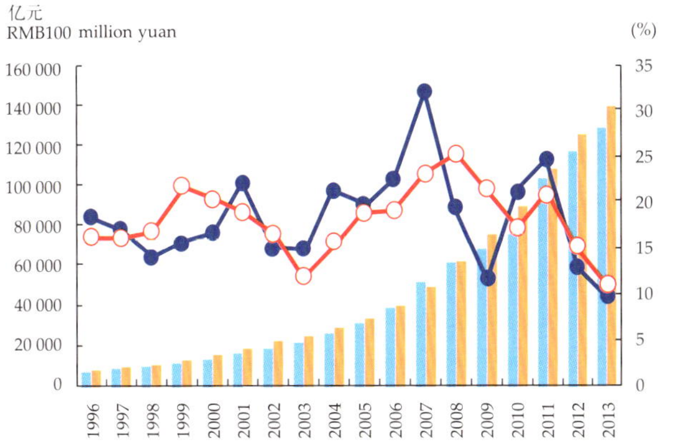

财政收入(左坐标) Budgetary revenue (LHS)
财政支出(左坐标) Budgetary expenditure (LHS)
财政收入同比增长率(右坐标) Growth rate of budgetary revenue (YOY)(RHS)
财政支出同比增长率(右坐标) Growth rate of budgetary expenditure (YOY)(RHS)

月度累计财政收支增长率与收支差额
Monthly growth rate and balance of accumulated fiscal revenue and expenditure

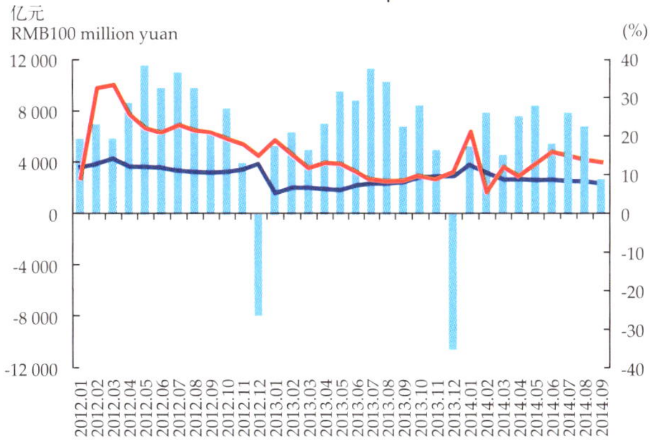

累计财政收支差额（左坐标）
Balance of accumulated fiscal revenue and expenditure (LHS)
财政收入累计同比增长率（右坐标）
Growth rate of accumulated fiscal revenue (YOY)(RHS)
财政支出累计同比增长率（右坐标）
Growth rate of accumulated fiscal expenditure (YOY)(RHS)

中央财政收支在全部财政收支中所占的比重
Ratio of revenues and expenditures of the central government to total fiscal revenues and expenditures

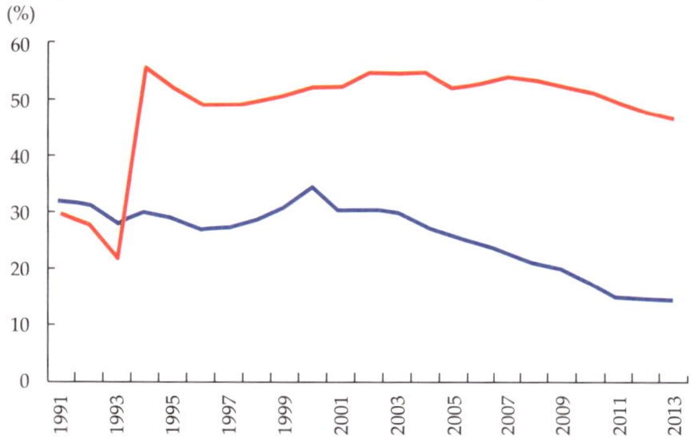

中央财政收入占全部财政收入的百分比
Revenues of central government as a percentage of total fiscal revenues
中央财政支出占全部财政支出的百分比
Expenditures of central government as a percentage of total fiscal expenditures

财政风险
Fiscal risks

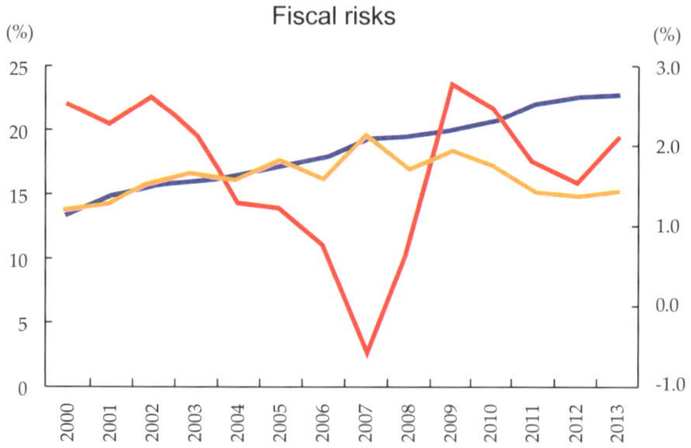

财政赤字/GDP（右坐标）
Fiscal deficit to GDP ratio (RHS)
财政收入/GDP（左坐标）
Fiscal revenue to GDP ratio (LHS)
国债余额/GDP（左坐标）
Outstanding government debt to GDP ratio (LHS)

2014年主要预算指标：

2014年，中央财政预算收入为64 380亿元，比2013年执行数（下同）增长7%。从中央预算稳定调节基金中调入1 000亿元，合计收入总量为65 380亿元。中央财政预算支出总量74 880亿元，增长9%。中央财政收支总量相抵，赤字为9 500亿元，比上年预算数增加1 000亿元。中央财政国债余额限额为100 708.35亿元。

汇总中央预算和地方预算安排，2014年全国财政收入139 530亿元，增长8%，加上从中央预算稳定调节基金调入1 000亿元，可安排的收入总量为140 530亿元；全国财政支出153 037亿元，增长9.5%。全国财政收支差额13 500亿元。

Budgetary targets for 2014:

In 2014 Revenue in the central budget will reach RMB6.438 trillion yuan, 7% over the figure for 2013 (here and below). The central budget stabilization fund will contribute RMB100 billion yuan, bringing total revenue to RMB6.538 trillion yuan. Expenditures in the central budget will reach RMB7.488 trillion yuan, an increase of 9%. Expenditures in the central budget will exceed revenue, resulting in a deficit of RMB950 billion yuan, an increase of RMB100 billion yuan than previous year's budget. The limit for the outstanding balance of government bonds issued by the central government will be RMB10.070835 trillion yuan.

Total combined revenue of central and local governments is budgeted at RMB13.953 trillion yuan, an increase of 8%. Adding RMB100 billion yuan from the central budget stabilization fund, total national revenue is projected to reach RMB14.053 trillion yuan. Total national expenditures are budgeted at RMB15.3037 trillion yuan, up 9.5%. Total expenditures will exceed total revenue by RMB1.35 trillion yuan.

七、货币银行
7. Money and Banking

1. 货币供应量
(1) Money supply

年度M0、M1、M2及其变化趋势
Annual M0, M1 and M2 and their changes

单位：万亿元　Unit: RMB trillion yuan

年 Year	M0	M1	M2	M0同比增长率(%) Growth rate of M0 (YOY)(%)	M1同比增长率(%) Growth rate of M1 (YOY)(%)	M2同比增长率(%) Growth rate of M2 (YOY)(%)
1999	1.4	4.6	12.0	20.1	17.7	14.7
2000	1.5	5.3	13.5	8.9	16.0	12.3
2001	1.6	6.0	15.8	7.1	12.7	14.4
2002	1.7	7.1	18.5	10.1	16.8	16.8
2003	2.0	8.4	22.1	14.3	18.7	19.6
2004	2.2	9.6	25.4	8.7	13.6	14.7
2005	2.4	10.7	29.9	11.9	11.8	17.6
2006	2.7	12.6	34.6	12.7	17.5	16.9
2007	3.0	15.3	40.3	12.1	21.0	16.7
2008	3.4	16.6	47.5	12.7	9.1	17.8
2009	3.8	22.0	60.6	11.8	32.4	27.7
2010	4.5	26.7	72.6	16.7	21.2	19.7
2011	5.1	29.0	85.2	13.8	7.9	13.6
2012	5.5	30.9	97.4	7.7	6.5	13.8
2013	5.9	33.7	110.7	7.1	9.3	13.6

月度M0、M1、M2及其变化趋势
Monthly M0, M1 and M2 and their changes

单位：万亿元　Unit: RMB trillion yuan

年/月 Year/Month	M0	M1	M2	M0同比增长率(%) Growth rate of M0 (YOY)(%)	M1同比增长率(%) Growth rate of M1 (YOY)(%)	M2同比增长率(%) Growth rate of M2 (YOY)(%)
2012.01	6.0	27.0	85.6	3.0	3.1	12.4
2012.02	5.1	27.0	86.7	8.8	4.3	13.0
2012.03	5.0	27.8	89.6	10.6	4.4	13.4
2012.04	5.0	27.5	89.0	10.4	3.1	12.8
2012.05	4.9	27.9	90.0	10.0	3.5	13.2
2012.06	4.9	28.8	92.5	10.8	4.7	13.6
2012.07	5.0	28.3	91.9	10.0	4.6	13.9
2012.08	5.0	28.6	92.5	9.7	4.5	13.5
2012.09	5.3	28.7	94.4	13.3	7.3	14.8
2012.10	5.1	29.3	93.6	10.5	6.1	14.1
2012.11	5.2	29.7	94.5	10.7	5.5	13.9
2012.12	5.5	30.9	97.4	7.7	6.5	13.8
2013.01	6.2	31.1	99.2	4.4	15.3	15.9
2013.02	6.0	29.6	99.9	17.2	9.5	15.2
2013.03	5.5	31.1	103.6	12.4	11.9	15.7
2013.04	5.6	30.8	103.3	10.8	11.9	16.1
2013.05	5.4	31.0	104.2	10.8	11.3	15.8
2013.06	5.4	31.4	105.4	9.9	9.1	14.0
2013.07	5.4	31.1	105.2	9.5	9.7	14.5
2013.08	5.5	31.4	106.1	9.3	9.9	14.7
2013.09	5.6	31.2	107.7	5.7	8.9	14.2
2013.10	5.6	32.0	107.0	8.0	8.9	14.3
2013.11	5.6	32.5	107.9	7.7	9.4	14.2
2013.12	5.9	33.7	110.7	7.1	9.3	13.6
2014.01	7.6	31.5	112.4	22.5	1.2	13.2
2014.02	6.2	31.7	113.2	3.3	6.9	13.3
2014.03	5.8	32.8	116.1	5.2	5.4	12.1
2014.04	5.9	32.4	116.9	5.4	5.5	13.2
2014.05	5.8	32.8	118.2	6.7	5.7	13.4
2014.06	5.7	34.1	121.0	5.3	8.9	14.7
2014.07	5.7	33.1	119.4	5.4	6.7	13.5
2014.08	5.8	33.2	119.7	5.6	5.7	12.8
2014.09	5.9	32.7	120.2	4.2	4.8	12.9

货币供应量与货币流动性
Money supply and monetary liquidity

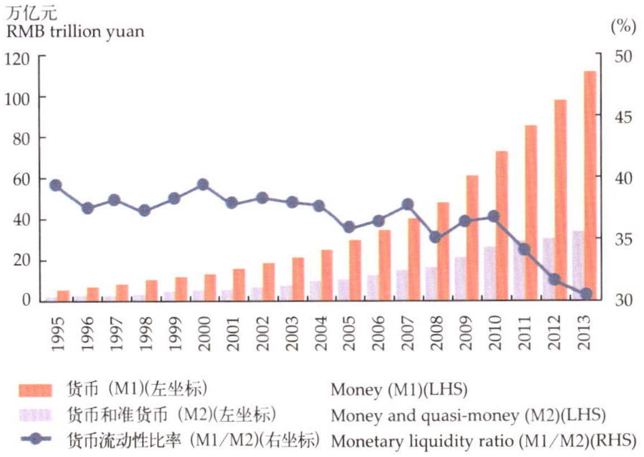

年度M0、M1、M2及其变化趋势
Annual M0, M1 and M2 and their changes

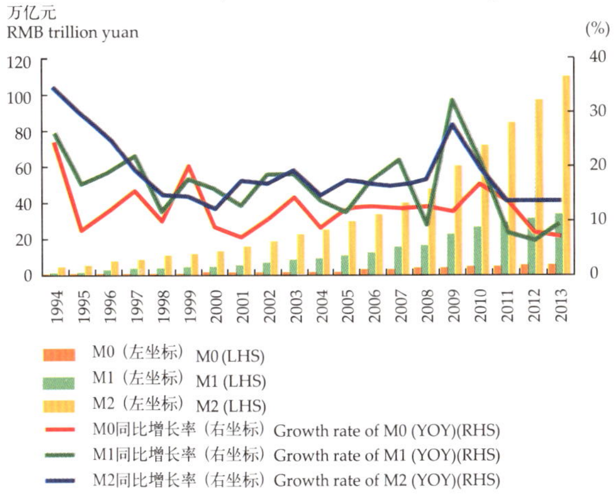

月度M0、M1、M2及其变化趋势
Monthly M0, M1 and M2 and their changes

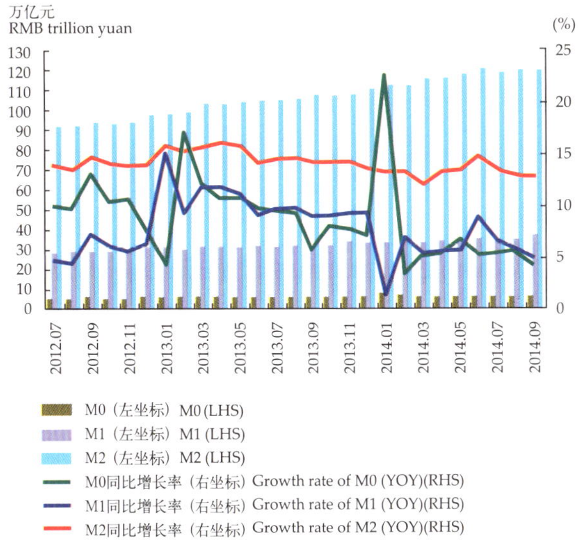

货币供应量构成
Composition of money supply

单位：亿元
Unit: RMB 100 million yuan

年/月 Year/Month	货币和准货币 Money & quasi-money M2	货币 Money M1	流通中货币 Currency in circulation M0	单位活期存款 Coporate demand deposits	准货币 Quasi-money	单位定期存款 Coporate time deposits	个人存款 Personal deposits	其他存款 Other deposits
2012.07	919 072	283 091	49 706	233 385	635 982	188 282	390 815	56 884
2012.08	924 895	285 739	50 235	235 504	639 155	190 002	391 897	57 256
2012.09	943 689	286 788	53 433	233 355	656 901	200 657	403 175	53 069
2012.10	936 404	293 310	51 468	241 842	643 094	191 727	396 448	54 920
2012.11	944 832	296 883	52 392	244 491	647 949	192 174	398 962	56 813
2012.12	974 149	308 664	54 660	254 004	665 485	195 940	411 363	58 182
2013.01	992 129	311 229	62 450	248 779	680 901	202 559	419 143	59 198
2013.02	998 601	296 103	60 314	235 790	702 498	204 965	436 912	60 621
2013.03	1 035 858	310 898	55 461	255 438	724 960	215 733	449 007	60 220
2013.04	1 032 552	307 648	55 607	252 041	724 903	223 900	439 471	61 532
2013.05	1 042 169	310 204	54 431	255 773	731 965	227 155	442 270	62 539
2013.06	1 054 404	313 500	54 064	259 436	740 904	228 029	453 411	59 464
2013.07	1 052 212	310 596	54 413	256 184	741 616	226 039	449 302	66 275
2013.08	1 061 256	314 086	54 925	259 161	747 171	229 496	450 214	67 461
2013.09	1 077 379	312 330	56 493	255 838	765 049	239 080	461 958	64 010
2013.10	1 070 242	319 509	55 596	263 914	750 733	230 221	452 907	67 605
2013.11	1 079 257	324 822	56 441	268 381	754 435	230 550	453 819	70 067
2013.12	1 106 525	337 291	58 574	278 717	769 234	232 697	467 031	69 506
2014.01	1 123 521	314 901	76 489	238 412	808 621	244 132	484 967	79 522
2014.02	1 131 761	316 625	62 321	254 304	815 136	242 009	486 056	87 071
2014.03	1 160 687	327 684	58 329	269 354	833 004	250 779	500 399	81 825
2014.04	1 168 813	324 483	58 616	265 867	844 330	256 490	487 912	99 928
2014.05	1 182 294	327 840	58 051	269 788	854 454	261 048	489 486	103 921
2014.06	1 209 587	341 487	56 951	284 536	868 100	265 644	508 025	94 431
2014.07	1 194 249	331 347	57 347	274 001	862 902	262 743	496 940	103 219
2014.08	1 197 499	332 023	57 998	274 026	865 476	264 734	494 763	105 979
2014.09	1 202 051	327 220	58 845	268 375	874 831	272 197	504 262	98 372

广义货币供应量M2变动
Changes in the composition of broad money M2

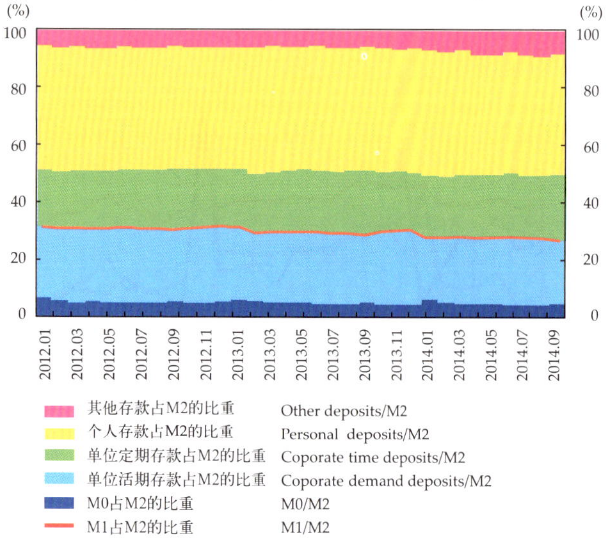

2014年9月末货币供应量构成
Composition of money supply at the end of September, 2014

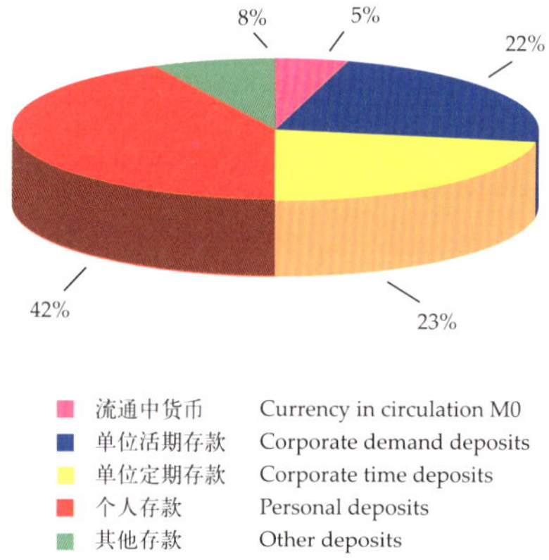

存款性公司概览
Depository corporations survey

单位：万亿元
Unit: RMB trillion yuan

年/月 Year/Month	国外净资产 Net foreign assets	国内信贷 Domestic credit	对政府债权(净) Claims on government (net)	对非金融部门债权 Claims on non-financial sectors	对其他金融部门债权 Claims on other financial sectors	其他 Others	货币和准货币 Money & quasi-money M2
2012.04	25.90	71.89	3.84	63.48	4.57	-8.83	88.96
2012.05	25.98	72.52	3.60	64.34	4.58	-8.49	90.00
2012.06	26.13	74.65	3.89	65.36	5.40	-8.28	92.50
2012.07	26.23	74.32	3.63	65.98	4.71	-8.64	91.91
2012.08	26.24	75.19	3.84	66.70	4.64	-8.93	92.49
2012.09	26.19	77.26	4.21	67.51	5.55	-9.08	94.37
2012.10	26.11	77.02	3.76	68.13	5.14	-9.49	93.64
2012.11	25.97	77.89	3.91	68.77	5.21	-9.38	94.48
2012.12	25.89	80.56	5.07	69.44	6.06	-9.03	97.41
2013.01	26.49	81.43	4.75	70.76	5.93	-8.71	99.21
2013.02	26.69	82.00	4.67	71.54	5.79	-8.83	99.86
2013.03	26.95	84.64	4.86	72.95	6.84	-8.01	103.59
2013.04	27.18	84.53	4.48	73.95	6.10	-8.46	103.26
2013.05	27.22	85.12	4.13	74.60	6.39	-8.13	104.22
2013.06	27.27	86.80	4.16	75.38	7.26	-8.63	105.44
2013.07	27.17	86.98	3.80	76.19	6.99	-8.93	105.22
2013.08	27.20	87.90	3.85	76.92	7.13	-8.97	106.13
2013.09	27.27	89.92	4.16	78.04	7.72	-9.46	107.74
2013.10	27.67	89.61	3.59	78.58	7.44	-10.26	107.02
2013.11	27.97	90.33	3.53	79.02	7.77	-10.37	107.93
2013.12	28.10	92.70	4.90	79.65	8.15	-10.15	110.65
2014.01	28.31	94.12	4.92	81.06	8.13	-10.08	112.35
2014.02	28.36	94.80	4.52	81.77	8.51	-9.98	113.18
2014.03	28.40	97.23	4.84	83.11	9.28	-9.57	116.07
2014.04	28.56	97.95	4.33	83.80	9.82	-9.62	116.88
2014.05	28.75	99.12	4.32	84.65	10.16	-9.64	118.23
2014.06	28.90	101.69	4.67	85.82	11.20	-9.63	120.96
2014.07	28.87	100.81	4.29	86.16	10.36	-10.25	119.42
2014.08	28.87	101.95	4.34	86.89	10.72	-11.07	119.75
2014.09	28.89	103.29	4.71	87.84	10.74	-11.97	120.21

国外净资产及国内信贷对广义货币的影响
The impact of net foreign assets and domestic credit on broad money M2

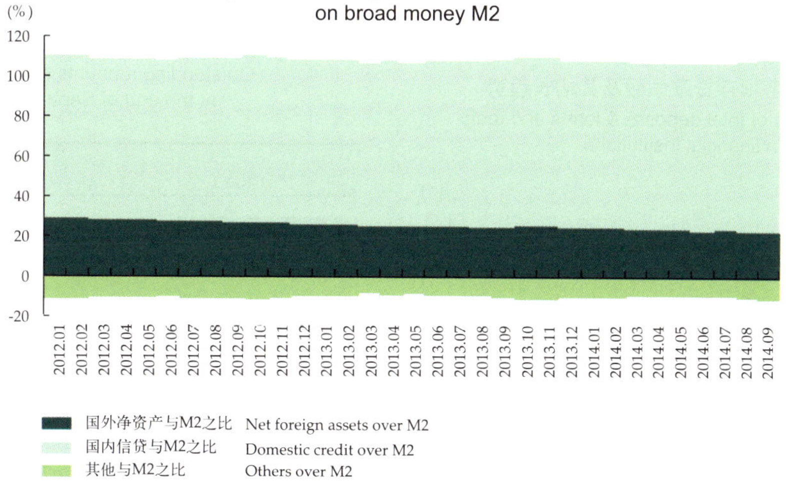

2.存贷款
(2) Deposits and loans

金融机构人民币各项存贷款余额及其增长趋势
Outstanding amounts of total deposits & loans and their growth in financial institutions

单位：万亿元
Unit: RMB trillion yuan

年/月 Year/Month	各项存款 Total deposits	各项贷款 Total loans	各项存款同比增长率(%) Growth rate of deposits (YOY)(%)	各项贷款同比增长率(%) Growth rate of loans (YOY)(%)
2012.04	84.2	57.9	11.4	15.4
2012.05	85.4	58.7	11.4	15.7
2012.06	88.3	59.6	12.3	16.0
2012.07	87.8	60.2	12.6	16.0
2012.08	88.3	60.9	12.2	16.1
2012.09	90.0	61.5	13.3	16.3
2012.10	89.7	62.0	13.3	15.9
2012.11	90.2	62.5	13.4	15.7
2012.12	91.7	63.0	13.3	15.0
2013.01	92.9	64.1	16.0	15.4
2013.02	93.7	64.7	14.6	15.0
2013.03	97.9	65.8	15.6	14.9
2013.04	97.8	66.6	16.2	14.9
2013.05	99.3	67.2	16.2	14.5
2013.06	100.9	68.1	14.3	14.2
2013.07	100.7	68.8	14.6	14.3
2013.08	101.5	69.5	14.9	14.1
2013.09	103.1	70.3	14.6	14.3
2013.10	102.7	70.8	14.5	14.2
2013.11	103.2	71.4	14.5	14.2
2013.12	104.4	71.9	13.8	14.1
2014.01	103.4	73.2	11.3	14.3
2014.02	105.4	73.9	12.5	14.2
2014.03	109.1	74.9	11.4	13.9
2014.04	108.4	75.7	10.9	13.7
2014.05	109.8	76.6	10.6	13.9
2014.06	113.6	77.6	12.6	14.0
2014.07	111.6	78.0	10.9	13.4
2014.08	111.7	78.7	10.1	13.3
2014.09	112.7	79.6	9.3	13.2

金融机构人民币各项存贷款余额及其增长趋势
Outstanding amounts of total deposits & loans and their growth in financial institutions

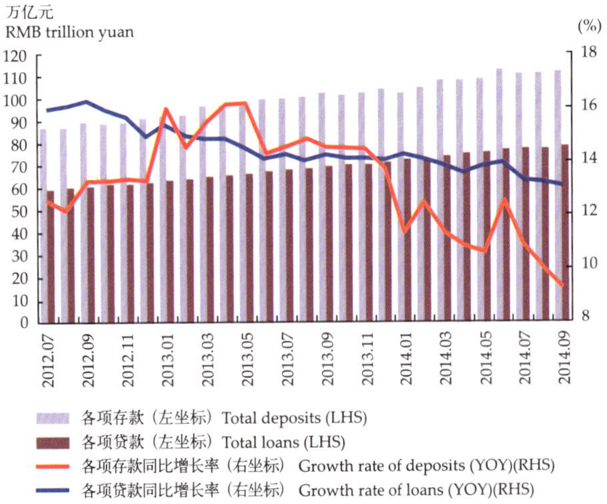

金融机构当年累计新增人民币存款
Accumulated new RMB deposits in financial institutions

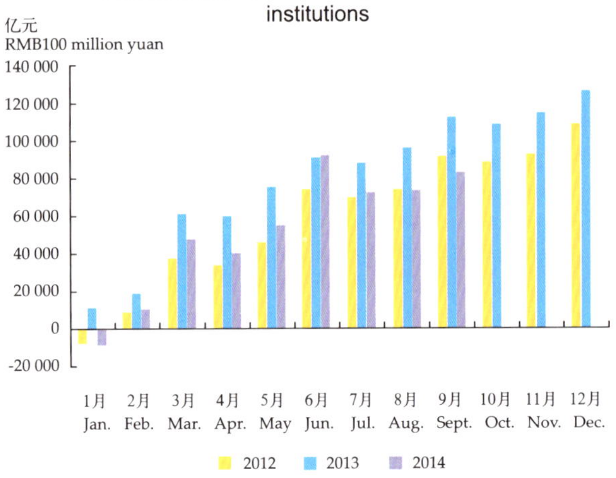

金融机构当月新增人民币存款
New RMB deposits in financial institutions by month

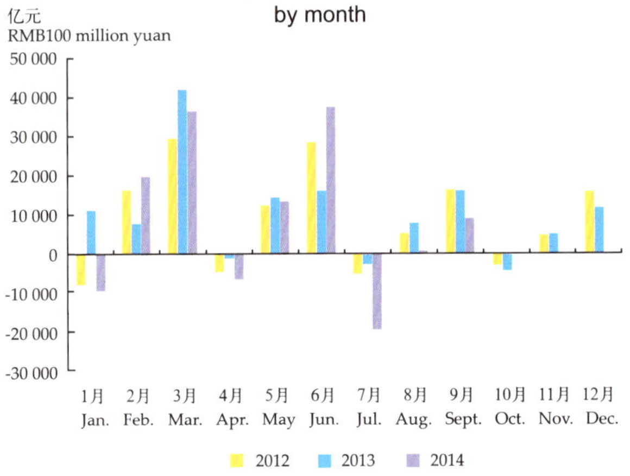

2014年9月末人民币存款余额
Outstanding amounts of RMB deposits at the end of September, 2014

单位：亿元
Unit: RMB 100 million yuan

		余额 Outstanding amount
各项存款	Total deposits	1 126 570
单位存款	Corporate deposits	552 275
个人存款	Personal deposits	504 438
财政性存款	Fiscal deposits	41 305
临时性存款	Temporary deposits	1 072
委托存款	Designated deposits	357
其他存款	Other deposits	27 123

住户存款和非金融企业存款余额
Outstanding amounts of household deposits and non-financial corporate deposits

单位：亿元
Unit: RMB 100 million yuan

年/月 Year/Month	住户存款 Deposits of households	活期及临时性存款 Demand & temporary deposits	定期及保证性存款 Time & marginal deposits	非金融企业存款 Deposits of non-financial enterprises	活期及临时性存款 Demand & temporary deposits	定期及保证性存款 Time & marginal deposits
2012.10	391 431	147 279	244 152	312 800	131 052	181 747
2012.11	393 947	149 874	244 073	316 049	133 099	182 950
2012.12	406 181	158 265	247 916	327 445	140 900	186 544
2013.01	413 958	162 592	251 366	327 904	135 453	192 452
2013.02	431 656	167 187	264 469	318 498	127 440	191 059
2013.03	443 408	173 557	269 851	342 606	137 114	205 492
2013.04	434 067	163 516	270 551	345 752	134 317	211 435
2013.05	436 833	164 319	272 514	349 577	135 071	214 507
2013.06	447 772	169 141	278 632	349 741	135 326	214 415
2013.07	443 837	165 060	278 777	343 816	133 247	210 569
2013.08	444 717	166 378	278 338	347 263	133 646	213 618
2013.09	456 348	171 760	284 589	350 387	131 108	219 279
2013.10	447 381	167 439	279 942	348 348	136 096	212 253
2013.11	448 321	168 230	280 091	352 225	138 403	213 822
2013.12	461 370	178 050	283 320	361 555	145 522	216 033
2014.01	479 173	185 000	294 172	334 200	118 928	215 272
2014.02	480 063	180 468	299 595	343 941	127 359	216 582
2014.03	494 023	189 049	304 974	361 794	134 252	227 542
2014.04	481 741	176 334	305 407	363 513	132 714	230 799
2014.05	483 432	175 586	307 846	368 957	134 154	234 803
2014.06	501 628	187 221	314 407	383 718	141 437	242 281
2014.07	490 837	176 633	314 204	370 175	133 879	236 296
2014.08	488 533	174 560	313 973	370 516	132 896	237 621
2014.09	497 860	179 302	318 557	369 510	129 492	240 019

住户存款和非金融企业存款余额
Outstanding amounts of household deposits and non-financial enterprises deposits

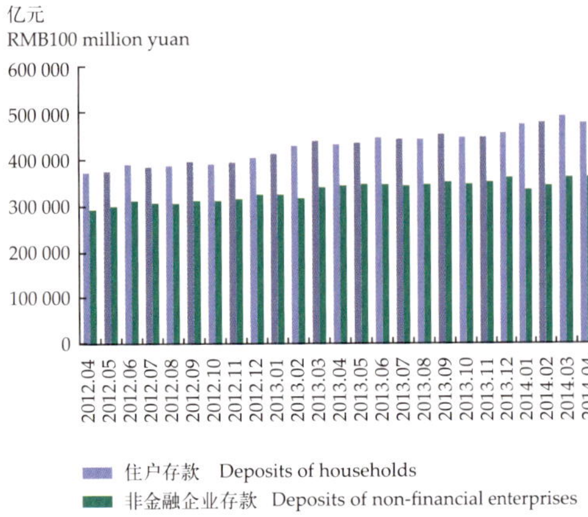

住户存款构成
Composition of households deposits

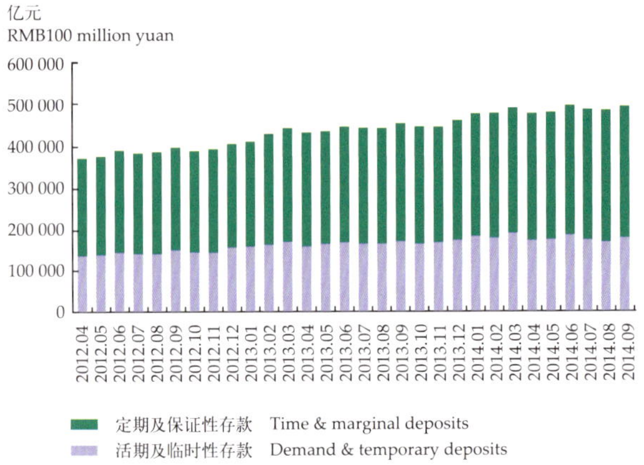

非金融企业存款构成
Composition of non-financial enterprise deposits

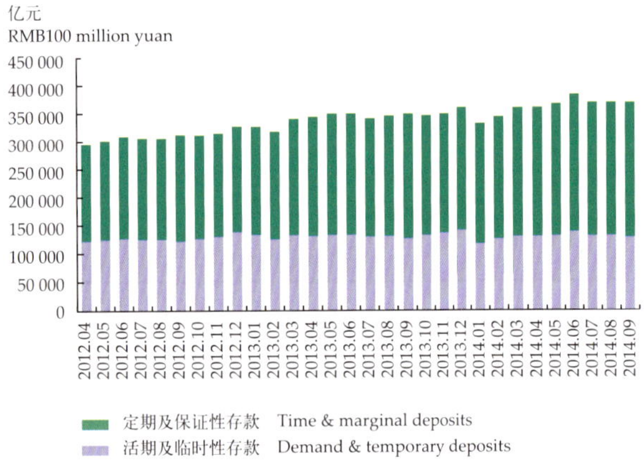

2014年9月末人民币存款余额
Outstanding amounts of RMB deposits at the end of September, 2014

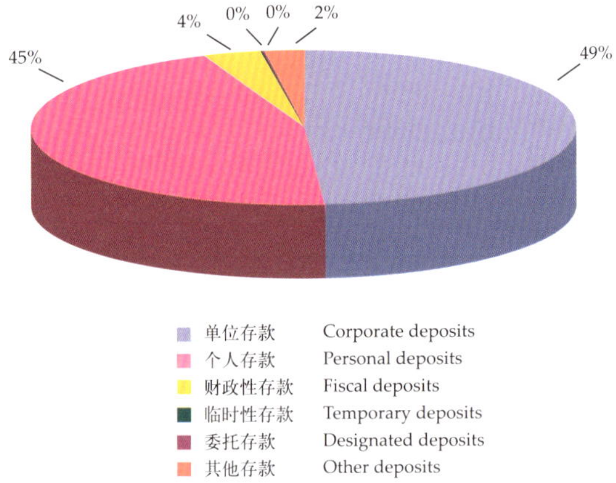

2014年9月末人民币贷款按部门分类
RMB loans issued at the end of September 2014 by sectors

单位：亿元
Unit: RMB 100 million yuan

	余额 Outstanding amounts	比年初增加 Increase over the beginning of the year
住户贷款 Loans to households	225 062	26 560
消费性贷款 Consumer loans	147 401	17 680
短期消费性贷款 Short-term consumer loans	30 432	3 843
中长期消费性贷款 Medium- and long-term consumer loans	116 969	13 836
经营性贷款 Business loans	77 661	8 880
短期经营性贷款 Short-term business loans	48 701	5 146
中长期经营性贷款 Medium- and long-term business loans	28 960	3 734
非金融性企业及其他部门贷款 Loans to non-financial enterprises and other sectors	568 787	50 213
短期贷款及票据融资 Short-term loans and bill financing	259 518	19 813
中长期贷款 Medium- and long-term loans	298 360	27 880
其他贷款 Other loans	10 909	2 520

金融机构当年累计新增人民币贷款
Accumulated new RMB loans in financial institutions

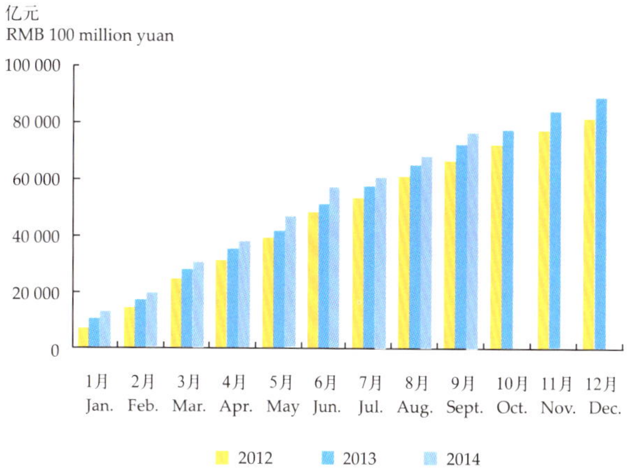

金融机构当月新增人民币贷款
New RMB loans in financial institutions by month

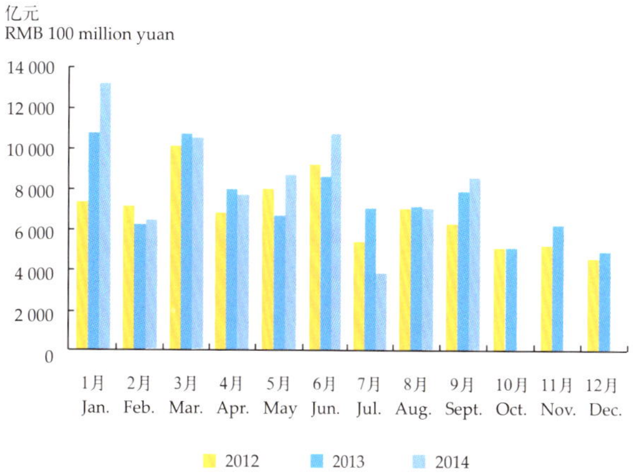

2014年前三个季度金融机构新增人民币贷款构成
Composition of new RMB loans of financial institutions in the first three quarters of 2014

单位：亿元
Unit: RMB 100 million yuan

		2014年前三个季度 First three quarters of 2014		2013年前三个季度 First three quarters of 2013	
		比年初增加 Increase over the beginning of the year	比重(%) Share (%)	比年初增加 Increase over the beginning of the year	比重(%) Share (%)
各项贷款	**Total loans**	76 832	100.0	72 787	100.0
短期贷款	Short-term loans	21 420	27.9	32 242	44.3
中长期贷款	Medium- and long-term loans	45 450	59.2	38 818	53.3
票据融资	Bill financing	7 383	9.6	103	0.1
其他贷款	Other loans	2 579	3.4	1 624	2.2

当年累计新增住户贷款
Accumulated new loans to households

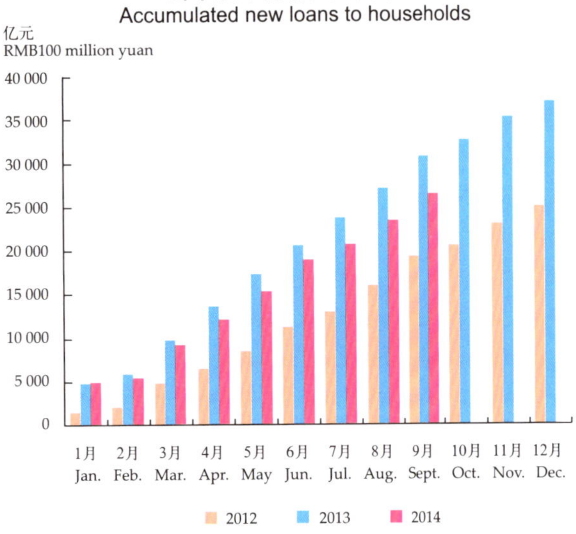

当月新增住户贷款
New loans to households by month

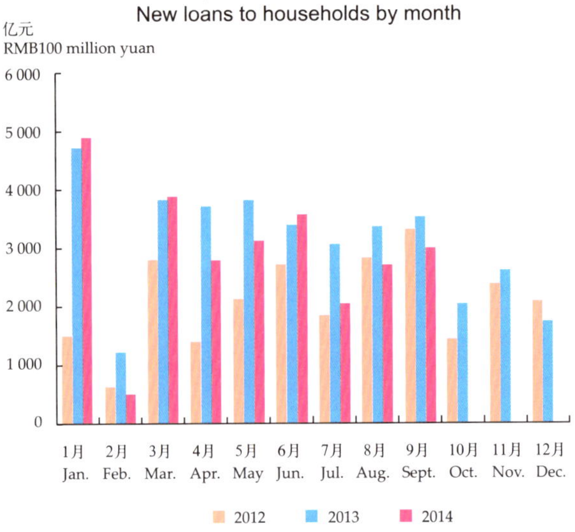

当年累计新增非金融企业及其他部门贷款
Accumulated new loans to non-financial insititutions and other sectors

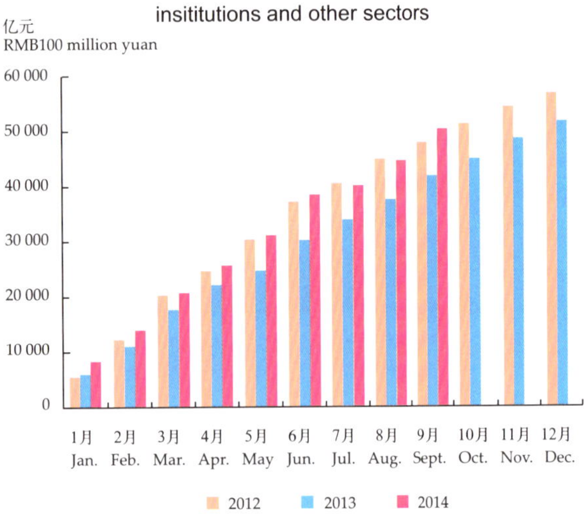

当月新增非金融企业及其他部门贷款
New loans to non-financial institutions and other sectors by month

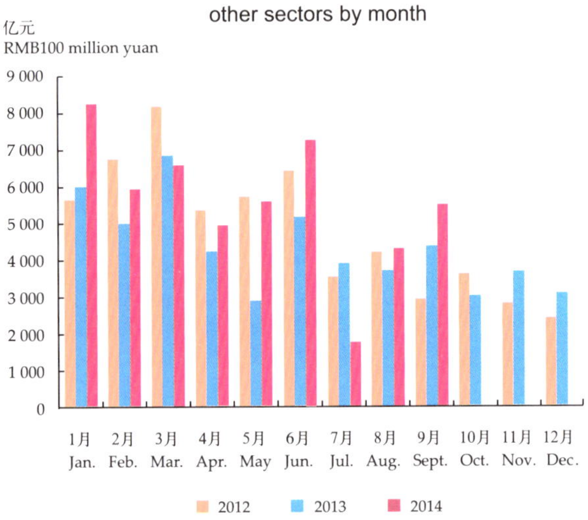

2014年9月末个人消费贷款构成
Composition of consumer loans at the end of September, 2014

单位：亿元
Unit: RMB 100 million yuan

	余额 Outstanding amounts	同比增长率(%) Growth rate (YOY)(%)	比年初增加 Increase over the beginning of the year	比上年同期 Change compared with the same period of last year
个人消费贷款 Consumer loans	**147 401**	**18.6**	**17 680**	**-2 304**
个人住房贷款 Individual housing mortgage loans	101 903	17.8	12 304	- 184
个人汽车消费贷款 Individual auto loans	3 967	26.6	603	136
助学贷款 Student loans	484	9.3	- 70	- 6
其他贷款 Other loans	41 048	19.9	4 843	-2 250

2014年9月末个人消费贷款构成
Composition of consumer loans at the end of September, 2014

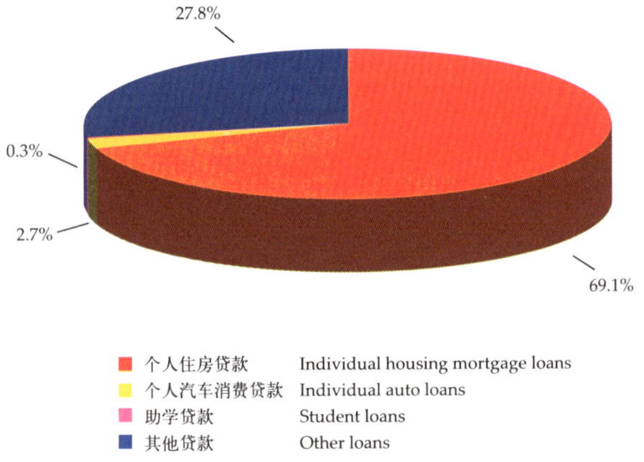

当年累计新增个人消费贷款
Accumulated new consumer loans

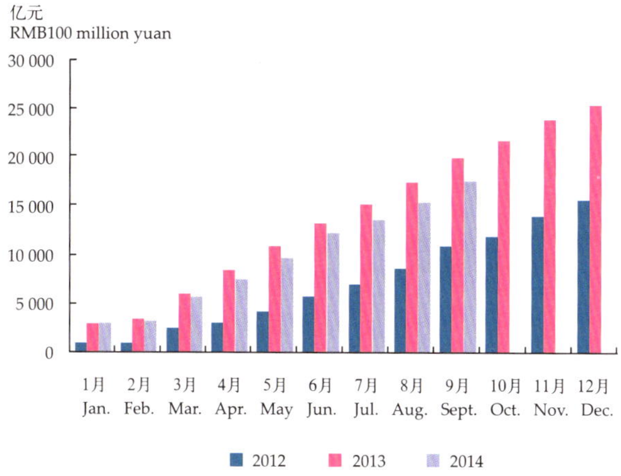

当月新增个人消费贷款
New consumer loans by month

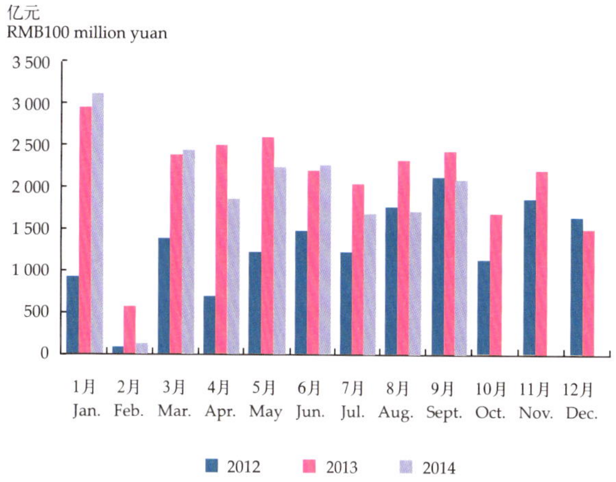

当年累计新增个人住房贷款
Accumulated new housing mortgage loans

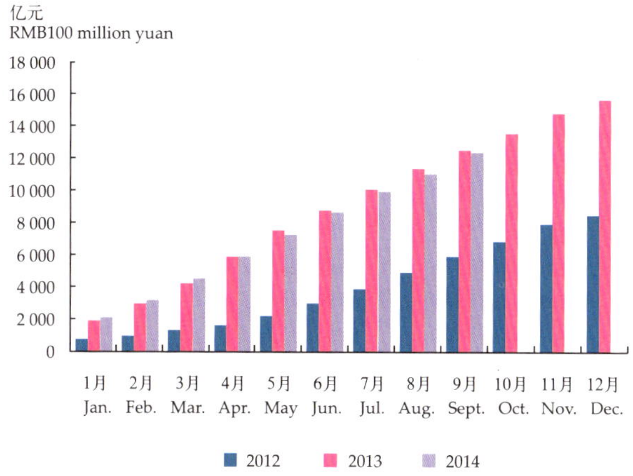

当月新增个人住房贷款
New housing mortgage loans by month

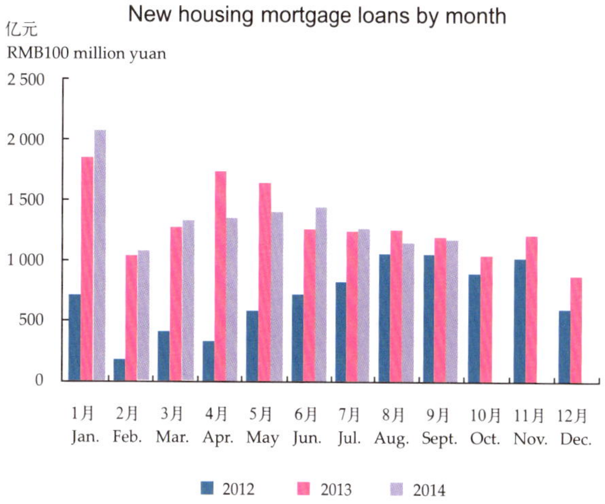

个人消费贷款余额及其增长趋势
Consumer loans and their growth

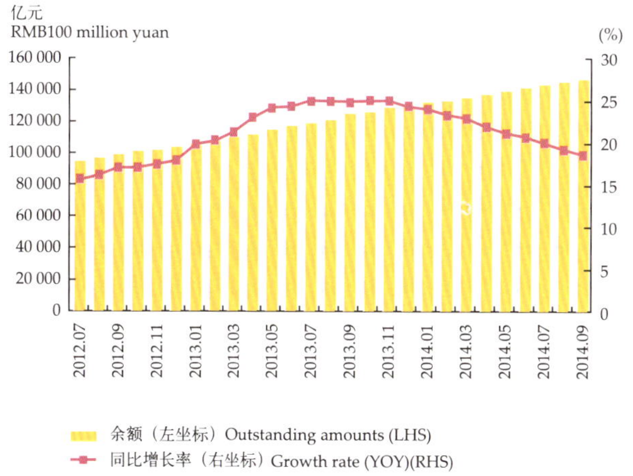

个人住房贷款余额及其增长趋势
Individual housing mortgage loans and their growth

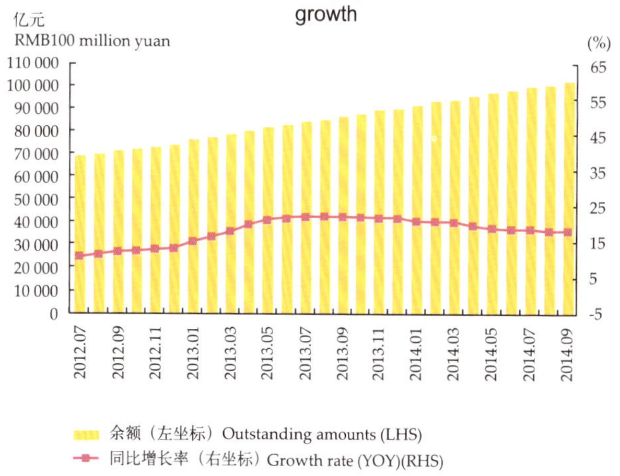

个人汽车消费贷款余额及其增长趋势
Individual auto loans and their growth

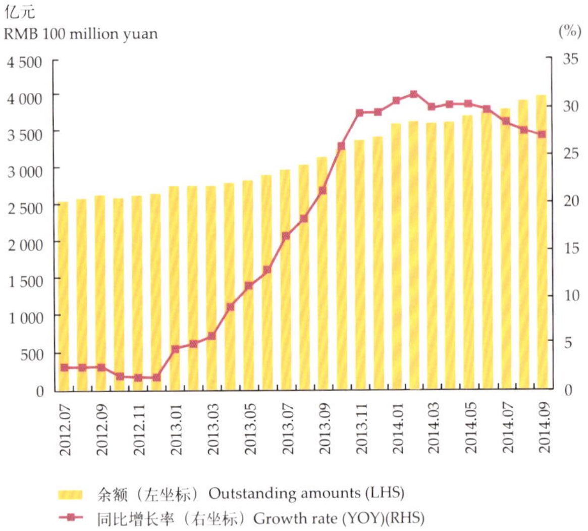

3. 基础货币
(3) Monetary base

基础货币余额及其增长趋势
Monetary base and its growth

单位：万亿元
Unit: RMB trillion yuan

年/月 Year/Month	余额 Outstanding amounts	同比增长率(%) Growth rate (YOY) (%)
2012.04	22.44	16.1
2012.05	22.20	13.1
2012.06	22.81	12.1
2012.07	22.55	11.4
2012.08	22.85	11.4
2012.09	23.60	11.2
2012.10	23.45	10.2
2012.11	23.49	8.4
2012.12	25.21	12.2
2013.01	25.29	6.5
2013.02	25.20	12.8
2013.03	25.37	11.9
2013.04	25.15	12.1
2013.05	24.95	12.4
2013.06	25.78	13.0
2013.07	25.44	12.8
2013.08	25.73	11.4
2013.09	26.31	11.5
2013.10	25.84	10.2
2013.11	26.01	10.7
2013.12	27.10	7.4
2014.01	28.77	13.8
2014.02	27.40	8.7
2014.03	27.47	8.3
2014.04	27.30	8.5
2014.05	27.39	9.8
2014.06	27.99	8.6
2014.07	27.67	8.7
2014.08	27.80	8.0
2014.09	28.53	8.4

助学贷款余额及其增长趋势
Student loans and their growth

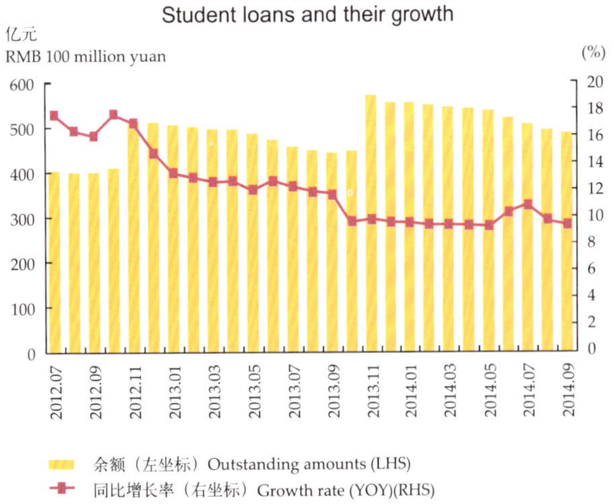

基础货币余额及其增长趋势
Monetary base and its growth

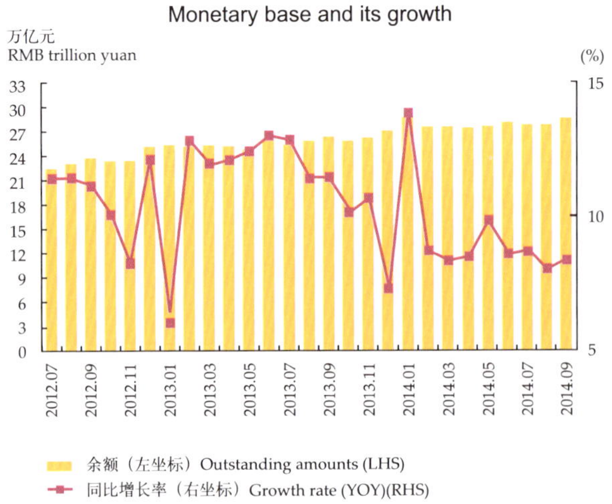

基础货币构成
Composition of monetary base

单位：亿元
Unit: RMB 100 million yuan

年/季 Year/Quarter	货币发行 Currency issue	金融性公司存款 Deposits of financial corporations	其他存款性公司存款 Deposits of other depository corporations	其他金融性公司存款 Deposits of other financial corporations
2010Q1	42 836	107 197	107 058	139
2010Q2	42 567	111 668	111 506	161
2010Q3	46 220	115 101	114 946	155
2010Q4	48 646	136 665	136 481	184
2011Q1	49 273	143 293	143 293	—
2011Q2	48 816	154 654	154 654	—
2011Q3	52 203	160 001	160 001	—
2011Q4	55 850	168 792	168 792	—
2012Q1	54 379	172 306	172 306	—
2012Q2	54 294	173 757	173 757	—
2012Q3	59 178	176 855	176 855	—
2012Q4	60 646	191 699	191 699	—
2013Q1	61 331	192 319	192 319	—
2013Q2	59 831	197 945	197 945	—
2013Q3	63 041	200 097	200 097	—
2013Q4	64 981	206 042	206 042	—
2014Q1	64 816	209 925	209 925	—
2014Q2	63 260	216 638	216 638	—
2014Q3	65 545	219 754	219 754	—

注：2011年1月起，中国人民银行采用国际货币基金组织关于储备货币的定义，不再将其他金融性公司在货币当局的存款计入储备货币。
Note: Since January 2011, the PBC used the definition of reserve money defined by IMF, deposits of other financial corporation are no longer included in reserve money.

基础货币构成
Composition of monetary base

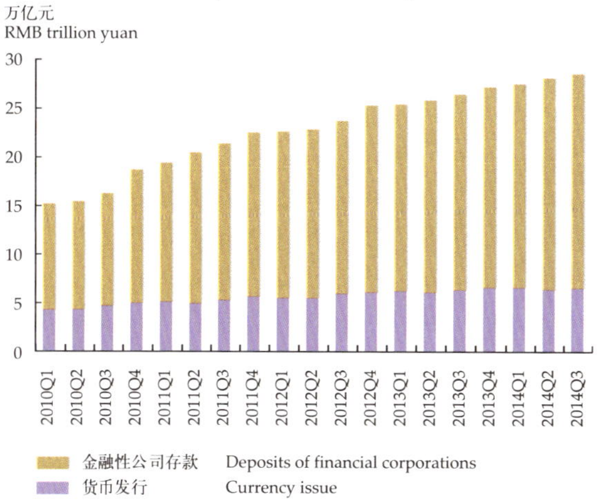

金融机构准备金和超额准备金率
Reserves and excess reserve ratio of financial institutions

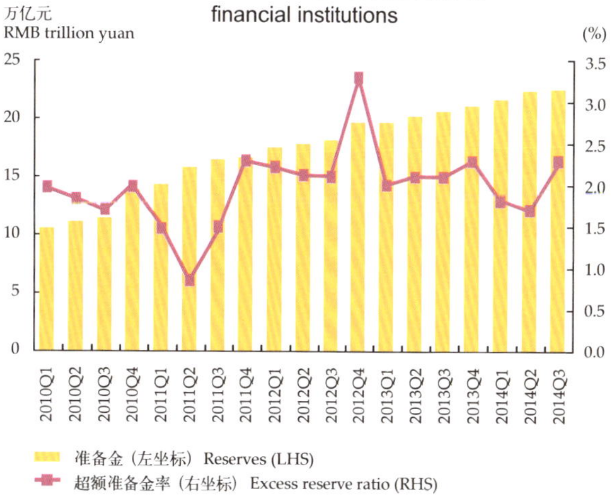

金融机构法定人民币存款准备金率
Official RMB reserve requirement ratios of financial institutions

单位：%
Unit: %

日期 Date	中资全国性大型银行① Chinese-funded large banks operating nationwide[1]	中小金融机构② Medium- and small-sized financial institutions[2]	农村合作银行 Rural cooperative banks	城市信用社 Urban credit cooperatives	农村信用社 Rural credit cooperatives
2003.09.21	7.0	7.0	—	6.0	6.0
2004.04.25	7.5	7.5	7.5	6.0	6.0
2006.07.05	8.0	8.0	7.5	6.5	6.0
2006.08.15	8.5	8.5	7.5	7.0	6.0
2006.11.15	9.0	9.0	8.0	7.5	6.5
2007.01.15	9.5	9.5	8.5	8.0	7.0
2007.02.25	10.0	10.0	9.0	8.5	7.5
2007.04.16	10.5	10.5	9.5	9.0	8.0
2007.05.15	11.0	11.0	10.0	9.5	8.5
2007.06.05	11.5	11.5	10.5	10.0	9.0
2007.08.15	12.0	12.0	11.0	10.5	9.5
2007.09.25	12.5	12.5	11.5	11.0	10.0
2007.10.25	13.0	13.0	12.0	11.5	10.5
2007.11.26	13.5	13.5	12.5	12.0	11.0
2007.12.25	14.5	14.5	13.5	13.0	12.0
2008.01.25	15.0	15.0	14.0	13.5	12.5
2008.03.25	15.5	15.5	14.5	14.0	13.0
2008.04.25	16.0	16.0	15.0	14.5	13.5
2008.05.20	16.5	16.5	15.5	15.0	14.0
2008.06.15	17.0	17.0	16.0	15.5	14.5
2008.06.25	17.5	17.5	16.5	16.0	15.0
2008.09.25	17.5	16.5	15.5	15.0	14.0
2008.10.15	17.0	16.0	15.0	14.5	13.5
2008.12.05	16.0	14.0	13.0	11.5	11.5
2008.12.25	15.5	13.5	11.0	11.0	11.0
2010.01.18	16.0	14.0	11.0	11.0	11.0
2010.02.25	16.5	14.5	11.0	11.0	11.0
2010.05.10	17.0	15.0	11.5	11.5	11.0
2010.11.16	17.5	15.5	12.0	12.0	11.5
2010.11.29	18.0	16.0	12.5	12.5	12.0
2010.12.20	18.5	16.5	13.0	13.0	12.5
2011.01.20	19.0	17.0	13.5	13.5	13.0
2011.02.24	19.5	17.5	14.0	14.0	13.5
2011.03.25	20.0	18.0	14.5	14.5	14.0
2011.04.21	20.5	18.5	15.0	15.0	14.5
2011.05.18	21.0	19.0	15.5	15.5	15.0
2011.06.20	21.5	19.5	16.0	16.0	15.5
2011.12.05	21.0	19.0	15.5	15.5	15.0
2012.02.24	20.5	18.5	15.0	15.0	14.5
2012.05.18	20.0	18.0	14.5	14.5	14.0

注：①包括中国工商银行、中国农业银行、中国银行、中国建设银行、交通银行和中国邮政储蓄银行。
②包括中国农业发展银行、股份制商业银行、城市商业银行、农村商业银行、有关外资金融机构。
③2014年4月和6月，中国人民银行两次实施定向降准，分别下调县域农村商业银行和县域农村合作银行存款准备金率2个和0.5个百分点，对符合审慎经营要求且“三农”或小微企业贷款达到一定比例的商业银行（不含4月已下调过准备金率的机构）下调人民币存款准备金率0.5个百分点。此外，为鼓励财务公司、金融租赁公司和汽车金融公司发挥好提高企业资金运用效率及扩大消费等作用，下调其人民币存款准备金率0.5个百分点。

Notes: 1. Including Industrial and Commercial Bank of China, Agricultural Bank of China, Bank of China, China Construction Bank, Bank of Communication, Postal Savings Bank of China.
2. Including Agricultural Development Bank of China, joint-stock commercial banks, city commercial banks, rural commercial banks and foreign-funded financial institutions.
3. In April and June, 2014, the PBC conducted targeted reductions of the deposit reserve requirement ratio (RRR) on two occasions, lowered the RRR of rural commercial banks and rural cooperative banks at the county-level by 2 and 0.5 percentage points respectively, and cut by 0.5 percentage point the RRR of commercial banks (excluding those that were subject to the deposit reserve requirement ratio reduction in April 2014) that have complied with prudential requirements and have reached the required ratios in their lending to the agricultural sector, rural areas, and farmers (agro loans), and lending to small and micro enterprises. In addition, to encourage finance companies, financial leasing companies, and automobile finance companies to play a role in facilitating the efficient use of funds and to boost consumption, their RMB deposit RRR was cut by 0.5 percentage point.

4. 社会融资规模
(4) All-system financing aggregate

社会融资规模统计表
Statistics of all-system financing aggregate

单位：亿元人民币
Unit: RMB100 million yuan

日期 Date	社会融资规模 All-system financing aggregate	其中 Of which:						
		人民币贷款 RMB bank loans	外币贷款(折合人民币) Foreign currency bank loans (converted into RMB)	委托贷款 Entrusted loans	信托贷款 Trust loans	未贴现的银行承兑汇票 Undiscounted bankers' acceptences	企业债券 Net financing of corporate bonds	非金融企业境内股票融资 Equity financing on the domestic stock market by non-financial enterprises
2012.01	9 754	7 381	- 148	1 646	247	- 214	442	81
2012.02	10 431	7 107	526	394	522	- 284	1 544	229
2012.03	18 704	10 114	950	770	1 018	2 821	1 974	565
2012.04	9 637	6 818	96	1 015	37	279	887	190
2012.05	11 432	7 932	302	215	557	380	1 441	184
2012.06	17 802	9 198	1 040	789	988	3 113	1 982	246
2012.07	10 522	5 401	70	1 279	384	218	2 486	316
2012.08	12 475	7 039	743	1 046	1 238	- 846	2 579	208
2012.09	16 462	6 226	1 764	1 449	2 012	2 155	2 278	158
2012.10	12 906	5 054	1 290	941	1 444	729	2 992	88
2012.11	11 225	5 220	1 045	1 218	1 802	- 489	1 820	107
2012.12	16 282	4 546	1 486	2 079	2 598	2 637	2 126	135
2013.01	25 446	10 721	1 795	2 061	2 108	5 798	2 249	244
2013.02	10 705	6 200	1 149	1 426	1 825	-1 823	1 454	165
2013.03	25 503	10 625	1 509	1 748	4 312	2 731	3 870	208
2013.04	17 629	7 923	847	1 926	1 942	2 218	2 039	274
2013.05	11 871	6 694	357	1 967	971	-1 141	2 230	231
2013.06	10 375	8 628	133	1 990	1 208	-2 615	323	126
2013.07	8 191	6 997	-1 157	1 927	1 151	-1 777	476	128
2013.08	15 841	7 128	- 360	2 938	1 209	3 049	1 240	136
2013.09	14 120	7 870	891	2 218	1 130	- 79	1 443	113
2013.10	8 645	5 060	53	1 834	431	- 345	1 078	78
2013.11	12 310	6 246	122	2 704	1 006	60	1 424	147
2013.12	12 532	4 824	509	2 727	1 111	1 679	287	369
2014.01	26 004	13 190	1 588	3 971	1 059	4 902	375	454
2014.02	9 370	6 448	1 302	799	747	-1 419	1 026	169
2014.03	20 934	10 497	1 363	2 413	1 071	2 252	2 464	352
2014.04	15 259	7 745	186	1 505	398	789	3 664	582
2014.05	14 013	8 708	- 162	1 987	125	- 94	2 797	162
2014.06	19 673	10 793	357	2 616	1 200	1 445	2 626	154
2014.07	2 737	3 852	- 169	1 219	- 158	-4 157	1 435	332
2014.08	9 577	7 025	- 201	1 751	- 515	-1 116	1 934	217
2014.09	11 355	8 572	- 506	1 610	- 326	-1 410	2 338	612

注：①社会融资规模是指一定时期内实体经济从金融体系获得的资金总额，是增量概念。
②当期数据为初步统计数。
③表中的人民币贷款为历史公布数。

数据来源：中国人民银行、国家发展和改革委员会、中国证券监督管理委员会、中国保险监督管理委员会、中央国债登记结算有限责任公司和银行间市场交易商协会等部门。

Notes: 1. All-system financing aggregate refers to the total value of funds provided by the financial system to the real economy in a certain period of time. It is a flow.
2. Data for the current period is preliminary.
3. Data for RMB loans in the table are the historical numbers released in the past.

Sources: The People's Bank of China, National Development and Reform Commission, China Securities Regulatory Commission, China Insurance Regulatory Commission, China Government Securities Depository Trust and Clearing Co., Ltd., National Association of Financial Market Institutional Investors, and etc..

5. 利率
(5) Interest rates

中央银行基准利率
Central bank benchmark interest rates

单位：年利率%
Unit: annual interest rate%

日期 Date	法定存款准备金 Required reserves	超额存款准备金 Excess reserves	对金融机构贷款 Lending to financial institutions				再贴现 Rediscount
			1年期 1-year	6个月以内 6-month and less	3个月以内 3-month and less	20天以内 20 days and less	
1996.05.01	8.82	8.82	10.98	10.17	10.08	9.00	*
1996.08.23	8.28	7.92	10.62	—	9.72	—	*
1997.10.23	7.56	7.02	9.36	9.09	8.82	8.55	*
1998.03.25	5.22	—	7.92	7.02	6.84	6.39	6.03
1998.07.01	3.51	—	5.67	5.58	5.49	5.22	4.32
1998.12.07	3.24	—	5.13	5.04	4.86	4.59	3.96
1999.06.10	2.07	—	3.78	3.69	3.51	3.24	2.16
2001.09.11	—	—	—	—	—	—	2.97
2002.02.21	1.89	—	3.24	3.15	2.97	2.70	2.97
2003.12.20	—	1.62	—	—	—	—	—
2004.03.25	—	—	3.87	3.78	3.60	3.33	3.24
2005.03.17	—	0.99	—	—	—	—	—
2008.01.01	—	—	4.68	4.59	4.41	4.14	4.32
2008.11.27	1.62	0.72	3.60	3.51	3.33	3.06	2.97
2008.12.23	—	—	3.33	3.24	3.06	2.79	1.80
2010.12.26	—	—	3.85	3.75	3.55	3.25	2.25

注：①1998年3月法定准备金和超额准备金两个账户合并为准备金账户。
②*按同档次中央银行贷款利率下浮5%～10%。

Notes: 1. The required reserves account and excess reserves account were merged into the reserves account in March 1998.
2. *The interest rate is 5%~10% below that of the central bank lending rate of the same tranche.

法定存款准备金利率和再贴现利率
Required reserves interest rates and rediscount interest rates

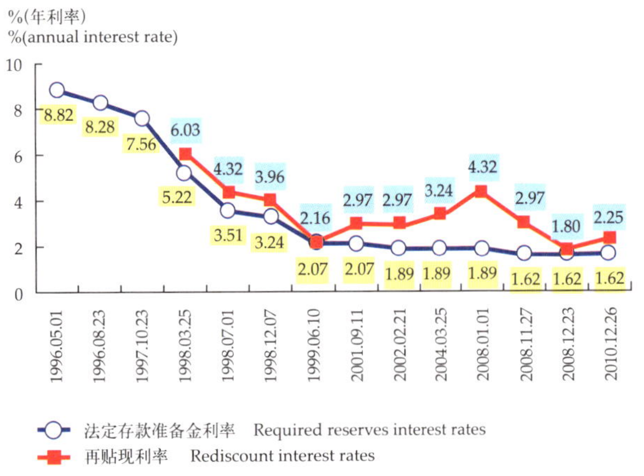

对金融机构贷款利率
Interest rates of central bank lending to financial institutions

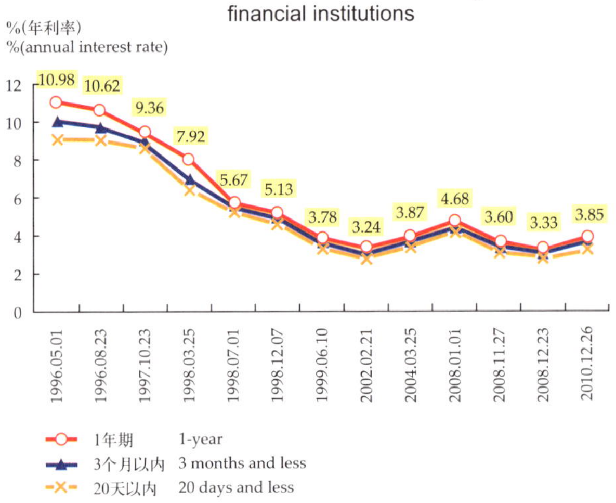

金融机构人民币存款基准利率
RMB deposit benchmark interest rates in financial institutions

单位：年利率%
Unit: annual interest rate %

日期 Date	活期 Demand deposits	定期 Time deposits					
		3个月 3-month	6个月 6-month	1年 1-year	2年 2-year	3年 3-year	5年 5-year
1990.04.15	2.88	6.30	7.74	10.08	10.98	11.88	13.68
1990.08.21	2.16	4.32	6.48	8.64	9.36	10.08	11.52
1991.04.21	1.80	3.24	5.40	7.56	7.92	8.28	9.00
1993.05.15	2.16	4.86	7.20	9.18	9.90	10.80	12.06
1993.07.11	3.15	6.66	9.00	10.98	11.70	12.24	13.86
1996.05.01	2.97	4.86	7.20	9.18	9.90	10.80	12.06
1996.08.23	1.98	3.33	5.40	7.47	7.92	8.28	9.00
1997.10.23	1.71	2.88	4.14	5.67	5.94	6.21	6.66
1998.03.25	1.71	2.88	4.14	5.22	5.58	6.21	6.66
1998.07.01	1.44	2.79	3.96	4.77	4.86	4.95	5.22
1998.12.07	1.44	2.79	3.33	3.78	3.96	4.14	4.50
1999.06.10	0.99	1.98	2.16	2.25	2.43	2.70	2.88
2002.02.21	0.72	1.71	1.89	1.98	2.25	2.52	2.79
2004.10.29	0.72	1.71	2.07	2.25	2.70	3.24	3.60
2006.08.19	0.72	1.80	2.25	2.52	3.06	3.69	4.14
2007.03.18	0.72	1.98	2.43	2.79	3.33	3.96	4.41
2007.05.19	0.72	2.07	2.61	3.06	3.69	4.41	4.95
2007.07.21	0.81	2.34	2.88	3.33	3.96	4.68	5.22
2007.08.22	0.81	2.61	3.15	3.60	4.23	4.95	5.49
2007.09.15	0.81	2.88	3.42	3.87	4.50	5.22	5.76
2007.12.21	0.72	3.33	3.78	4.14	4.68	5.40	5.85
2008.10.09	0.72	3.15	3.51	3.87	4.41	5.13	5.58
2008.10.30	0.72	2.88	3.24	3.60	4.14	4.77	5.13
2008.11.27	0.36	1.98	2.25	2.52	3.06	3.60	3.87
2008.12.23	0.36	1.71	1.98	2.25	2.79	3.33	3.60
2010.10.20	0.36	1.91	2.20	2.50	3.25	3.85	4.20
2010.12.26	0.36	2.25	2.50	2.75	3.55	4.15	4.55
2011.02.09	0.40	2.60	2.80	3.00	3.90	4.50	5.00
2011.04.06	0.50	2.85	3.05	3.25	4.15	4.75	5.25
2011.07.07	0.50	3.10	3.30	3.50	4.40	5.00	5.50
2012.06.08	0.40	2.85	3.05	3.25	4.10	4.65	5.10
2012.07.06	0.35	2.60	2.80	3.00	3.75	4.25	4.75

人民币存款基准利率
RMB deposit benchmark interest rates

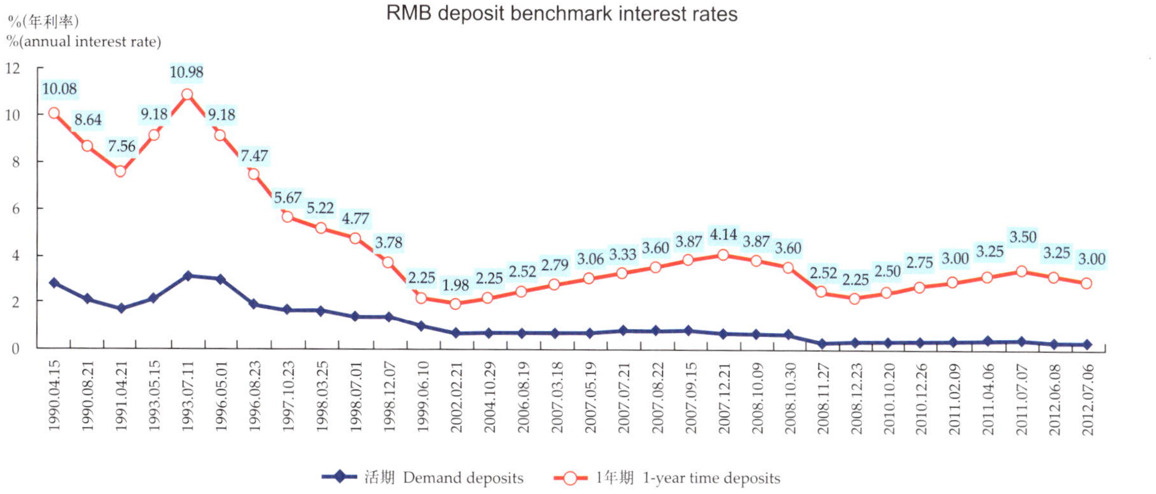

金融机构人民币贷款基准利率
RMB lending benchmark interest rates in financial institutions

单位：年利率%
Unit: annual interest rate %

日期 Date	短期贷款 Short-term loans 6个月以内(含6个月) 6-month and less (including 6-month)	 6个月至1年(含1年) 6-month to 1-year (including 1-year)	中长期贷款 Medium- and long-term loans 1～3年(含3年) 1 to 3-year (including 3-year)	 3～5年(含5年) 3 to 5-year (including 5-year)	 5年以上 More than 5-year
1991.04.21	8.10	8.64	9.00	9.54	9.72
1993.05.15	8.82	9.36	10.80	12.06	12.24
1993.07.11	9.00	10.98	12.24	13.86	14.04
1995.01.01	9.00	10.98	12.96	14.58	14.76
1995.07.01	10.08	12.06	13.50	15.12	15.30
1996.05.01	9.72	10.98	13.14	14.94	15.12
1996.08.23	9.18	10.08	10.98	11.70	12.42
1997.10.23	7.65	8.64	9.36	9.90	10.53
1998.03.25	7.02	7.92	9.00	9.72	10.35
1998.07.01	6.57	6.93	7.11	7.65	8.01
1998.12.07	6.12	6.39	6.66	7.20	7.56
1999.06.10	5.58	5.85	5.94	6.03	6.21
2002.02.21	5.04	5.31	5.49	5.58	5.76
2004.10.29	5.22	5.58	5.76	5.85	6.12
2006.04.28	5.40	5.85	6.03	6.12	6.39
2006.08.19	5.58	6.12	6.30	6.48	6.84
2007.03.18	5.67	6.39	6.57	6.75	7.11
2007.05.19	5.85	6.57	6.75	6.93	7.20
2007.07.21	6.03	6.84	7.02	7.20	7.38
2007.08.22	6.21	7.02	7.20	7.38	7.56
2007.09.15	6.48	7.29	7.47	7.65	7.83
2007.12.21	6.57	7.47	7.56	7.74	7.83
2008.09.16	6.21	7.20	7.29	7.56	7.74
2008.10.09	6.12	6.93	7.02	7.29	7.47
2008.10.30	6.03	6.66	6.75	7.02	7.20
2008.11.27	5.04	5.58	5.67	5.94	6.12
2008.12.23	4.86	5.31	5.40	5.76	5.94
2010.10.20	5.10	5.56	5.60	5.96	6.14
2010.12.26	5.35	5.81	5.85	6.22	6.40
2011.02.09	5.60	6.06	6.10	6.45	6.60
2011.04.06	5.85	6.31	6.40	6.65	6.80
2011.07.07	6.10	6.56	6.65	6.90	7.05
2012.06.08	5.85	6.31	6.40	6.65	6.80
2012.07.06	5.60	6.00	6.15	6.40	6.55

人民币贷款基准利率
RMB lending benchmark interest rates

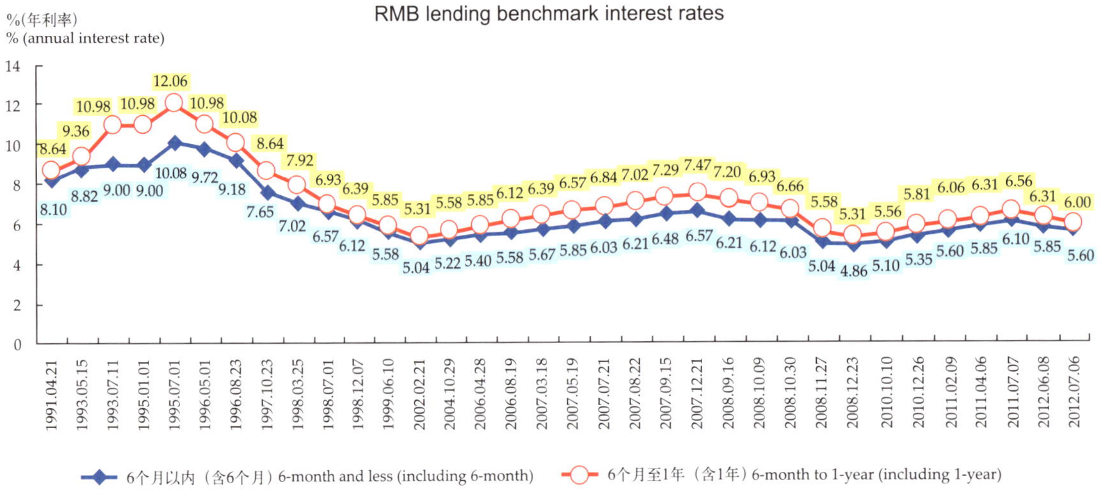

金融机构人民币贷款各利率区间占比表
Share of loans with floating rates in various ranges

单位：% Unit: %

日期 Date	下浮 Floating downward	基准 At benchmark	上浮 Floating upward					
			小计 Subtotal	(1.0, 1.1]	(1.1, 1.3]	(1.3, 1.5]	(1.5, 2.0]	2.0以上Above 2.0
2012.01	4.79	26.22	68.99	22.33	25.51	8.76	9.22	3.17
2012.02	5.53	27.59	66.88	23.12	23.76	7.98	8.61	3.40
2012.03	4.62	24.95	70.43	21.12	26.99	9.48	9.41	3.43
2012.04	5.03	23.06	71.91	20.76	28.92	10.10	8.98	3.16
2012.05	5.35	24.08	70.57	20.51	28.90	9.73	8.31	3.12
2012.06	7.92	25.08	66.99	19.94	27.87	8.90	7.66	2.63
2012.07	9.51	24.38	66.11	19.74	26.78	9.13	7.61	2.85
2012.08	11.61	22.66	65.73	19.64	26.45	8.30	8.33	3.01
2012.09	11.31	24.57	64.12	20.16	25.18	8.13	7.67	2.98
2012.10	10.88	26.80	62.32	20.15	24.30	7.28	7.53	3.06
2012.11	11.70	25.74	62.56	19.43	24.52	7.64	7.71	3.26
2012.12	14.16	26.10	59.74	18.41	22.87	7.58	7.84	3.04
2013.01	10.62	25.08	64.30	19.84	25.23	7.87	8.29	3.07
2013.02	11.69	25.05	63.26	19.57	23.96	7.88	8.83	3.02
2013.03	11.44	23.79	64.77	19.55	24.71	8.15	9.27	3.09
2013.04	10.56	23.53	65.91	18.96	25.52	8.96	9.23	3.24
2013.05	11.89	22.45	65.66	19.65	25.92	8.84	8.46	2.79
2013.06	12.55	24.52	62.93	19.47	24.95	7.95	8.04	2.52
2013.07	10.54	23.32	66.14	19.99	27.07	8.61	7.96	2.51
2013.08	10.23	21.95	67.82	19.70	27.33	9.46	8.60	2.73
2013.09	10.70	23.31	65.99	19.59	26.58	9.33	8.03	2.46
2013.10	9.81	24.23	65.96	19.85	26.26	8.86	8.41	2.58
2013.11	10.41	24.09	65.50	19.13	26.15	8.90	8.45	2.87
2013.12	12.48	24.12	63.40	17.89	24.66	9.64	8.55	2.66
2014.01	8.20	22.81	68.99	17.90	27.39	11.00	9.78	2.92
2014.02	7.56	24.96	67.48	20.61	26.09	10.13	8.05	2.60
2014.03	8.35	21.40	70.25	18.81	27.69	11.17	9.56	3.02
2014.04	6.14	20.60	73.26	20.20	28.47	11.93	9.69	2.97
2014.05	7.35	19.81	72.84	20.45	28.12	11.97	9.52	2.78
2014.06	9.32	21.57	69.11	20.24	26.71	11.19	8.42	2.55
2014.07	8.23	19.68	72.09	19.35	27.78	12.46	9.69	2.81
2014.08	7.50	18.80	73.70	18.28	29.35	13.21	9.81	3.05
2014.09	8.31	20.43	71.26	19.01	28.18	12.29	9.00	2.78

2014年第三季度金融机构人民币贷款各利率区间占比表

Share of loans with rates floating at various ranges in the third quarter of 2014

单位：% Unit: %

	下浮 Floating downward	基准 At benchmark	上浮 Floating upward					
			小计 Subtotal	(1.0, 1.1]	(1.1, 1.3]	(1.3, 1.5]	(1.5, 2.0]	2.0以上 Above 2.0
四大国有商业银行 Four state-owned commercial banks	11.00	29.52	59.48	27.81	25.18	5.92	0.50	0.07
股份制商业银行 Joint-stock commercial banks	4.38	12.95	82.67	21.04	44.14	13.51	1.79	2.19
外资商业银行 Foreign commercial banks	34.22	16.89	48.89	18.50	22.13	6.82	1.23	0.21
城市商业银行 City commercial banks	2.56	13.15	84.29	12.71	34.61	20.70	12.9a8	3.29
农村信用社 Rural credit cooperatives	1.71	6.82	91.47	5.99	19.12	22.03	35.02	9.31
政策性银行 Policy banks	22.97	52.92	24.11	20.10	3.76	0.23	0.02	0.00
合计 Total	7.59	19.79	72.62	19.32	28.90	12.50	9.06	2.84

大额美元存款与美元贷款平均利率表
Average interest rates of large-value dollar deposits and loans

单位：% Unit: %

日期 Date	大额存款 Large-value deposits						贷款 Loans				
	活期 Demand	3个月以内 Within 3 months	3(含)~6个月 3~6 months (including 3 months)	6(含)~12个月 6~12 months (including 6 months)	1年 1 year	1年以上 Above 1 year	3个月以内 Within 3 months	3(含)~6个月 3~6 months (including 3 months)	6(含)~12个月 6~12 months (including 6 months)	1年 1 year	1年以上 Above 1 year
2012.04	0.21	2.69	3.54	3.97	4.40	3.32	3.54	3.96	4.44	4.07	3.99
2012.05	0.26	2.37	3.33	3.92	4.12	4.16	3.50	4.11	4.27	4.21	3.90
2012.06	0.26	2.07	2.93	3.39	4.07	4.36	3.38	3.74	3.72	4.02	4.10
2012.07	0.19	2.80	2.57	3.06	3.78	2.13	3.01	3.29	3.54	3.00	3.76
2012.08	0.20	0.96	2.08	2.43	3.21	1.59	2.48	2.70	3.11	2.44	4.04
2012.09	0.17	0.63	1.45	1.65	2.13	1.88	2.05	2.09	2.24	2.15	3.36
2012.10	0.14	0.71	1.30	1.50	2.14	2.17	2.01	2.01	2.05	2.00	3.60
2012.11	0.13	0.60	1.19	1.27	1.86	1.98	1.99	1.89	2.21	2.34	3.73
2012.12	0.17	0.51	1.01	1.52	1.76	1.67	2.02	1.96	1.97	2.73	3.42
2013.01	0.11	0.90	1.35	1.75	1.90	2.45	1.74	2.04	1.87	2.00	3.25
2013.02	0.12	0.84	1.42	1.75	2.04	2.12	2.18	1.91	1.82	2.14	4.08
2013.03	0.11	0.92	1.57	1.91	2.44	1.54	1.97	2.16	2.07	2.35	3.03
2013.04	0.10	0.82	1.36	2.04	2.36	1.27	1.99	2.13	2.22	2.30	3.26
2013.05	0.12	0.80	1.39	1.89	2.31	1.20	2.00	2.11	2.34	2.38	3.02
2013.06	0.12	1.07	1.69	1.86	2.50	1.14	2.23	2.34	2.40	2.78	3.33
2013.07	0.13	1.14	1.97	2.15	2.57	1.79	2.25	2.58	2.69	2.77	3.13
2013.08	0.12	1.17	1.84	2.05	2.68	2.39	2.29	2.41	2.57	2.63	3.23
2013.09	0.19	1.58	2.37	2.06	3.43	2.22	2.28	2.80	2.63	2.49	3.18
2013.10	0.22	1.63	2.38	2.65	3.18	1.58	2.46	2.60	2.83	2.75	3.36
2013.11	0.17	1.81	2.69	2.91	3.36	1.87	2.52	2.64	2.88	2.91	3.29
2013.12	0.18	1.99	3.19	2.89	2.70	1.96	2.66	2.82	2.88	2.95	3.71
2014.01	0.21	2.41	3.43	3.48	3.54	2.68	2.82	2.90	3.14	2.88	3.56
2014.02	0.20	2.50	3.54	3.68	3.66	3.08	3.08	3.13	3.46	3.10	3.08
2014.03	0.25	2.60	3.68	3.63	3.85	2.72	3.08	3.20	3.35	3.30	3.16
2014.04	0.27	2.45	3.56	3.70	3.66	2.81	3.11	3.24	3.59	3.52	3.47
2014.05	0.26	2.21	3.24	3.43	3.58	2.83	2.97	3.09	3.45	3.52	3.63
2014.06	0.22	1.99	3.03	3.17	3.69	2.78	2.87	3.03	3.37	3.42	3.45
2014.07	0.21	1.59	2.72	2.96	3.47	2.48	2.73	2.97	3.32	3.24	3.72
2014.08	0.19	1.09	2.13	2.77	3.06	2.16	2.61	2.66	3.01	2.89	3.39
2014.09	0.14	0.83	1.76	2.30	2.40	1.18	2.53	2.51	2.67	2.74	3.55

八、金融市场
8. Financial Market

1.货币市场
(1) Money market

银行间市场交易量
Transaction volume in the inter-bank market

单位：万亿元
Unit: RMB trillion yuan

年 Year	债券回购 Repurchasing	同业拆借 Inter-bank borrowing	现券买卖 Outright transactions
2000	1.6	0.7	0.1
2001	4.0	0.8	0.1
2002	10.2	1.2	0.4
2003	11.7	2.4	3.1
2004	9.4	1.5	2.5
2005	15.9	1.3	6.0
2006	26.6	2.2	10.2
2007	44.8	10.6	15.6
2008	58.1	15.0	37.1
2009	70.3	19.4	47.3
2010	87.6	27.9	64.0
2011	99.5	33.4	63.6
2012	141.7	46.7	75.2
2013	158.2	35.5	41.6

银行间市场月加权平均利率
Monthly weighted average interest rates in the inter-bank market

单位：% Unit: %

年/月 Year/Month	同业拆借市场 Inter-bank borrowing market	质押式债券回购 Bond-pledged repurchasing
2012.10	2.87	2.82
2012.11	2.57	2.55
2012.12	2.61	2.62
2013.01	2.27	2.25
2013.02	2.77	2.89
2013.03	2.47	2.46
2013.04	2.50	2.55
2013.05	2.92	3.01
2013.06	6.58	6.82
2013.07	3.54	3.60
2013.08	3.44	3.45
2013.09	3.47	3.49
2013.10	3.83	3.86
2013.11	4.12	4.12
2013.12	4.16	4.28
2014.01	3.86	3.98
2014.02	3.01	2.99
2014.03	2.49	2.48
2014.04	2.72	2.69
2014.05	2.56	2.56
2014.06	2.85	2.89
2014.07	3.41	3.41
2014.08	3.17	3.11
2014.09	2.97	2.93

银行间市场交易量
Transaction volume in the inter-bank market

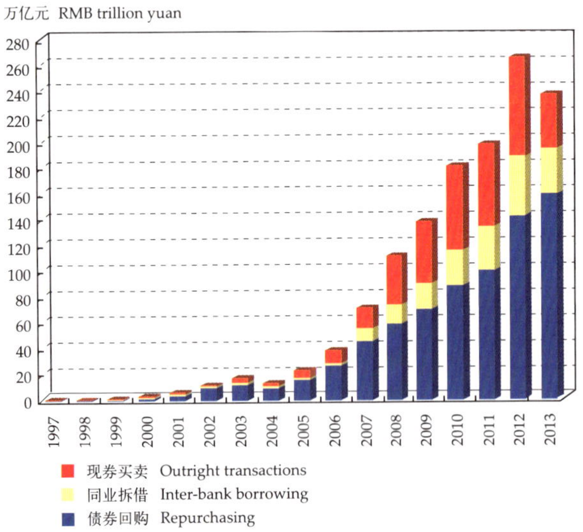

银行间市场月加权平均利率
Monthly weighted average interest rates in the inter-bank market

各品种Shibor走势图
Movements of the Shibor

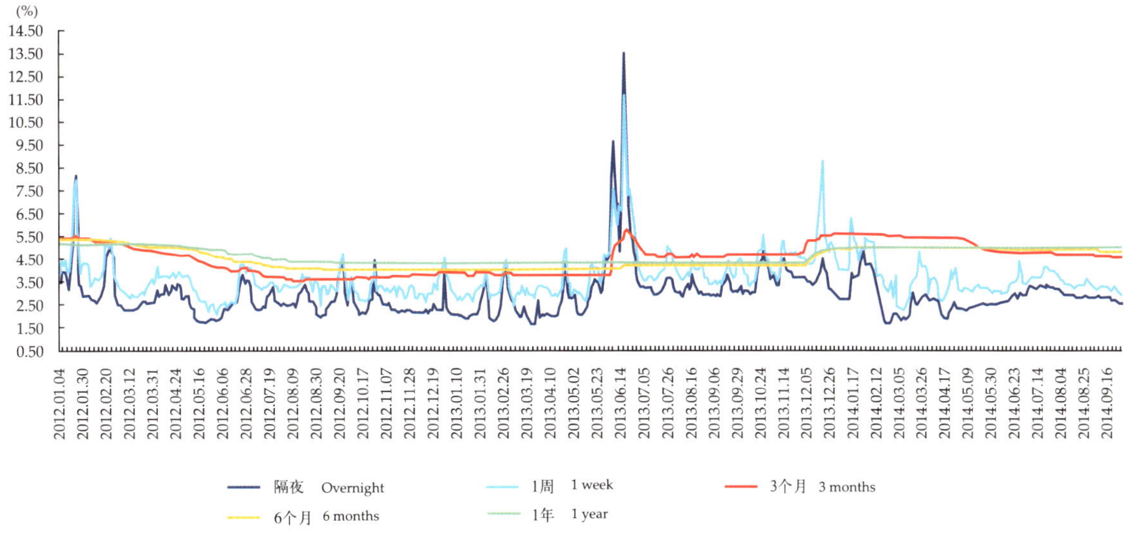

全国银行间同业拆借各期限当月交易量及月加权平均利率
Monthly transaction volume and monthly weighted average interest rates of inter-bank borrowing with different maturities

单位：亿元、%
Unit: RMB 100 million yuan, %

年/月 Year/Month	1天 1 day		7天 7 days		14天 14 days		21天 21 days		1个月 1 month		2个月 2 months		3个月 3 months		4个月 4 months		6个月 6 months		9个月 9 months		1年 1 year	
	交易量 Volume	利率 Rate	交易量 Volume	利率 Rate	交易量 Volume	利率 Rate	交易量 Volume	利率 Rate	交易量 Volume	利率 Rate	交易量 Volume	利率 Rate	交易量 Volume	利率 Rate	交易量 Volume	利率 Rate	交易量 Volume	利率 Rate	交易量 Volume	利率 Rate	交易量 Volume	利率 Rate
2012.10	22 345	2.73	3 658	3.17	1 362	3.59	209	3.76	546	3.88	160	3.71	249	3.78	0	—	98	4.12	0	—	1	4.60
2012.11	32 078	2.41	3 502	3.26	1 112	3.40	228	3.70	430	3.77	500	3.77	186	4.07	42	4.37	32	4.46	7	4.80	15	5.00
2012.12	31 167	2.36	3 891	3.50	1 646	3.77	592	3.99	481	4.09	279	4.27	126	4.62	20	4.20	18	4.48	5	4.25	12	5.08
2013.01	33 896	2.13	3 047	3.27	719	3.14	91	3.68	234	3.89	69	4.17	222	4.11	17	3.86	41	4.16	0	—	9	4.48
2013.02	23 010	2.59	3 102	3.44	1 140	3.67	195	4.00	337	4.16	70	3.75	34	4.03	11	4.48	1	4.40	0	—	6	4.42
2013.03	30 720	2.31	4 302	3.22	564	3.47	98	3.32	767	3.41	38	3.87	112	4.24	1	3.88	2	4.30	0	—	3	4.33
2013.04	37 911	2.38	3 160	3.37	738	3.50	345	3.32	588	3.66	53	3.52	116	3.88	2	4.20	5	4.01	0	—	1	4.00
2013.05	38 622	2.80	3 953	3.71	864	3.69	67	3.34	748	3.88	69	3.57	53	4.26	2	4.03	0	—	0	—	1	4.33
2013.06	11 324	6.43	3 125	6.98	805	7.07	32	7.13	161	6.79	57	6.44	86	5.92	3	5.00	23	5.91	0	—	11	3.97
2013.07	18 775	3.34	3 759	4.10	807	4.24	101	4.58	352	5.23	52	5.07	152	5.08	3	4.43	6	5.01	0	4.80	8	5.23
2013.08	19 592	3.23	3 911	4.10	675	4.52	97	4.83	255	4.67	55	5.27	84	5.24	2	5.80	14	4.98	0	—	15	5.49
2013.09	22 371	3.22	3 892	3.87	1 911	4.64	473	4.57	447	5.18	83	5.41	125	5.46	6	4.57	0	—	2	5.09	18	5.51
2013.10	16 880	3.62	3 311	4.39	1 158	4.24	92	5.04	440	5.26	116	5.05	225	5.32	4	4.30	7	5.78	0	—	10	5.72
2013.11	20 190	3.88	4 623	4.53	1 057	5.08	34	6.01	390	5.75	159	5.68	335	6.45	2	4.63	8	5.25	0	—	0	—
2013.12	16 345	3.71	3 839	5.17	1 143	5.63	204	5.51	352	5.82	212	6.18	205	6.10	15	5.35	12	7.00	0	—	2	6.47
2014.01	16 783	3.36	3 864	4.84	1 333	5.44	221	6.38	462	6.07	170	6.72	103	6.14	5	6.95	6	5.47	0	—	2	6.24
2014.02	12 863	2.49	3 036	4.40	675	4.50	51	4.97	220	5.15	114	5.27	194	5.84	10	5.70	11	6.32	0	—	21	6.66
2014.03	26 694	2.30	3 079	3.47	662	3.42	58	3.57	394	4.04	102	4.26	198	5.35	9	5.42	7	5.52	8	5.64	6	6.20
2014.04	24 816	2.47	4 190	3.62	677	3.76	21	4.33	675	3.90	143	4.10	199	5.20	5	4.75	4	5.08	0	—	12	5.87
2014.05	34 823	2.44	3 316	3.31	561	3.44	106	3.47	464	3.77	52	4.41	95	4.74	1	4.55	10	5.10	8	5.17	12	5.46
2014.06	31 107	2.72	4 171	3.45	486	4.21	63	4.51	307	4.53	26	4.47	89	4.98	2	5.06	1	5.06	5	5.00	13	4.20
2014.07	26 053	3.23	5 104	3.98	1 078	4.51	59	4.30	414	4.38	142	4.05	107	4.89	0	0.00	3	4.83	0	0.00	26	5.13
2014.08	19 470	2.97	6 185	3.61	1 446	3.75	21	4.26	247	3.90	81	3.68	118	4.75	3	4.60	3	4.63	0	0.00	1	5.70
2014.09	27 646	2.81	6 762	3.41	1 660	3.39	111	4.24	246	4.15	112	3.77	138	4.90	11	4.79	9	4.87	0	0.00	3	4.84

全国银行间同业拆借各期限月加权平均利率
Monthly weighted average interest rates of inter-bank borrowing with different maturities

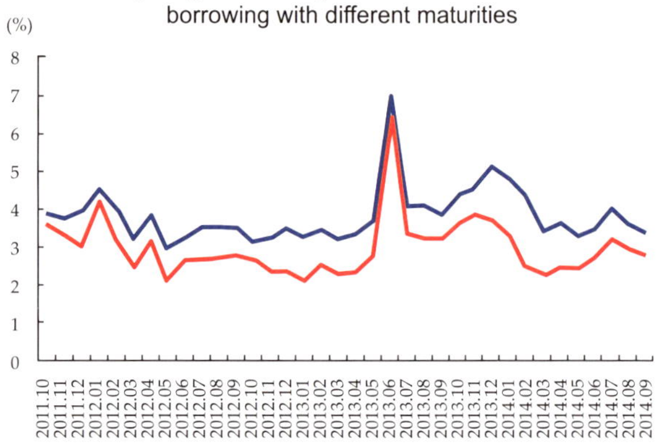

全国银行间同业拆借各期限当月交易量
Monthly transaction volume of inter-bank borrowing with different maturities

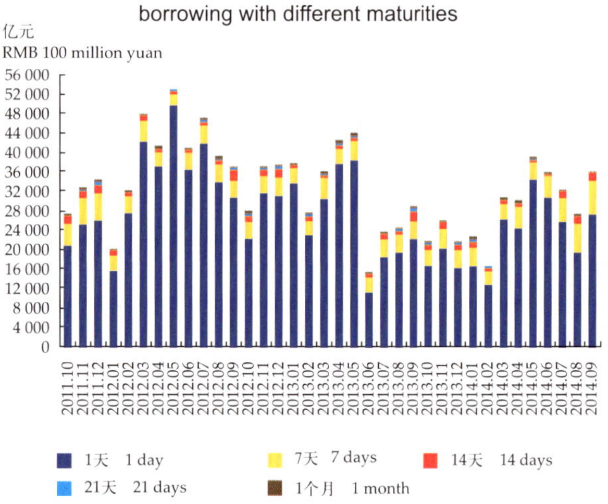

2. 债券市场
(2) Bond market

债券回购交易成交金额
Turnover of repurchasing

单位：亿元
Unit: RMB 100 million yuan

年/月 Year/Month	银行间债券市场 Inter-bank bond market	交易所 Stock exchanges
2012.10	100 780	34 774
2012.11	120 104	42 016
2012.12	118 454	41 144
2013.01	138 841	40 964
2013.02	101 705	30 824
2013.03	137 814	45 877
2013.04	147 431	40 396
2013.05	147 189	56 130
2013.06	122 313	50 127
2013.07	127 290	70 623
2013.08	127 709	67 660
2013.09	125 937	55 901
2013.10	115 707	56 056
2013.11	143 350	69 318
2013.12	146 351	77 148
2014.01	121 232	68 877
2014.02	101 112	54 808
2014.03	166 090	67 165
2014.04	171 563	69 560
2014.05	185 808	68 650
2014.06	197 533	70 541
2014.07	208 708	82 413
2014.08	199 723	78 113
2014.09	219 390	79 945

债券现券交易成交金额
Turnover of outright transactions

单位：亿元
Unit: RMB 100 million yuan

年/月 Year/Month	银行间债券市场 Inter-bank bond market	交易所 Stock exchanges
2013.01	80 027	1 300
2013.02	51 930	1 041
2013.03	84 974	1 569
2013.04	67 927	1 424
2013.05	26 892	1 525
2013.06	11 839	1 266
2013.07	12 852	1 417
2013.08	13 688	1 323
2013.09	14 058	1 663
2013.10	14 540	1 139
2013.11	17 925	1 682
2013.12	19 454	2 025
2014.01	19 145	1 690
2014.02	21 018	1 514
2014.03	30 728	2 017
2014.04	34 436	1 877
2014.05	36 436	1 626
2014.06	33 562	2 062
2014.07	36 582	2 484
2014.08	34 172	2 115
2014.09	39 894	2 259

债券回购交易成交金额
Turnover of repurchasing

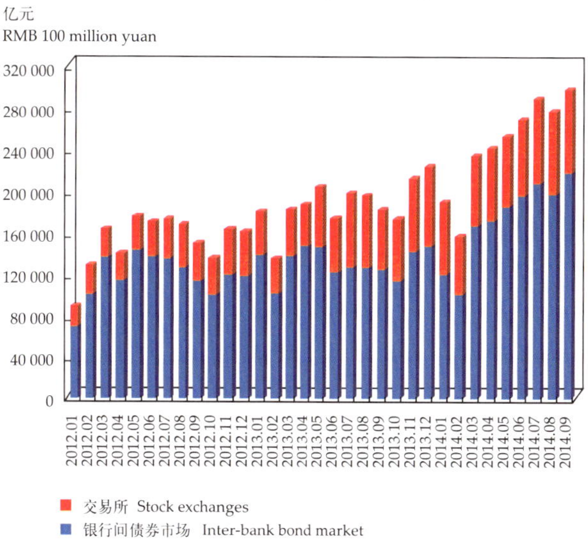

债券现券交易成交金额
Turnover of outright transactions

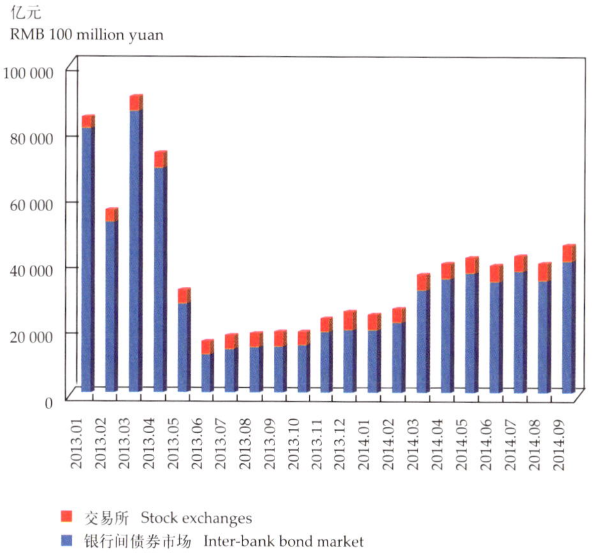

国债发行、兑付、期末余额
Issue and redemption values and end-period balance of government bonds

单位：亿元
Unit: RMB 100 million yuan

年/月 Year/Month	发行额 Issue value	兑付额 Redemption value	期末余额 End-period balance
2012.10	1 147	464	71 045
2012.11	1 118	676	71 487
2012.12	572	66	71 994
2013.01	1 120	881	84 253
2013.02	780	1 063	84 026
2013.03	733	726	84 262
2013.04	2 231	687	85 668
2013.05	2 310	506	87 161
2013.06	1 537	927	88 092
2013.07	2 281	432	89 697
2013.08	2 585	1 193	91 278
2013.09	2 062	830	92 601
2013.10	2 346	363	94 216
2013.11	1 280	878	94 878
2013.12	965	374	95 471
2014.01	540	753	95 235
2014.02	560	601	95 200
2014.03	1 040	1 267	95 162
2014.04	2 157	1 124	95 940
2014.05	1 836	577	97 134
2014.06	2 587	1 675	98 361
2014.07	2 787	693	100 966
2014.08	2 804	1 458	102 300
2014.09	2 274	423	104 151

国债发行与兑付
Issue and redemption values of government bonds

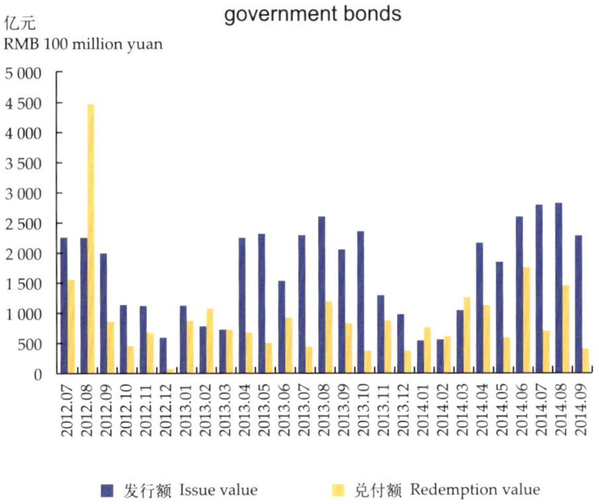

国债期末余额
Outstanding amounts of government bonds at end-period

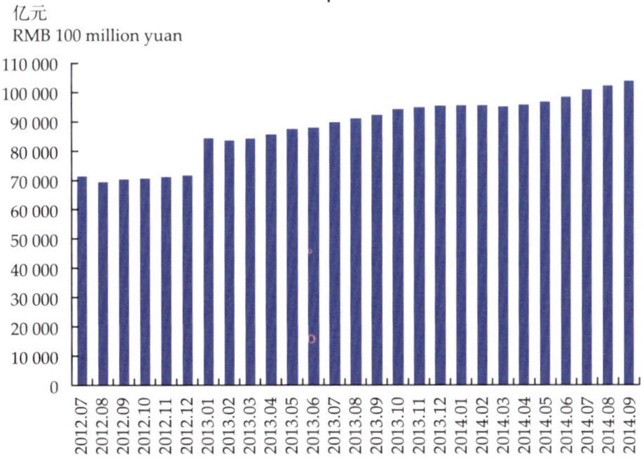

3.股票市场
(3) Stock market

股票成交、发行筹资额
Turnover of stock trading and funds raised in the stock market

年/月 Year/month		成交金额（亿元）Turnover of stock trading (RMB100 million yuan)		A股筹资（亿元）A-shares capital raised (RMB100 million yuan)					B股筹资（亿美元）B-shares capital rasied (USD100 million)	H股筹资（亿美元）H-shares capital rasied (USD100 million)	
		上海证券交易所A股 A-shares on the Shanghai stock exchange	深圳证券交易所A股 A-shares on the Shenzhen stock exchange	首次发行金额 Initial public offering	公开增发 Additional offering	定向增发（现金）Placement (Cash)	配股 Allotment	权证行权 Exercise warrant		首次发行金额 Initial public offering	再筹资金额 Refinancing
2011	1	20 198	14 365	454.1	35.1	141.7	99.7	0.0	0.0	0.0	0.0
	2	21 593	15 851	242.9	1.3	19.4	6.8	0.0	0.0	0.0	0.0
	3	36 920	26 190	342.6	25.3	208.7	6.1	0.0	0.0	0.0	0.0
	4	27 271	18 486	259.7	6.9	270.0	113.7	0.0	0.0	0.0	7.7
	5	20 431	13 530	222.9	0.0	128.4	0.0	0.0	0.0	22.5	0.0
	6	18 480	12 797	204.8	0.0	111.4	3.3	0.0	0.0	8.5	24.9
	7	22 994	19 063	113.6	14.6	145.3	175.6	0.0	0.0	0.0	12.8
	8	19 128	17 744	260.7	21.5	240.5	0.0	29.5	0.0	0.0	0.0
	9	12 099	10 155	182.2	0.0	53.5	0.0	0.0	0.0	0.0	0.0
	10	11 151	9 475	212.4	0.0	31.6	0.0	0.0	0.0	18.3	0.0
	11	16 285	16 198	163.0	27.4	68.5	9.0	0.0	0.0	0.0	0.0
	12	10 260	9 675	166.5	0.0	245.6	7.7	0.0	0.0	18.6	0.0
2012	1	9 052	7 531	63.6	0.0	17.2	0.0	0.0	0.0	0.0	0.0
	2	17 706	15 867	73.6	84.8	48.7	22.1	0.0	0.0	0.0	3.2
	3	20 278	18 239	214.3	19.9	375.4	73.0	0.0	0.0	0.0	14.4
	4	14 682	12 079	112.2	0.0	98.8	0.0	0.0	0.0	18.5	0.0
	5	19 408	15 645	135.2	0.0	60.3	6.2	0.0	0.0	0.0	0.0
	6	12 137	11 823	127.2	0.0	214.6	0.0	0.0	0.0	3.5	0.0
	7	12 167	12 723	135.0	0.0	181.5	0.0	0.0	0.0	10.9	0.0
	8	11 447	12 510	72.9	0.0	432.9	0.0	0.0	0.0	0.0	42.4
	9	11 555	11 606	68.5	0.0	122.8	6.3	0.0	0.0	0.0	0.0
	10	9 216	8 986	31.6	0.0	56.5	0.0	0.0	0.0	5.3	0.0
	11	9 193	8 276	0.4	0.0	101.1	5.7	0.0	0.0	0.0	13.4
	12	17 208	14 383	0.0	0.0	157.6	7.7	0.0	0.0	44.3	3.8
2013	1	22 552	20 394	0.0	10.3	152.1	18.5	0.0	0.0	0.0	0.0
	2	16 243	13 875	0.0	0.0	165.0	193.5	0.0	0.0	0.0	31.3
	3	20 389	18 176	0.0	0.0	159.6	48.4	0.0	0.0	0.0	5.3
	4	12 848	12 799	0.0	0.0	238.4	35.7	0.0	0.0	0.0	0.0
	5	20 915	23 965	0.0	7.8	262.4	0.0	0.0	0.0	28.9	0.0
	6	13 290	15 115	0.0	16.4	83.6	26.4	0.0	0.0	0.0	5.0
	7	18 206	23 224	0.0	7.0	112.9	7.8	0.0	0.0	0.0	0.0
	8	20 669	24 394	0.0	7.0	114.7	14.5	0.0	0.0	0.0	0.0
	9	25 377	21 378	0.0	0.0	112.9	275.3	0.0	0.0	0.0	11.8
	10	20 956	22 394	0.0	0.0	78.5	0.0	0.0	0.0	0.0	6.2
	11	19 249	20 755	0.0	0.0	146.6	0.0	0.0	0.0	18.9	0.0
	12	18 224	21 244	0.0	32.0	320.1	49.2	0.0	0.0	65.4	0.0
2014	1	13 638	22 086	188.0	0.0	407.0	8.0	0.0	0.0	0.9	9.6
	2	17 933	25 884	36.0	0.0	137.0	39.0	0.0	0.0	0.0	1.5
	3	18 671	23 472	0.0	0.0	339.0	13.0	0.0	0.0	0.0	2.3
	4	16 853	17 957	0.0	0.0	619.4	0.0	0.0	0.0	0.0	0.0
	5	12 039	15 436	0.0	3.7	239.7	30.7	0.0	0.0	12.2	5.5
	6	13 179	19 091	16.9	0.0	125.7	11.1	0.0	0.0	8.2	0.0
	7	23 967	29 283	46.2	0.0	266.8	18.7	0.0	0.0	2.5	4.0
	8	27 940	32 778	35.1	0.0	230.5	2.5	0.0	0.0	0.0	0.0
	9	35 594	40 811	69.1	0.0	542.7	0.0	0.0	0.0	0.0	1.6

月末加权平均市盈率
Weighted average price-earnings ratio at month-end

年/月 Year/Month	上海证券交易所A股 A-shares on the Shanghai stock exchange	上海证券交易所B股 B-shares on the Shanghai stock exchange	深圳证券交易所A股 A-shares on the Shenzhen stock exchange	深圳证券交易所B股 B-shares on the Shenzhen stock exchange
2012.10	11.2	11.6	21.3	9.1
2012.11	10.7	11.5	18.9	9.4
2012.12	12.3	13.2	22.2	12.2
2013.01	13.0	14.9	23.6	15.1
2013.02	12.9	14.9	24.4	13.8
2013.03	12.2	14.2	24.1	13.8
2013.04	11.9	13.7	24.1	13.9
2013.05	11.8	12.3	27.5	14.9
2013.06	10.2	11.2	23.5	13.1
2013.07	10.3	11.1	24.9	13.0
2013.08	10.8	11.3	26.3	13.6
2013.09	11.2	11.7	27.8	13.8
2013.10	11.1	11.5	26.9	13.8
2013.11	11.5	11.7	28.7	14.7
2013.12	11.0	11.6	28.0	14.5
2014.01	10.6	11.3	28.7	14.0
2014.02	10.7	10.4	28.9	13.7
2014.03	10.7	10.3	25.6	9.6
2014.04	10.7	10.4	24.5	8.5
2014.05	9.8	12.0	25.2	8.1
2014.06	9.8	11.9	26.2	8.7
2014.07	10.6	12.8	27.7	9.5
2014.08	10.7	13.6	28.9	9.6
2014.09	11.5	14.4	32.0	10.0

股票成交金额
Turnover of stock trading

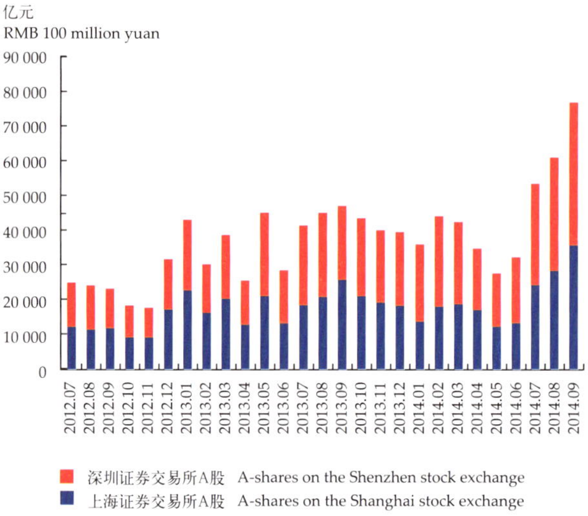

月末加权平均市盈率
Weighted average price-earnings ratio at month-end

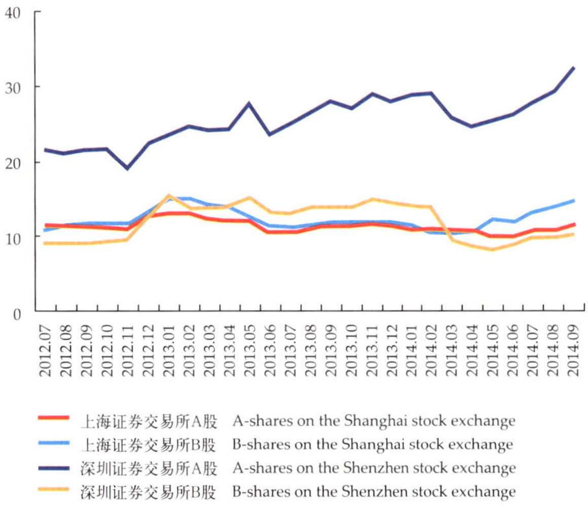

月末收盘指数
Closing index at month-end

4.票据市场
(4) Commercial paper market

票据市场交易额与期末余额
Transactions and outstanding balance of commercial paper market

单位：亿元
Unit: RMB 100 million yuan

年/月 Year/Month	商业汇票 Drafts	贴现 Discount bills	再贴现 Rediscount bills
	发生额 Transactions during the period		
2012.10	12 454	25 941	151
2012.11	17 084	31 292	164
2012.12	17 855	34 508	276
2013.01	22 362	31 346	217
2013.02	11 454	22 159	179
2013.03	20 506	41 691	241
2013.04	16 417	35 659	272
2013.05	18 754	55 447	261
2013.06	17 444	37 239	319
2013.07	10 751	44 562	281
2013.08	16 395	31 899	242
2013.09	17 857	46 205	34
2013.10	17 727	35 687	494
2013.11	15 719	43 037	308
2013.12	17 301	31 655	403
2014.01	21 998	34 951	286
2014.02	12 832	28 495	207
2014.03	21 947	44 792	273
2014.04	16 796	44 197	274
2014.05	18 350	53 959	319
2014.06	17 653	50 041	347
2014.07	17 905	54 236	312
2014.08	15 351	49 393	323
2014.09	19 622	65 083	372
	期末余额 Outstanding balance at the end of the period		
2012.10	82 626	22 705	785
2012.11	82 608	22 336	761
2012.12	83 452	20 426	760
2013.01	84 588	20 155	761
2013.02	87 129	20 336	746
2013.03	92 425	21 520	813
2013.04	94 127	23 207	865
2013.05	94 428	24 045	935
2013.06	91 557	23 283	1 034
2013.07	88 653	22 245	1 028
2013.08	95 874	22 118	1 047
2013.09	89 381	20 594	1 016
2013.10	88 632	19 887	1 007
2013.11	89 487	20 078	1 004
2013.12	90 371	19 594	1 136
2014.01	94 162	17 353	1 115
2014.02	92 671	18 432	1 072
2014.03	94 870	18 840	1 054
2014.04	96 551	19 696	1 036
2014.05	98 782	21 239	1 031
2014.06	102 013	22 028	1 120
2014.07	98 214	23 754	1 154
2014.08	97 437	26 100	1 229
2014.09	97 232	27 000	1 257

商业汇票交易情况
Draft transactions

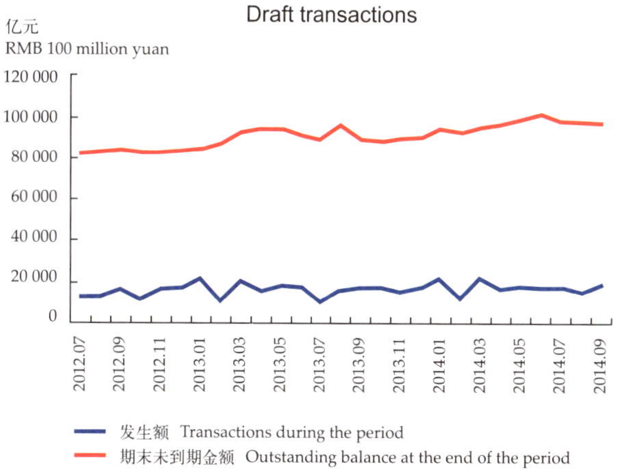

贴现情况
Discount bills

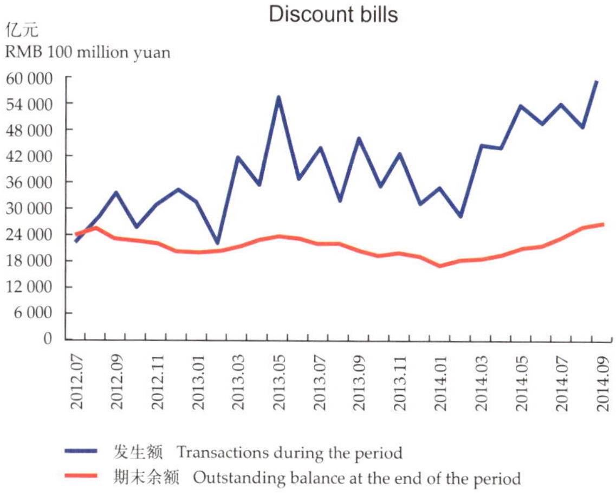

再贴现情况
Rediscount bills

5.外汇市场
(5) Foreign exchange market

世界主要货币兑人民币月平均汇率
Monthly average exchange rate of the RMB against major foreign currencies

年/月 Year/Month	人民币/美元 RMB/USD	人民币/欧元 RMB/EUR	人民币/100日元 RMB/100JPY	人民币/港元 RMB/HKD	卢布/人民币 RUB/RMB
2012.10	6.3144	8.1938	7.9681	0.8146	4.9520
2012.11	6.2953	8.0789	7.7618	0.8122	5.0152
2012.12	6.2900	8.2463	7.4973	0.8112	4.9137
2013.01	6.2787	8.3466	7.0278	0.8098	4.8467
2013.02	6.2842	8.3911	6.7348	0.8103	4.8375
2013.03	6.2743	8.1326	6.6062	0.8086	4.9375
2013.04	6.2471	8.1325	6.3673	0.8047	5.0441
2013.05	6.1970	8.0402	6.1261	0.7984	5.0870
2013.06	6.1718	8.1382	6.3292	0.7953	5.2555
2013.07	6.1725	8.0758	6.1831	0.7958	5.3346
2013.08	6.1708	8.2204	6.2977	0.7957	5.3765
2013.09	6.1588	8.2087	6.1972	0.7942	5.3252
2013.10	6.1393	8.3824	6.2606	0.7918	5.2426
2013.11	6.1372	8.2808	6.1333	0.7917	5.3589
2013.12	6.1160	8.3757	5.8995	0.7888	5.4018
2014.01	6.1043	8.3179	5.8544	0.7869	5.5453
2014.02	6.1128	8.3675	5.9641	0.7880	5.7944
2014.03	6.1358	8.4826	6.0057	0.7905	5.8710
2014.04	6.1553	8.5001	6.0202	0.7938	5.7451
2014.05	6.1636	8.4637	6.0726	0.7951	5.5940
2014.06	6.1557	8.3687	6.0467	0.7941	5.5387
2014.07	6.1569	8.3425	6.0652	0.7944	5.6037
2014.08	6.1606	8.2062	5.9850	0.7949	5.8566
2014.09	6.1528	7.9466	5.7381	0.7937	6.1733

世界主要货币兑人民币期末汇率
Exchange rate of the RMB against major foreign currencies at the end of the period

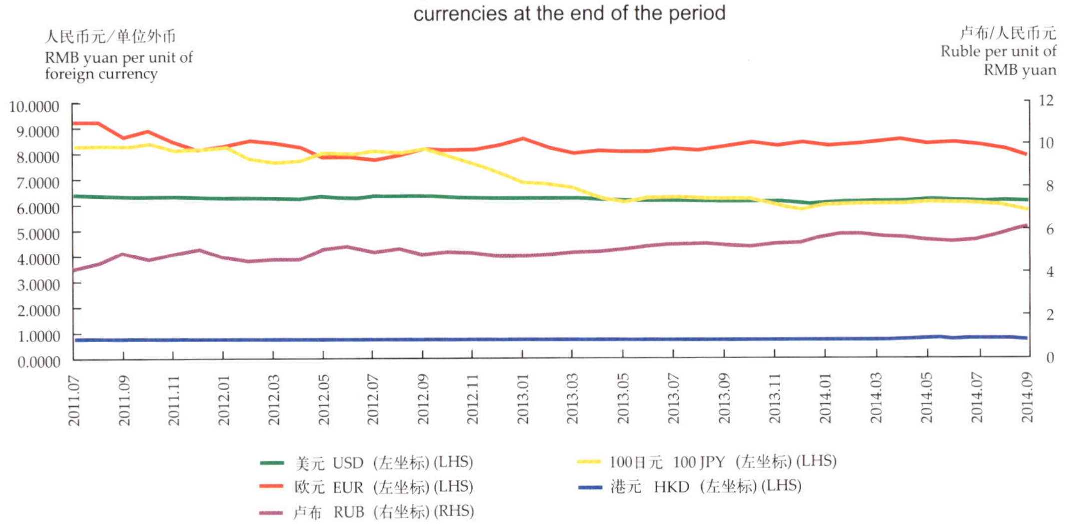

人民币/美元中间价
Central parity of the RMB against the USD
2005年7月21日至2014年9月30日
From July 21, 2005 to September 30, 2014

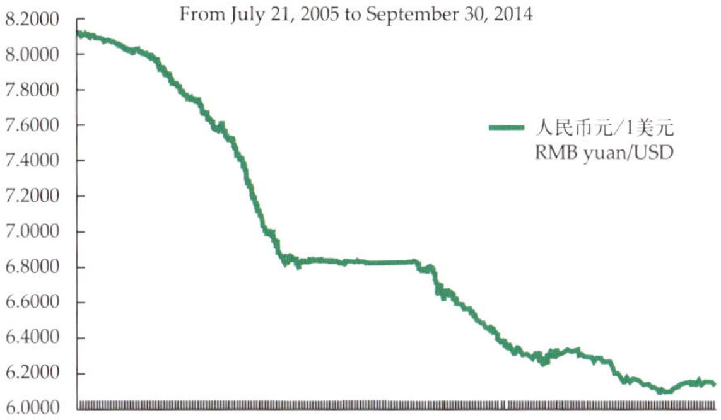

人民币/日元中间价
Central parity of the RMB against the JPY
2005年7月21日至2014年9月30日
From July 21, 2005 to September 30, 2014

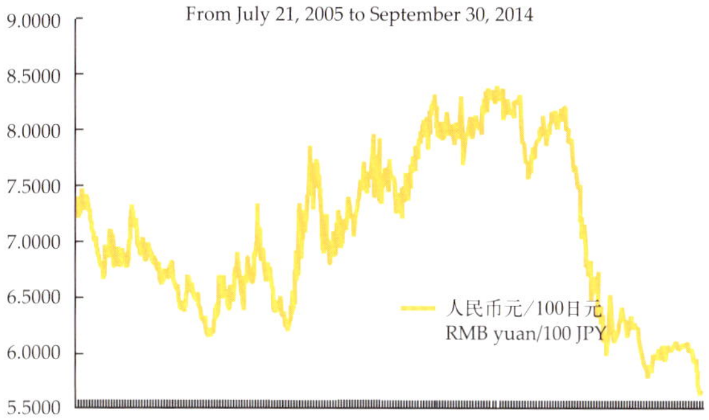

人民币/欧元中间价
Central parity of the RMB against the EUR
2005年7月21日至2014年9月30日
From July 21, 2005 to September 30, 2014

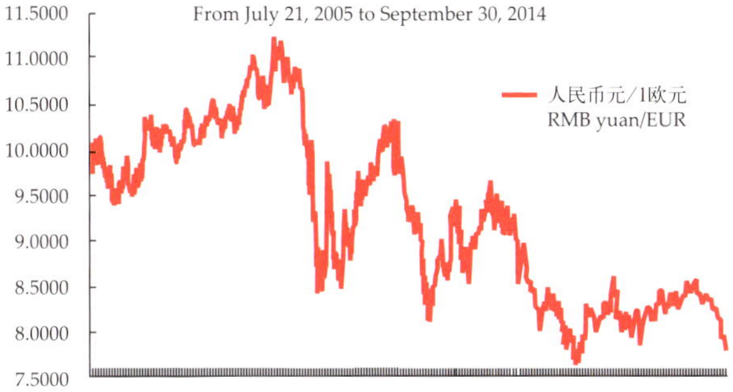

人民币/港元中间价
Central parity of the RMB against the HKD
2005年7月21日至2014年9月30日
From July 21, 2005 to September 30, 2014

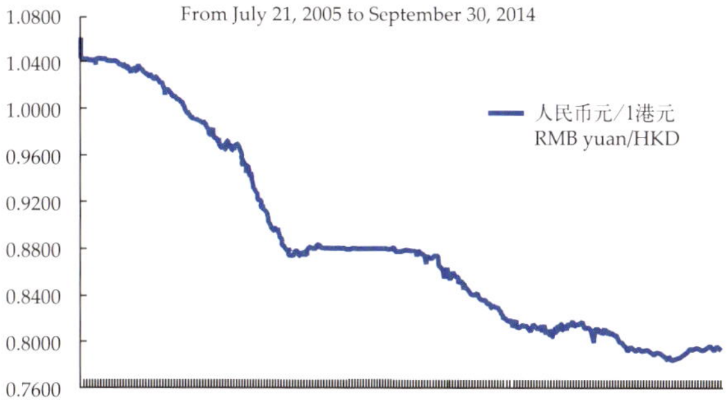

卢布/人民币中间价
Central parity of the RUB against the RMB
2010年11月22日至2014年9月30日
From November 22, 2010 to September 30, 2014

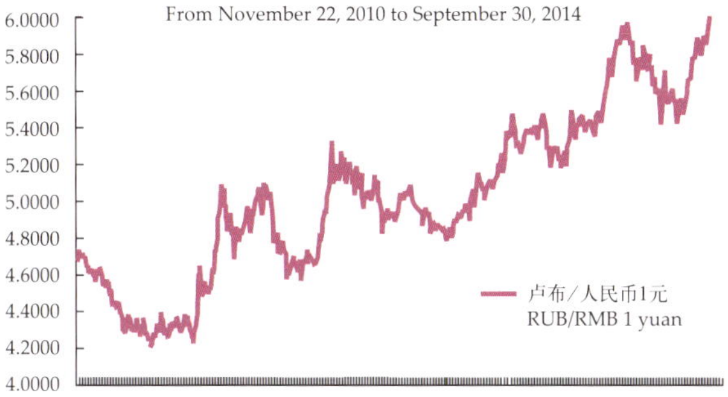

2014年1月2日以来人民币汇率中间价

Central parity of RMB against major foreign currencies
Since January 2, 2014

日期 Date	人民币/美元 RMB/USD	人民币/欧元 RMB/EUR	人民币/100日元 RMB/100JPY	人民币/港元 RMB/HKD	卢布/人民币 RUB/RMB
2014.01.02	6.0990	8.3937	5.7827	0.7866	5.4134
2014.01.03	6.1039	8.3413	5.8115	0.7872	5.4426
2014.01.06	6.1059	8.3010	5.8216	0.7874	5.4585
2014.01.07	6.1042	8.3148	5.8352	0.7872	5.4738
2014.01.08	6.1079	8.3107	5.8194	0.7877	5.4666
2014.01.09	6.1109	8.2959	5.8163	0.7881	5.4672
2014.01.10	6.1008	8.3017	5.8119	0.7868	5.4706
2014.01.13	6.0950	8.3279	5.8542	0.7860	5.4439
2014.01.14	6.0930	8.3264	5.8901	0.7858	5.4933
2014.01.15	6.1005	8.3403	5.8403	0.7867	5.4955
2014.01.16	6.1065	8.3015	5.8160	0.7875	5.5076
2014.01.17	6.1041	8.3104	5.8383	0.7872	5.5114
2014.01.20	6.1083	8.2557	5.8534	0.7876	5.5374
2014.01.21	6.1066	8.2705	5.8385	0.7873	5.5548
2014.01.22	6.1087	8.2886	5.8453	0.7875	5.5993
2014.01.23	6.1107	8.2693	5.8233	0.7877	5.5946
2014.01.24	6.1035	8.3536	5.8873	0.7866	5.6176
2014.01.27	6.1022	8.3475	5.9536	0.7859	5.6918
2014.01.28	6.1053	8.3456	5.9367	0.7862	5.7113
2014.01.29	6.1073	8.3398	5.9052	0.7867	5.7217
2014.01.30	6.1050	8.3388	5.9625	0.7863	5.7791
2014.02.07	6.1089	8.3005	5.9732	0.7873	5.7189
2014.02.10	6.1083	8.3210	5.9468	0.7873	5.6826
2014.02.11	6.1069	8.3521	5.9632	0.7873	5.6808
2014.02.12	6.1078	8.3262	5.9358	0.7875	5.7236
2014.02.13	6.1100	8.3075	5.9483	0.7878	5.7346
2014.02.14	6.1070	8.3535	5.9602	0.7874	5.7823
2014.02.17	6.1053	8.3670	5.9448	0.7872	5.7805
2014.02.18	6.1073	8.3661	5.9679	0.7876	5.8019
2014.02.19	6.1103	8.4093	5.9591	0.7879	5.8352
2014.02.20	6.1146	8.3960	5.9691	0.7884	5.8753
2014.02.21	6.1176	8.3912	5.9624	0.7888	5.8719
2014.02.24	6.1189	8.4083	5.9609	0.7889	5.8161
2014.02.25	6.1184	8.4021	5.9635	0.7886	5.8173
2014.02.26	6.1192	8.4105	5.9863	0.7885	5.8362
2014.02.27	6.1224	8.3785	5.9815	0.7889	5.8719
2014.02.28	6.1214	8.3897	6.0022	0.7888	5.8813
2014.03.03	6.1190	8.4305	6.0391	0.7884	5.8712
2014.03.04	6.1236	8.4105	6.0334	0.7891	5.9431
2014.03.05	6.1257	8.4158	5.9941	0.7893	5.8787
2014.03.06	6.1249	8.4101	5.9841	0.7892	5.8792
2014.03.07	6.1201	8.4840	5.9394	0.7886	5.9023
2014.03.10	6.1312	8.5129	5.9333	0.7900	5.9451
2014.03.11	6.1327	8.5076	5.9380	0.7902	5.9326
2014.03.12	6.1343	8.5006	5.9597	0.7903	5.9404
2014.03.13	6.1320	8.5232	5.9670	0.7898	5.9440
2014.03.14	6.1346	8.5022	6.0245	0.7900	5.9620
2014.03.17	6.1321	8.5264	6.0504	0.7895	5.9611
2014.03.18	6.1341	8.5463	6.0276	0.7899	5.8894
2014.03.19	6.1351	8.5453	6.0562	0.7900	5.8736
2014.03.20	6.1460	8.4953	6.0132	0.7914	5.8414
2014.03.21	6.1475	8.4716	6.0225	0.7918	5.8488
2014.03.24	6.1452	8.4752	6.0251	0.7921	5.8445
2014.03.25	6.1426	8.4995	6.0208	0.7918	5.8426
2014.03.26	6.1440	8.4913	6.0151	0.7921	5.7438
2014.03.27	6.1465	8.4757	6.0472	0.7922	5.7359
2014.03.28	6.1490	8.4506	6.0365	0.7926	5.7420
2014.03.31	6.1521	8.4607	5.9920	0.7931	5.7687
2014.04.01	6.1503	8.4711	5.9761	0.7929	5.6614
2014.04.02	6.1493	8.4833	5.9443	0.7927	5.6595
2014.04.03	6.1520	8.4685	5.9376	0.7931	5.7219
2014.04.04	6.1557	8.4465	5.9387	0.7935	5.7399
2014.04.08	6.1527	8.4560	5.9908	0.7933	5.7406
2014.04.09	6.1490	8.4773	6.0406	0.7930	5.7741
2014.04.10	6.1510	8.5250	6.0336	0.7933	5.7508
2014.04.11	6.1495	8.5438	6.0749	0.7931	5.7403
2014.04.14	6.1531	8.5211	6.0744	0.7936	5.7535
2014.04.15	6.1571	8.5082	6.0646	0.7941	5.7865
2014.04.16	6.1589	8.5064	6.0546	0.7943	5.8358
2014.04.17	6.1575	8.5180	6.0491	0.7941	5.8024
2014.04.18	6.1586	8.5066	6.0304	0.7942	5.7176
2014.04.21	6.1591	8.5066	6.0188	0.7943	5.7299
2014.04.22	6.1610	8.4969	6.0146	0.7946	5.7464
2014.04.23	6.1599	8.5028	6.0171	0.7946	5.7435
2014.04.24	6.1589	8.5107	6.0256	0.7944	5.7409
2014.04.25	6.1576	8.5150	6.0385	0.7942	5.7446
2014.04.28	6.1565	8.5067	6.0505	0.7940	5.7848
2014.04.29	6.1556	8.5289	6.0261	0.7940	5.7560
2014.04.30	6.1580	8.5033	6.0235	0.7942	5.7158
2014.05.05	6.1560	8.5374	6.0495	0.7940	5.7471
2014.05.06	6.1565	8.5428	6.0531	0.7942	5.7361
2014.05.07	6.1542	8.5756	6.0700	0.7939	5.7063
2014.05.08	6.1557	8.5629	6.0574	0.7940	5.6195
2014.05.09	6.1581	8.5213	6.0755	0.7944	5.6472
2014.05.12	6.1625	8.4750	6.0556	0.7950	5.6697
2014.05.13	6.1636	8.4845	6.0445	0.7951	5.6309
2014.05.14	6.1653	8.4468	6.0531	0.7954	5.6084
2014.05.15	6.1640	8.4555	6.0685	0.7952	5.5951
2014.05.16	6.1628	8.4507	6.0825	0.7950	5.5957
2014.05.19	6.1636	8.4457	6.0843	0.7951	5.6081
2014.05.20	6.1626	8.4498	6.0907	0.7950	5.5723
2014.05.21	6.1645	8.4481	6.1008	0.7952	5.5514
2014.05.22	6.1658	8.4351	6.0953	0.7953	5.5247
2014.05.23	6.1681	8.4161	6.0753	0.7955	5.5197
2014.05.26	6.1699	8.4037	6.0728	0.7958	5.4212
2014.05.27	6.1687	8.4305	6.0683	0.7956	5.4939
2014.05.28	6.1694	8.4098	6.0774	0.7958	5.5232
2014.05.29	6.1705	8.3910	6.0878	0.7959	5.5401
2014.05.30	6.1695	8.3921	6.0903	0.7958	5.5685
2014.06.03	6.1710	8.3941	6.0450	0.7959	5.6184
2014.06.04	6.1693	8.4010	6.0310	0.7958	5.7072
2014.06.05	6.1708	8.3932	6.0288	0.7959	5.6032
2014.06.06	6.1623	8.4186	6.0434	0.7949	5.5686
2014.06.09	6.1485	8.3899	6.0276	0.7931	5.5281
2014.06.10	6.1451	8.3503	6.0231	0.7927	5.5239
2014.06.11	6.1506	8.3227	6.0214	0.7935	5.5387
2014.06.12	6.1516	8.3296	6.0436	0.7936	5.5364
2014.06.13	6.1503	8.3358	6.0561	0.7934	5.5409

2014年1月2日以来人民币汇率中间价
Central parity of RMB against major foreign currencies
Since January 2, 2014

续表

日期 Date	人民币/美元 RMB/USD	人民币/欧元 RMB/EUR	人民币/100日元 RMB/100JPY	人民币/港元 RMB/HKD	卢布/人民币 RUB/RMB
2014.06.16	6.1537	8.3340	6.0469	0.7939	5.5468
2014.06.17	6.1529	8.3553	6.0506	0.7938	5.5808
2014.06.18	6.1559	8.3403	6.0421	0.7942	5.6089
2014.06.19	6.1531	8.3618	6.0511	0.7938	5.5376
2014.06.20	6.1524	8.3743	6.0528	0.7938	5.5410
2014.06.23	6.1557	8.3665	6.0430	0.7942	5.5506
2014.06.24	6.1545	8.3704	6.0570	0.7940	5.4961
2014.06.25	6.1555	8.3736	6.0536	0.7941	5.4428
2014.06.26	6.1538	8.3892	6.0638	0.7939	5.4362
2014.06.27	6.1543	8.3794	6.0721	0.7939	5.4261
2014.06.30	6.1528	8.3946	6.0815	0.7938	5.4410
2014.07.01	6.1523	8.4234	6.0778	0.79381	5.4904
2014.07.02	6.1549	8.4196	6.0691	0.79410	5.5499
2014.07.03	6.1581	8.4086	6.0582	0.79457	5.5364
2014.07.04	6.1642	8.3873	6.0420	0.79532	5.5287
2014.07.07	6.1658	8.3750	6.0483	0.79555	5.5535
2014.07.08	6.1626	8.3858	6.0670	0.79514	5.5630
2014.07.09	6.1565	8.3830	6.0815	0.79438	5.5374
2014.07.10	6.1443	8.3848	6.0700	0.79281	5.4846
2014.07.11	6.1469	8.3589	6.0791	0.79315	5.4863
2014.07.14	6.1485	8.3623	6.0784	0.79335	5.5248
2014.07.15	6.1490	8.3746	6.0649	0.79342	5.5414
2014.07.16	6.1535	8.3475	6.0616	0.79399	5.5507
2014.07.17	6.1564	8.3299	6.0675	0.79430	5.5817
2014.07.18	6.1568	8.3243	6.0922	0.79434	5.6868
2014.07.21	6.1547	8.3270	6.0872	0.79404	5.6761
2014.07.22	6.1544	8.3241	6.0770	0.79395	5.6803
2014.07.23	6.1572	8.2934	6.0759	0.79432	5.6435
2014.07.24	6.1579	8.2876	6.0726	0.79449	5.6327
2014.07.25	6.1597	8.2950	6.0610	0.79476	5.6711
2014.07.28	6.1622	8.2758	6.0647	0.79512	5.6783
2014.07.29	6.1615	8.2801	6.0579	0.79502	5.7464
2014.07.30	6.1645	8.2675	6.0454	0.79542	5.7784
2014.07.31	6.1675	8.2623	6.0012	0.79581	5.7628
2014.08.01	6.1681	8.2588	6.0026	0.79588	5.7909
2014.08.04	6.1661	8.2795	6.0172	0.79562	5.7912
2014.08.05	6.1655	8.2738	6.0136	0.79555	5.8019
2014.08.06	6.1681	8.2458	6.0152	0.79586	5.8459
2014.08.07	6.1670	8.2536	6.0377	0.79570	5.8681
2014.08.08	6.1562	8.2207	6.0393	0.79424	5.8911
2014.08.11	6.1522	8.2467	6.0292	0.79370	5.8758
2014.08.12	6.1517	8.2294	6.0174	0.79366	5.8309
2014.08.13	6.1533	8.2236	6.0166	0.79385	5.8762
2014.08.14	6.1545	8.2246	6.0129	0.79403	5.8493
2014.08.15	6.1538	8.2224	6.0053	0.79394	5.8550
2014.08.18	6.1528	8.2377	6.0067	0.79386	5.7910
2014.08.19	6.1548	8.2194	5.9948	0.79412	5.8515
2014.08.20	6.1580	8.2015	5.9781	0.79452	5.8823
2014.08.21	6.1632	8.1702	5.9360	0.79518	5.9037
2014.08.22	6.1617	8.1793	5.9290	0.79505	5.8494
2014.08.25	6.1653	8.1379	5.9168	0.79549	5.8645
2014.08.26	6.1663	8.1324	5.9218	0.79563	5.8621
2014.08.27	6.1658	8.1120	5.9222	0.79554	5.8525
2014.08.28	6.1638	8.1341	5.9324	0.79533	5.8802
2014.08.29	6.1647	8.1260	5.9396	0.79543	5.9745
2014.09.01	6.1680	8.0958	5.9157	0.79584	6.0198
2014.09.02	6.1684	8.1000	5.9041	0.79591	6.0691
2014.09.03	6.1697	8.1030	5.8620	0.79606	6.0842
2014.09.04	6.1666	8.1075	5.8748	0.79566	5.9945
2014.09.05	6.1707	7.9784	5.8471	0.79619	6.0085
2014.09.09	6.1520	7.9333	5.8159	0.79379	6.0193
2014.09.10	6.1425	7.9524	5.7940	0.79255	6.0345
2014.09.11	6.1453	7.9419	5.7522	0.79291	6.0777
2014.09.12	6.1468	7.9401	5.7335	0.79310	6.1155
2014.09.15	6.1452	7.9596	5.7251	0.79286	6.1526
2014.09.16	6.1462	7.9559	5.7349	0.79296	6.2401
2014.09.17	6.1450	7.9599	5.7314	0.79280	6.2348
2014.09.18	6.1490	7.9042	5.6719	0.79331	6.2628
2014.09.19	6.1455	7.9335	5.6462	0.79286	6.2571
2014.09.22	6.1485	7.8999	5.6431	0.79323	6.2561
2014.09.23	6.1470	7.8980	5.6527	0.79303	6.2929
2014.09.24	6.1462	7.8988	5.6541	0.79288	6.2840
2014.09.25	6.1497	7.8581	5.6282	0.79332	6.2186
2014.09.26	6.1508	7.8469	5.6624	0.79323	6.2721
2014.09.29	6.1539	7.8062	5.6269	0.79286	6.3340
2014.09.30	6.1525	7.8049	5.6242	0.79246	6.4101

九、中央银行公开市场业务
9. Central Bank Open Market Operations

中央银行公开市场业务交易
Central bank open market operations

日期 Date		操作工具 Mode of transaction	招标方式 Mode of bidding	期限品种(天) Maturity (Day)	招标数量(亿元) Bidding amount (RMB 100 million yuan)	操作量/买入面额(亿元) Transaction volume/Purchasing face value (RMB 100 million yuan)	发行价格(元)/买入金额(亿元) Issue price (RMB yuan)/purchasing amount (RMB 100 million yuan)	中标利率/参考收益率(%) Interest rate of successful bidding/reference yield (%)
2014.01.21	周二 Tuesday	逆回购 Repurchase	利率招标 Interest rate bidding	7天 7-day	750	750	—	4.10
2014.01.21	周二 Tuesday	逆回购 Repurchase	利率招标 Interest rate bidding	21天 21-day	1 800	1 800	—	4.70
2014.01.23	周四 Thursday	逆回购 Repurchase	利率招标 Interest rate bidding	21天 21-day	1 200	1 200	—	4.70
2014.01.28	周二 Tuesday	逆回购 Repurchase	利率招标 Interest rate bidding	14天 14-day	1 500	1 500	—	4.30
2014.02.18	周二 Tuesday	正回购 Reverse repurchase	利率招标 Interest rate bidding	14天 14-day	480	480	—	3.80
2014.02.20	周四 Thursday	正回购 Reverse repurchase	利率招标 Interest rate bidding	14天 14-day	600	600	—	3.80
2014.02.25	周二 Tuesday	正回购 Reverse repurchase	利率招标 Interest rate bidding	14天 14-day	1 000	1 000	—	3.80
2014.02.27	周四 Thursday	正回购 Reverse repurchase	利率招标 Interest rate bidding	14天 14-day	600	600	—	3.80
2014.03.04	周二 Tuesday	正回购 Reverse repurchase	利率招标 Interest rate bidding	14天 14-day	350	350	—	3.80
2014.03.04	周二 Tuesday	正回购 Reverse repurchase	利率招标 Interest rate bidding	28天 28-day	500	500	—	4.00
2014.03.06	周四 Thursday	正回购 Reverse repurchase	利率招标 Interest rate bidding	14天 14-day	430	430	—	3.80
2014.03.06	周四 Thursday	正回购 Reverse repurchase	利率招标 Interest rate bidding	28天 28-day	500	500	—	4.00
2014.03.11	周二 Tuesday	正回购 Reverse repurchase	利率招标 Interest rate bidding	28天 28-day	1 000	1 000	—	4.00
2014.03.13	周四 Thursday	正回购 Reverse repurchase	利率招标 Interest rate bidding	28天 28-day	1 000	1 000	—	4.00
2014.03.18	周二 Tuesday	正回购 Reverse repurchase	利率招标 Interest rate bidding	28天 28-day	1 000	1 000	—	4.00
2014.03.20	周四 Thursday	正回购 Reverse repurchase	利率招标 Interest rate bidding	28天 28-day	260	260	—	4.00

中央银行公开市场业务交易
Central bank open market operations

续表

日期 Date		操作工具 Mode of transaction	招标方式 Mode of bidding	期限品种(天) Maturity (Day)	招标数量(亿元) Bidding amount (RMB 100 million yuan)	操作量/买入面额(亿元) Transaction volume/ Purchasing face value (RMB 100 million yuan)	发行价格(元)/买入金额(亿元) Issue price (RMB yuan)/ purchasing amount (RMB 100 million yuan)	中标利率/参考收益率(%) Interest rate of successful bidding/ reference yield (%)
2014.03.25	周二 Tuesday	正回购 Reverse repurchase	利率招标 Interest rate bidding	28天 28-day	460	460	—	4.00
2014.03.27	周四 Thursday	正回购 Reverse repurchase	利率招标 Interest rate bidding	14天 14-day	320	320	—	3.80
2014.03.27	周四 Thursday	正回购 Reverse repurchase	利率招标 Interest rate bidding	28天 28-day	200	200	—	4.00
2014.04.01	周二 Tuesday	正回购 Reverse repurchase	利率招标 Interest rate bidding	14天 14-day	500	500	—	3.80
2014.04.01	周二 Tuesday	正回购 Reverse repurchase	利率招标 Interest rate bidding	28天 28-day	220	220	—	4.00
2014.04.03	周四 Thursday	正回购 Reverse repurchase	利率招标 Interest rate bidding	14天 14-day	500	500	—	3.80
2014.04.03	周四 Thursday	正回购 Reverse repurchase	利率招标 Interest rate bidding	28天 28-day	400	400	—	4.00
2014.04.08	周二 Tuesday	正回购 Reverse repurchase	利率招标 Interest rate bidding	14天 14-day	470	470	—	3.80
2014.04.08	周二 Tuesday	正回购 Reverse repurchase	利率招标 Interest rate bidding	28天 28-day	160	160	—	4.00
2014.04.10	周四 Thursday	正回购 Reverse repurchase	利率招标 Interest rate bidding	14天 14-day	700	700	—	3.80
2014.04.10	周四 Thursday	正回购 Reverse repurchase	利率招标 Interest rate bidding	28天 28-day	440	440	—	4.00
2014.04.15	周二 Tuesday	正回购 Reverse repurchase	利率招标 Interest rate bidding	14天 14-day	790	790	—	3.80
2014.04.15	周二 Tuesday	正回购 Reverse repurchase	利率招标 Interest rate bidding	28天 28-day	930	930	—	4.00
2014.04.17	周四 Thursday	正回购 Reverse repurchase	利率招标 Interest rate bidding	28天 28-day	950	950	—	4.00
2014.04.22	周二 Tuesday	正回购 Reverse repurchase	利率招标 Interest rate bidding	28天 28-day	1 000	1 000	—	4.00
2014.04.24	周四 Thursday	正回购 Reverse repurchase	利率招标 Interest rate bidding	28天 28-day	850	850	—	4.00
2014.04.29	周二 Tuesday	正回购 Reverse repurchase	利率招标 Interest rate bidding	28天 28-day	500	500	—	4.00
2014.05.06	周二 Tuesday	正回购 Reverse repurchase	利率招标 Interest rate bidding	28天 28-day	600	600	—	4.00

中央银行公开市场业务交易
Central bank open market operations

续表

日期 Date		操作工具 Mode of transaction	招标方式 Mode of bidding	期限品种(天) Maturity (Day)	招标数量(亿元) Bidding amount (RMB 100 million yuan)	操作量/买入面额(亿元) Transaction volume/ Purchasing face value (RMB 100 million yuan)	发行价格(元)/买入金额(亿元) Issue price (RMB yuan)/ purchasing amount (RMB 100 million yuan)	中标利率/参考收益率(%) Interest rate of successful bidding/ reference yield (%)
2014.05.08	周四 Thursday	正回购 Reverse repurchase	利率招标 Interest rate bidding	28天 28-day	600	600	—	4.00
2014.05.13	周二 Tuesday	正回购 Reverse repurchase	利率招标 Interest rate bidding	28天 28-day	970	970	—	4.00
2014.05.15	周四 Thursday	正回购 Reverse repurchase	利率招标 Interest rate bidding	28天 28-day	870	870	—	4.00
2014.05.20	周二 Tuesday	正回购 Reverse repurchase	利率招标 Interest rate bidding	28天 28-day	350	350	—	4.00
2014.05.22	周四 Thursday	正回购 Reverse repurchase	利率招标 Interest rate bidding	28天 28-day	300	300	—	4.00
2014.05.27	周二 Tuesday	正回购 Reverse repurchase	利率招标 Interest rate bidding	28天 28-day	200	200	—	4.00
2014.05.29	周四 Thursday	正回购 Reverse repurchase	利率招标 Interest rate bidding	28天 28-day	100	100	—	4.00
2014.06.03	周二 Tuesday	正回购 Reverse repurchase	利率招标 Interest rate bidding	28天 28-day	300	300	—	4.00
2014.06.05	周四 Thursday	正回购 Reverse repurchase	利率招标 Interest rate bidding	28天 28-day	400	400	—	4.00
2014.06.10	周二 Tuesday	正回购 Reverse repurchase	利率招标 Interest rate bidding	28天 28-day	400	400	—	4.00
2014.06.12	周四 Thursday	正回购 Reverse repurchase	利率招标 Interest rate bidding	28天 28-day	400	400	—	4.00
2014.06.17	周二 Tuesday	正回购 Reverse repurchase	利率招标 Interest rate bidding	28天 28-day	300	300	—	4.00
2014.06.19	周四 Thursday	正回购 Reverse repurchase	利率招标 Interest rate bidding	28天 28-day	200	200	—	4.00
2014.06.24	周二 Tuesday	正回购 Reverse repurchase	利率招标 Interest rate bidding	28天 28-day	180	180	—	4.00
2014.07.01	周二 Tuesday	正回购 Reverse repurchase	利率招标 Interest rate bidding	28天 28-day	200	200	—	4.00
2014.07.03	周四 Thursday	正回购 Reverse repurchase	利率招标 Interest rate bidding	28天 28-day	100	100	—	4.00
2014.07.08	周二 Tuesday	正回购 Reverse repurchase	利率招标 Interest rate bidding	28天 28-day	200	200	—	4.00
2014.07.10	周四 Thursday	正回购 Reverse repurchase	利率招标 Interest rate bidding	28天 28-day	100	100	—	4.00

中央银行公开市场业务交易
Central bank open market operations

续表

日期 Date		操作工具 Mode of transaction	招标方式 Mode of bidding	期限品种(天) Maturity (Day)	招标数量(亿元) Bidding amount (RMB 100 million yuan)	操作量/买入面额(亿元) Transaction volume/ Purchasing face value (RMB 100 million yuan)	发行价格(元)/买入金额(亿元) Issue price (RMB yuan)/ purchasing amount (RMB 100 million yuan)	中标利率/参考收益率(%) Interest rate of successful bidding/ reference yield (%)
2014.07.15	周二 Tuesday	正回购 Reverse repurchase	利率招标 Interest rate bidding	28天 28-day	200	200	—	4.00
2014.07.17	周四 Thursday	正回购 Reverse repurchase	利率招标 Interest rate bidding	28天 28-day	180	180	—	4.00
2014.07.29	周二 Tuesday	正回购 Reverse repurchase	利率招标 Interest rate bidding	28天 28-day	150	150	—	4.00
2014.07.31	周四 Thursday	正回购 Reverse repurchase	利率招标 Interest rate bidding	14天 14-day	260	260	—	3.70
2014.08.05	周二 Tuesday	正回购 Reverse repurchase	利率招标 Interest rate bidding	14天 14-day	300	300	—	3.70
2014.08.07	周四 Thursday	正回购 Reverse repurchase	利率招标 Interest rate bidding	14天 14-day	200	200	—	3.70
2014.08.12	周二 Tuesday	正回购 Reverse repurchase	利率招标 Interest rate bidding	14天 14-day	200	200	—	3.70
2014.08.14	周四 Thursday	正回购 Reverse repurchase	利率招标 Interest rate bidding	14天 14-day	300	300	—	3.70
2014.08.19	周二 Tuesday	正回购 Reverse repurchase	利率招标 Interest rate bidding	14天 14-day	300	300	—	3.70
2014.08.21	周四 Thursday	正回购 Reverse repurchase	利率招标 Interest rate bidding	14天 14-day	100	100	—	3.70
2014.08.26	周二 Tuesday	正回购 Reverse repurchase	利率招标 Interest rate bidding	14天 14-day	100	100	—	3.70
2014.08.28	周四 Thursday	正回购 Reverse repurchase	利率招标 Interest rate bidding	14天 14-day	100	100	—	3.70
2014.09.02	周二 Tuesday	正回购 Reverse repurchase	利率招标 Interest rate bidding	14天 14-day	180	180	—	3.70
2014.09.04	周四 Thursday	正回购 Reverse repurchase	利率招标 Interest rate bidding	14天 14-day	150	150	—	3.70
2014.09.09	周二 Tuesday	正回购 Reverse repurchase	利率招标 Interest rate bidding	14天 14-day	150	150	—	3.70
2014.09.11	周四 Thursday	正回购 Reverse repurchase	利率招标 Interest rate bidding	14天 14-day	100	100	—	3.70
2014.09.16	周二 Tuesday	正回购 Reverse repurchase	利率招标 Interest rate bidding	14天 14-day	150	150	—	3.70
2014.09.18	周四 Thursday	正回购 Reverse repurchase	利率招标 Interest rate bidding	14天 14-day	100	100	—	3.50

中央银行公开市场业务交易
Central bank open market operations

续表

日期 Date		操作工具 Mode of transaction	招标方式 Mode of bidding	期限品种(天) Maturity (Day)	招标数量(亿元) Bidding amount (RMB 100 million yuan)	操作量／买入面额(亿元) Transaction volume/ Purchasing face value (RMB 100 million yuan)	发行价格(元)／买入金额(亿元) Issue price (RMB yuan)/ purchasing amount (RMB 100 million yuan)	中标利率／参考收益率(%) Interest rate of successful bidding/ reference yield (%)
2014.09.23	周二 Tuesday	正回购 Reverse repurchase	利率招标 Interest rate bidding	14天 14-day	180	180	—	3.50
2014.09.25	周四 Thursday	正回购 Reverse repurchase	利率招标 Interest rate bidding	14天 14-day	180	180	—	3.50
2014.09.30	周二 Tuesday	正回购 Reverse repurchase	利率招标 Interest rate bidding	14天 14-day	200	200	—	3.50

附录四 世界主要经济体经济和金融指标

Appendix 4 Economic and Financial Indicators of Major Economies

一、经济增长率

1. Economic Growth Rate

世界经济增长率

World economic growth rate

单位：% Unit: %

		2011	2012	2013	2014年7月预计 Projection in July,2014		2014年10月预计 Projection in October,2014	
					2014	2015	2014	2015
国际货币基金组织 IMF	按购买力平价方法计算的实际GDP增长率 Real GDP growth rate based on PPP	3.9	3.4	3.3	3.4	4.0	3.3	3.8
	按市场汇率法计算的实际GDP增长率 Real GDP growth rate based on market exchange rate	2.9	2.4	2.5	2.7	3.3	2.6	3.2
世界银行 World Bank	按2005年不变价及市场汇率法计算的实际GDP增长率 Real GDP growth rate based on 2005 constant price and market exchange rate	2.8	2.5	2.4	2.8	3.4	—	—

数据来源：国际货币基金组织《世界经济展望》（2014年10月），世界银行《全球经济展望》（2014年6月）。

Source: *World Economic Outlook*, IMF, October, 2014; *Global Economic Prospects Forecast*, The World Bank, June, 2014.

世界经济增长率

World economic growth rate

单位：% Unit: %

年 Year	国际货币基金组织按购买力平价方法计算的实际GDP增长率 Real GDP growth rate based on PPP (IMF)	国际货币基金组织按市场汇率法计算的实际GDP增长率 Real GDP growth rate based on market exchange rate (IMF)
1985	3.6	3.6
1986	3.5	3.3
1987	3.7	3.5
1988	4.5	4.5
1989	3.7	3.7
1990	2.9	2.8
1991	1.5	1.0
1992	2.0	1.2
1993	2.0	1.2
1994	3.4	3.0
1995	3.3	2.9
1996	3.7	3.2
1997	4.0	3.5
1998	2.5	2.1
1999	3.5	3.1
2000	4.7	4.1
2001	2.2	1.5
2002	2.8	1.9
2003	3.6	2.6
2004	4.9	4.0
2005	4.4	3.4
2006	5.1	3.9
2007	5.2	3.7
2008	3.0	1.8
2009	-0.7	-2.3
2010	5.1	4.1
2011	3.9	2.9
2012	3.4	2.5
2013	3.3	1.9
2014*	3.3	1.4
2015*	3.8	2.3

注：*为预测数。

Note: * Projection.

世界经济增长

World economic growth

注：*为预测数。

Note: * Projection.

GDP年度增长率
Annual growth rate of GDP

单位：% Unit: %

年 Year	美国 U.S.	日本 Japan	欧元区 Euro Area	英国 U.K.
2002	1.6	0.3	0.9	2.1
2003	2.5	1.4	0.8	2.8
2004	3.6	2.7	2.1	3.3
2005	2.9	1.9	1.6	1.8
2006	2.8	2.4	2.8	2.8
2007	2.1	2.3	2.7	2.6
2008	0.0	-1.2	0.5	-0.1
2009	-3.5	-6.3	-4.3	-4.9
2010	2.4	4.5	2.0	1.8
2011	1.8	-0.6	1.5	1.1
2012	2.3	1.5	-0.7	0.3
2013	2.2	1.5	-0.4	1.7
2014*	2.2	0.9	0.8	3.2
2015*	3.0	0.8	1.3	2.7

注：*为预测数。
Note: *Projection.

GDP季度同比增长率
Year-on-year growth rate of GDP

单位：% Unit: %

年/季 Year/Quarter	美国 U.S.	日本 Japan	欧元区 Euro Area	英国 U.K.
2010Q4	2.5	3.3	1.9	2.2
2011Q1	-1.5	0.0	2.4	2.2
2011Q2	2.9	-1.5	1.7	1.4
2011Q3	0.8	-0.5	1.3	1.5
2011Q4	4.6	0.1	0.7	1.5
2012Q1	2.3	3.5	0.0	1.0
2012Q2	1.6	3.5	-0.4	0.6
2012Q3	2.5	0.2	-0.6	0.7
2012Q4	0.1	0.0	-0.9	0.4
2013Q1	2.7	0.5	-1.0	0.8
2013Q2	1.8	1.4	-0.6	1.7
2013Q3	4.5	2.2	-0.3	1.7
2013Q4	3.5	2.3	0.5	2.7
2014Q1	-2.1	2.5	0.9	2.9
2014Q2	4.6	-0.3	0.8	3.2
2014Q3	3.9	-1.3	0.8	3.0

GDP年度增长率
Annual growth rate of GDP

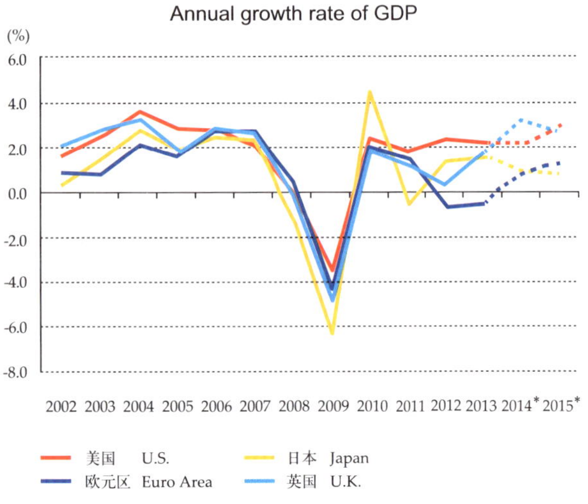

注：*为预测数。
Note: * Projection.
数据来源：国际货币基金组织《世界经济展望》(2014年10月)。
Source: *World Economic Outlook*, IMF, October, 2014.

GDP季度同比增长率
Year-on-year growth rate of GDP

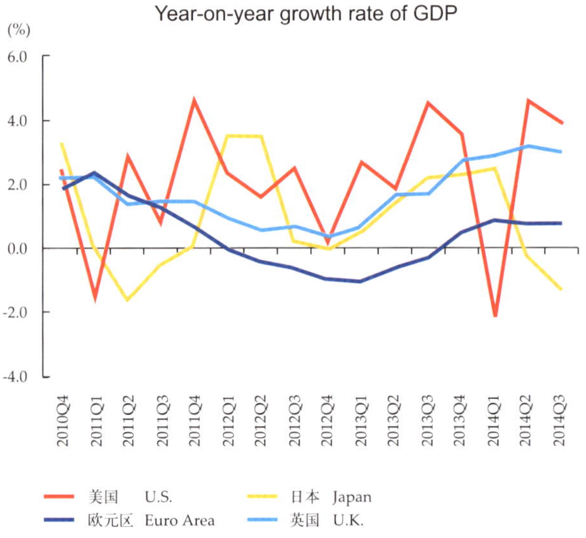

注：美国GDP增长率为环比折年率季节调整后的数据，折年率方法为$[(GDP_1/GDP_0)^4-1]\times100$。
Note: The U.S. GDP growth rate is an annualized rate after a seasonal adjustment. It can be written as $[(GDP_1/GDP_0)^4-1]\times100$.
数据来源：各经济体官方统计网站。
Source: Official Statistical Websites of the Economies.

二、消费价格指数
2. CPI

消费价格当月同比指数
Monthly CPI (YOY)

单位：%　Unit: %

年/月 Year/Month	美国 U.S.	日本 Japan	欧元区 Euro Area	英国 U.K.
2013.07	2.0	0.7	1.6	2.8
2013.08	1.5	0.9	1.3	2.7
2013.09	1.1	1.1	1.1	2.7
2013.10	0.9	1.1	0.7	2.2
2013.11	1.2	1.5	0.9	2.1
2013.12	1.5	1.6	0.8	2.0
2014.01	1.6	1.4	0.8	1.9
2014.02	1.1	1.5	0.7	1.7
2014.03	1.5	1.6	0.5	1.6
2014.04	2.0	3.4	0.7	1.8
2014.05	2.1	3.7	0.5	1.5
2014.06	2.1	3.6	0.5	1.9
2014.07	2.0	3.4	0.4	1.6
2014.08	1.7	3.3	0.4	1.5
2014.09	1.7	3.2	0.3	1.2

数据来源：各经济体官方统计网站。
Source: Official Statistical Websites of the Economies.

三、失业率
3. Unemployment Rate

失业率（季节调整后）
Unemployment rate
(after seasonal adjustment)

单位：%　Unit: %

年/月 Year/Month	美国 U.S.	日本 Japan	欧元区 Euro Area	英国 U.K.
2013.07	7.3	3.9	12.0	7.6
2013.08	7.2	4.1	12.0	7.6
2013.09	7.2	4.0	12.0	7.6
2013.10	7.2	4.0	11.9	7.2
2013.11	7.0	3.9	11.9	7.2
2013.12	6.7	3.7	11.8	7.2
2014.01	6.6	3.7	11.8	6.8
2014.02	6.7	3.6	11.8	6.8
2014.03	6.7	3.6	11.8	6.8
2014.04	6.3	3.6	11.7	6.4
2014.05	6.3	3.5	11.6	6.2
2014.06	6.1	3.7	11.6	6.2
2014.07	6.2	3.8	11.6	6.2
2014.08	6.1	3.5	11.5	6.0
2014.09	5.9	3.6	11.5	6.0

数据来源：各经济体官方统计网站。
Source: Official Statistical Websites of the Economies.

消费价格当月同比指数
Monthly CPI (YOY)

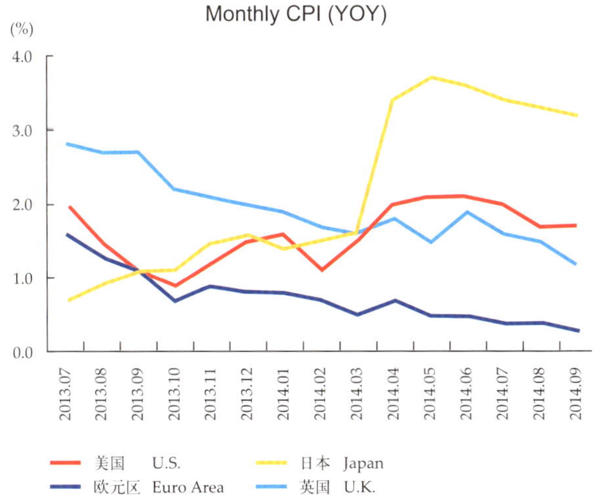

数据来源：各经济体官方统计网站。
Source: Official Statistical Websites of the Economies.

失业率（季节调整后）
Unemployment rate
(after seasonal adjustment)

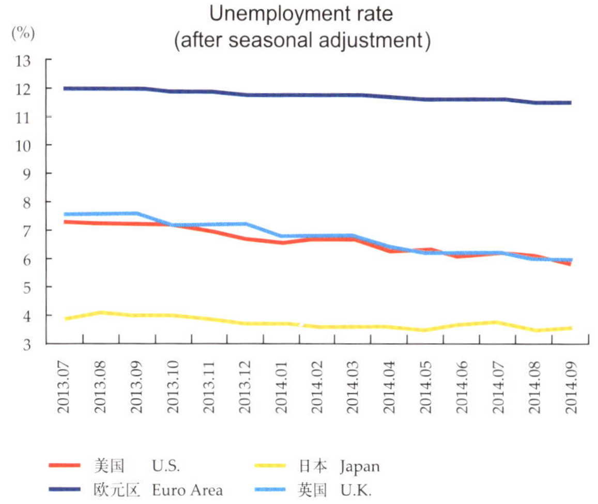

数据来源：各经济体官方统计网站。
Source: Official Statistical Websites of the Economies.

四、国际收支①
4. BOP[1]

经常项目差额
Current account balance

单位：10亿美元
Unit: USD billion

年/季 Year/Quarter	美国 U.S.	日本 Japan	欧元区 Euro Area	英国 U.K.
2009Q2	-89.66	33.09	-17.70	-16.78
2009Q3	-111.63	45.52	14.43	-9.73
2009Q4	-100.70	42.79	25.26	-3.46
2010Q1	-90.73	59.29	-17.28	-16.98
2010Q2	-117.66	46.68	-5.46	-15.28
2010Q3	-133.40	62.62	9.62	-22.99
2010Q4	-102.15	48.96	25.35	-19.98
2011Q1	-96.91	51.74	-23.33	-7.70
2011Q2	-125.17	21.24	-13.06	-1.50
2011Q3	-127.02	42.00	8.79	-18.05
2011Q4	-110.25	11.25	43.57	-5.51
2012Q1	-101.80	25.79	-2.97	-18.18
2012Q2	-126.48	13.13	35.76	-27.63
2012Q3	-129.48	20.04	56.91	-26.70
2012Q4	-102.98	0.13	81.68	-21.76
2013Q1	-81.02	17.15	38.03	-24.32
2013Q2	-113.09	17.51	79.02	-10.84
2013Q3	-118.71	13.66	68.84	-41.55
2013Q4	-87.43	-14.26	119.52	-37.50
2014Q1	-77.08	-7.96	43.32	-25.72

资本项目差额
Capital account balance

单位：10亿美元
Unit: USD billion

年/季 Year/Quarter	美国 U.S.	日本 Japan	欧元区 Euro Area	英国 U.K.
2009Q2	-0.03	-0.76	3.40	1.43
2009Q3	-0.04	-1.98	2.21	1.25
2009Q4	-0.06	-1.21	2.27	1.41
2010Q1	0.00	-1.34	3.19	1.74
2010Q2	0.00	-0.75	1.56	1.28
2010Q3	-0.15	-1.91	1.69	1.12
2010Q4	-0.01	-0.96	0.85	1.60
2011Q1	-0.03	-2.04	2.77	0.91
2011Q2	-0.85	-0.06	1.31	1.49
2011Q3	-0.30	-0.10	2.70	1.62
2011Q4	0.00	2.69	7.26	1.16
2012Q1	-0.05	0.76	-8.87	1.66
2012Q2	-0.24	0.28	1.46	1.64
2012Q3	-0.47	-1.51	4.17	1.71
2012Q4	7.67	-0.54	10.51	1.65
2013Q1	-0.04	-2.49	2.62	1.58
2013Q2	-0.23	-3.52	7.09	2.47
2013Q3	-0.15	-1.12	5.79	1.91
2013Q4	0.00	-0.54	12.40	2.50
2014Q1	-0.04	-0.55	7.57	1.84

经常项目差额
Current account balance

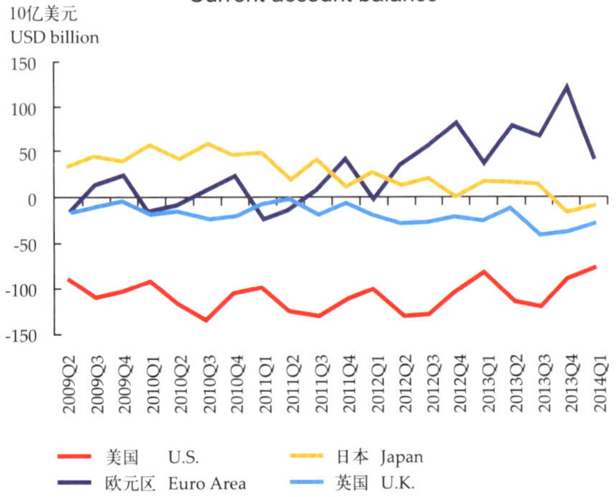

数据来源：国际货币基金组织《国际金融统计》(2015年1月)。
Source: *International Finance Statistics*, IMF, January, 2015.

资本项目差额
Capital account balance

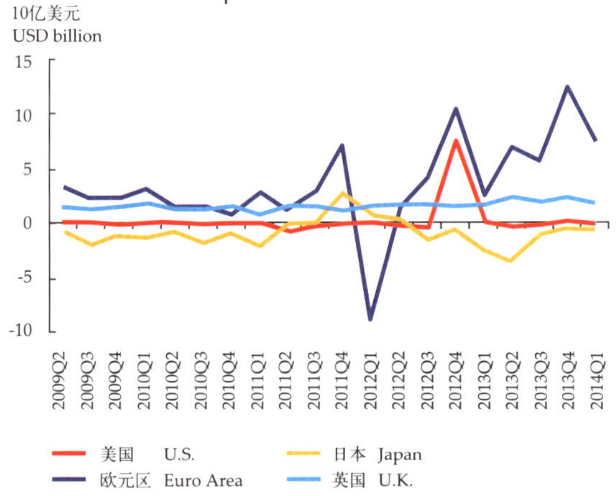

数据来源：国际货币基金组织《国际金融统计》(2015年1月)。
Source: *International Finance Statistics*, IMF, January, 2015.

①国际货币基金组织《国际金融统计》自2012年8月起，将国际收支统计规则由BPM5调整至BPM6。数据从2005年起调整。根据BMP6，金融账户由“贷方和借方”改为“金融资产净获得和负债净产生”，金融账户的总差额为净贷款/净借款。净贷款表示，考虑了金融资产的取得和处置以及负债的发生和偿还后，一个经济体向世界其他地方提供资金。

1. The IMF's *International Financial Statistics* (IFS) is publishing balance of payments data on BPM6 presentational basis instead of BPM5 since the August 2012.The data series stars in 2005. In BPM6, the headings of the financial account have been changed from "credit and debits" to "net acquisition of financial assets" and "net incurrence of liabilities". The overall balance on the financial account is called net lending/net borrowing. Net lending means the economy supplies funds to the rest of the world, taking into account acquisition and disposal of financial assets and incurrence and repayment of liabilities.

金融项目差额
Financial account balance

单位：10亿美元
Unit: USD billion

年/季 Year/Quarter	美国 U.S.	日本 Japan	欧元区 Euro Area	英国 U.K.
2009Q2	-15.84	21.45	-17.95	-30.80
2009Q3	-81.20	31.33	-40.37	-44.43
2009Q4	-178.82	34.03	26.59	-2.72
2010Q1	-72.25	77.85	-19.77	-13.78
2010Q2	-24.21	37.56	-2.15	-3.70
2010Q3	-230.19	62.09	13.28	-21.76
2010Q4	-112.16	31.73	20.86	-34.42
2011Q1	-202.78	60.62	9.10	0.29
2011Q2	-133.21	9.16	8.94	-13.95
2011Q3	-158.09	6.80	27.75	-0.78
2011Q4	-37.55	-88.22	57.45	-5.71
2012Q1	-242.91	39.69	-14.33	-5.94
2012Q2	-31.11	36.86	29.19	-44.94
2012Q3	7.29	28.32	62.35	-26.40
2012Q4	-161.23	-4.44	136.43	-36.98
2013Q1	-60.18	-4.35	38.10	-16.21
2013Q2	-78.35	-26.88	94.10	-0.76
2013Q3	-68.67	6.41	72.84	-56.31
2013Q4	-160.35	-30.51	140.11	-47.87
2014Q1	-82.99	-19.09	35.05	-19.12

金融项目差额
Financial account balance

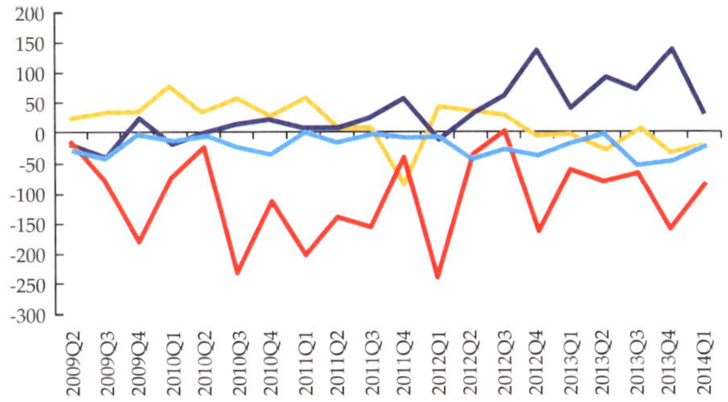

美国　U.S.　　日本　Japan
欧元区　Euro Area　　英国　U.K.

数据来源：国际货币基金组织《国际金融统计》(2015年1月)。
Source: *International Finance Statistics*, IMF, January, 2015.

五、利率
5. Interest Rates

1. 中央银行目标利率
(1) Central bank base rates

中央银行目标利率
Central bank base rates

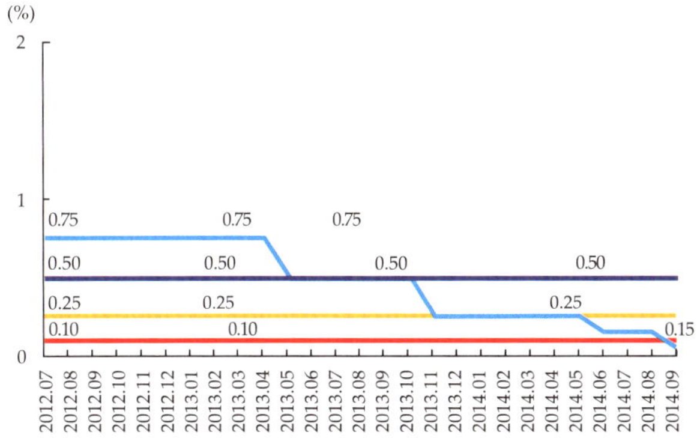

美国联邦基金目标利率
Target for the federal funds rate
日本同业拆借市场隔夜利率
The weighted average of the uncollateralized overnight call rate
欧元区主要再融资利率
The minimum bid rate on the main refinancing operations
英格兰银行官方利率
Official bank rate

数据来源：各经济体中央银行网站。
Source: Central Bank Websites of the Economies.

2.短期利率
(2) Short-term interest rates

3个月期银行间市场拆借利率
（年率，月平均）
3-month inter-bank rate (annualized, monthly average)

单位：% Unit: %

年/月 Year/Month	美元 USD	日元 JPY	欧元 EUR	英镑 GBP
2013.07	0.27	0.16	0.22	0.48
2013.08	0.26	0.15	0.23	0.49
2013.09	0.25	0.15	0.22	0.49
2013.10	0.24	0.15	0.23	0.50
2013.11	0.24	0.14	0.22	0.50
2013.12	0.24	0.15	0.27	0.53
2014.01	0.24	0.14	0.29	0.53
2014.02	0.24	0.14	0.29	0.53
2014.03	0.23	0.14	0.31	0.53
2014.04	0.23	0.14	0.33	0.53
2014.05	0.23	0.14	0.32	0.55
2014.06	0.23	0.13	0.24	0.55
2014.07	0.23	0.13	0.21	0.55
2014.08	0.23	0.13	0.19	0.55
2014.09	0.23	0.12	0.10	0.55

3个月期银行间市场拆借利率（年率，月平均）
3-month inter-bank rate
(annualized, monthly average)

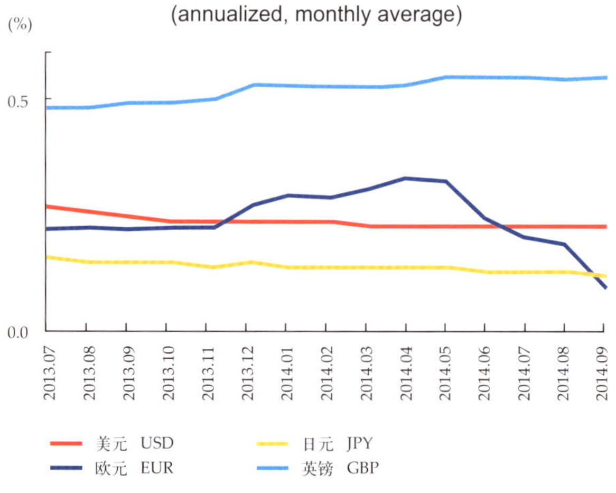

数据来源：《欧洲中央银行统计月报》及CEIC。
Source: *Monthly Bulletin of ECB*, CEIC.

3.长期利率
(3) Long-term interest rates

10年期国债收益率（年率，月平均）
10-year government bond yield
(annualized, monthly average)

单位：% Unit: %

年/月 Year/Month	美元 USD	日元 JPY	欧元 EUR	英镑 GBP
2013.07	2.58	0.88	3.10	2.55
2013.08	2.74	0.80	3.10	2.80
2013.09	2.81	0.77	3.41	2.94
2013.10	2.62	0.68	3.16	2.76
2013.11	2.72	0.61	3.17	2.85
2013.12	2.90	0.65	3.31	3.05
2014.01	2.86	0.72	3.21	2.99
2014.02	2.71	0.60	3.09	2.88
2014.03	2.72	0.60	2.89	2.86
2014.04	2.71	0.63	2.61	2.81
2014.05	2.56	0.60	2.55	2.76
2014.06	2.60	0.61	2.28	2.84
2014.07	2.54	0.56	2.16	2.78
2014.08	2.42	0.52	1.99	2.57
2014.09	2.53	0.52	1.85	2.52

10年期国债收益率(年率，月平均)
10-year government bond yield
(annualized, monthly average)

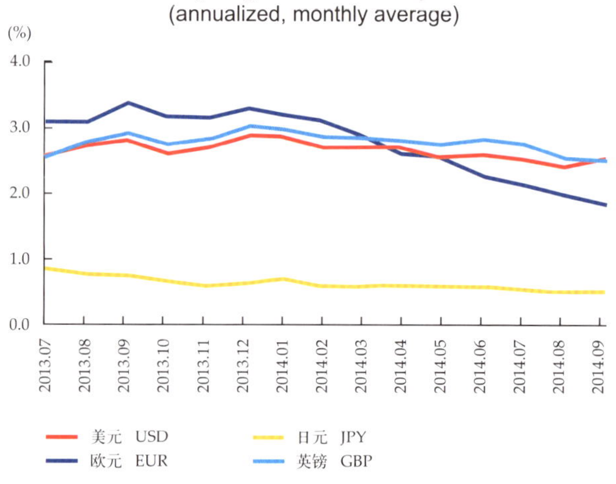

数据来源：CEIC。
Source: CEIC.

六、汇率
6. Exchange Rates

汇率（月平均）
Exchange rates (monthly average)

年/月 Year/Month	美元/欧元 USD/EUR	美元/英镑 USD/GBP	日元/美元 JPY/USD
2013.07	1.3080	1.5191	99.75
2013.08	1.3310	1.5493	97.87
2013.09	1.3348	1.5870	99.28
2013.10	1.3635	1.6100	97.82
2013.11	1.3494	1.6079	99.79
2013.12	1.3704	1.6375	103.41
2014.01	1.3610	1.6474	103.94
2014.02	1.3658	1.6541	102.16
2014.03	1.3822	1.6624	102.27
2014.04	1.3813	1.6738	102.56
2014.05	1.3607	1.6850	101.79
2014.06	1.3592	1.6904	102.05
2014.07	1.3539	1.7072	102.78
2014.08	1.3316	1.6703	102.96
2014.09	1.2901	1.6297	107.24

实际有效汇率（月平均，2010年=100）
Real effective exchange rates
(monthly average, year 2010=100)

年/月 Year/Month	美元 USD	欧元 EUR	日元 JPY	英镑 GBP
2013.07	100.4	98.4	79.1	104.0
2013.08	99.9	99.4	80.4	105.2
2013.09	99.5	99.1	78.9	107.6
2013.10	98.3	99.8	79.4	107.5
2013.11	99.1	99.5	78.3	108.4
2013.12	99.4	101.0	75.6	109.6
2014.01	100.4	101.0	75.4	111.4
2014.02	100.4	100.9	76.5	111.6
2014.03	99.9	101.5	76.1	111.3
2014.04	99.3	100.7	76.9	111.8
2014.05	99.3	98.5	77.7	113.6
2014.06	99.3	98.5	77.3	114.3
2014.07	99.4	98.1	76.8	116.0
2014.08	100.0	97.4	77.0	115.1
2014.09	101.6	95.9	74.7	115.1

汇率(月平均)
Exchange rates (monthly average)

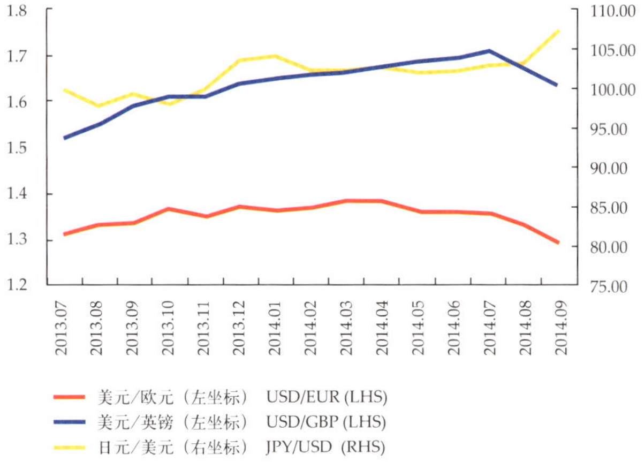

数据来源：国际货币基金组织《国际金融统计》(2015年1月)。
Source: *International Finance Statistics*, IMF, Januray, 2015.

实际有效汇率（月平均，2010年=100）
Real effective exchange rates
(monthly average, year 2010=100)

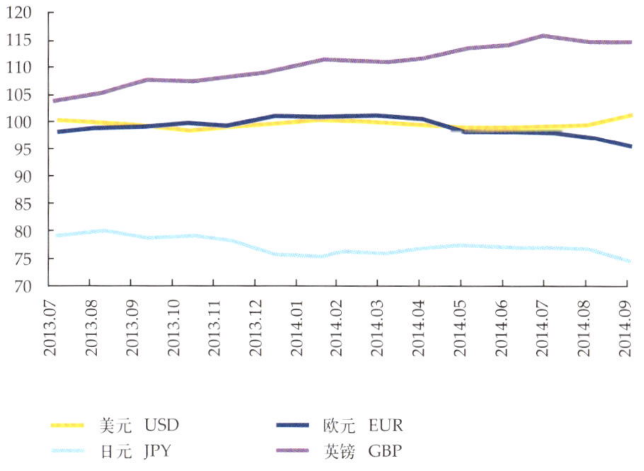

数据来源：国际货币基金组织《国际金融统计》(2015年1月)。
Source: *International Finance Statistics*, IMF, Januray, 2015.

七、股票市场指数
7. Stock Market Indices

主要股票市场指数（期末）
Major stock market indices (end-period)

年/月 Year/Month	美国道琼斯30种股票平均价格指数 Dow Jones 30	纳斯达克综合指数 NASDAQ	日本日经225种股票平均价格指数 Nikkei 225	道琼斯欧元区STOXX50股票指数 Dow Jones EURO STOXX 50
2013.07	15 500	3 626	13 668	2 768
2013.08	14 810	3 590	13 389	2 721
2013.09	15 130	3 771	14 456	2 893
2013.10	15 546	3 920	14 328	3 041
2013.11	16 086	4 060	15 662	3 087
2013.12	16 577	4 177	16 291	3 109
2014.01	15 699	4 104	14 915	3 014
2014.02	16 322	4 308	14 841	3 149
2014.03	16 458	4 199	14 828	3 162
2014.04	16 581	4 115	14 304	3 198
2014.05	16 717	4 243	14 632	3 245
2014.06	16 827	4 408	15 162	3 228
2014.07	16 563	4 370	15 621	3 115
2014.08	17 098	4 580	15 425	3 173
2014.09	17 043	4 493	16 174	3 226

主要股票市场指数（期末）
Major stock market indices (end-period)

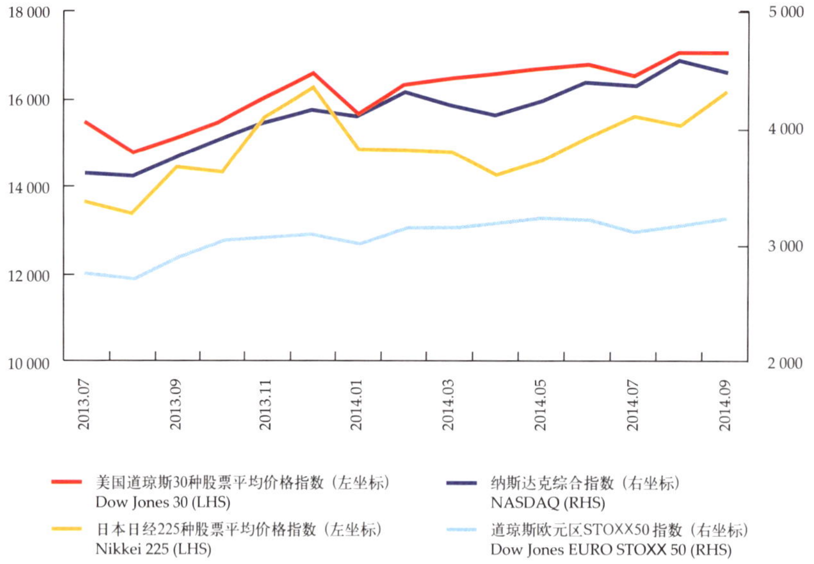